一神教全史 上

ユダヤ教・キリスト教・イスラム教の起源と興亡

大田俊寛
Ota Toshihiro

河出新書
061

目次

第6講　西ヨーロッパのキリスト教化――教皇制と修道制の形成、カール大帝の宗教政策

第8講　イスラム教の歴史②——イスラム帝国の形成　290

第1講　イントロダクション
——宗教思想史の正当な理解を求めて

皆さん、初めまして。これから15回にわたり、一神教の伝統を中心とした宗教思想史の講義を行わせていただきます。いささか長いお付き合いになりそうですが、どうぞよろしくお願いいいたします。

1　始まりの挨拶

宗教を理解する——単純にして困難な試み

まず最初に、この講義の最も大きな目標を示しておきます。すなわちそれは、「宗教を理解する」ということです。

何を今更、と思われるかもしれません。さまざまな宗教の信者は、世界中の至るところに存在していますから、身近に何らかの宗教を信じている人がいる、あるいは、ご自身が特定の信仰を持っている、というケースも少なくないでしょう。また、「宗教が分かる」ことを謳《うた》った書物は今や巷《ちまた》に溢れており、そこでは数々の代表的な宗教に関する知識が手際よく整理されています。宗教が理解されていないなんて、そんなはずはない、と感じたとしても、不思議ではありません。

しかし実情は、決してそうではありません。「宗教とは何か」という問いに対しては、現在に至るまで、広く受け入れられた一般的な答えが存在するわけではないからです。それについて専門的に研究しているはずの宗教学者でさえ、この問いに対して積極的に答えようとはせず、「宗教とは何かという問いに関しては、宗教学者の数だけ答えがある」と言ってお茶を濁すというのが、彼らの処世術にさえなっているのです。

とはいえ私自身は、こうした曖昧な態度を良しとはしていません。宗教について深い洞察を示してきた学者や思想家の知見を集約すれば、宗教とは、「共同体を作り上げるために必要とされるフィクション」と規定することができると思われます。こうした基礎的な立脚点を踏まえなければ、宗教に関する言説はしばしば不明瞭な知識の羅列と化し、さらには、宗教への偏見をかえって助長してしまうことさえあるのです。

　この講義では、宗教を「共同体を作るためのフィクション」と捉えた上で、そうした仕組みが歴史的にどのように変容・発展してきたかを追跡してゆくことになります。しかしながらそれは、決して簡単な作業ではありません。人類が「宗教というフィクション」に対して注ぎ込んできた工夫や叡知はまさに膨大であり、その大まかな輪郭を描くだけでも、大変な労力を強いられるからです。私たちはこうした歩みを通して、宗教を理解することの難しさについて、改めて痛感することになるでしょう。

　イントロダクションとなる本講では、宗教の基礎とその歴史的全体像を、可能な限り簡略的に描き出しておきたいと思います。やや抽象的な話となってしまいますから、現時点で今ひとつ理解しづらいという方は、ここは一旦飛ばし、次講から始まる具体的な通史の記述から読み進めていただいても構いません。ともあれ、全体像を取りあえず頭に入れておくことが、宗教史の道筋を辿る際の手掛かりとなるはずです。それでは、始めましょう。(1)

2　宗教の基礎構造

宗教の不思議な呪縛力

宗教とは、幾つかのケースを漠然と思い浮かべてみても、実に不思議な存在です。なぜならそれは、とても文字通りには信じられないような、荒唐無稽な物語に溢れているからです。例えば『古事記』や『日本書紀』に記された日本の神話によれば、高天原《たかまがはら》という天上世界に天照大神《あまてらすおおみかみ》という太陽の女神が住んでおり、そして天皇とは、そこから降臨してきた神々の末裔であるという。また仏教によれば、人間の魂は死後に輪廻転生を繰り返し、そこから解脱することが最終的な救いに繋がるとされる。あるいはキリスト教によれば、聖母マリアは処女の状態のままイエスを懐胎した。そしてイエスは、処刑された三日後に復活して昇天し、この世が終末を迎える際に再臨して、人間たちに最後の審判を下すという。こういった話を「疑わずに信ぜよ」というのが、宗教が私たちに差し向ける基本的な要請なのです。

近代初頭に発達した啓蒙思想においては、こうした物語はすべて前時代的な「迷信」であり、科学的な思考法が十分に発達すれば、やがては廃《すた》れてゆくだろうと考えられました。

ところが実際には、そうはならなかった。今も日本においては、天皇が国家統合の象徴として位置づけられており、私たちは「万世一系」の血統が存続し得るかどうかという問題で、深刻な一喜一憂を繰り返しています。そして世界の最先進国であるアメリカ合衆国では、原理主義的キリスト教が勢力を伸ばし、その動向は政治や教育のあり方をも左右している。また、近代主義への全面的な異議申し立てとしてイスラム主義の運動が勃興し、そこから放たれる過激な暴力の数々に、世界は日々震撼《しんかん》し続けています。現代社会が宗教という問題から解放されたとは、到底言うことができないでしょう。

宗教とは一体何なのか。人間はなぜ、その不可思議な力に呪縛され続けるのか――。いささかの嘆息を含みながら、こうした問い掛けが繰り返されることも稀《まれ》ではありません。

宗教とは何か――共同体の形成原理

とはいえその答えは、少なくとも私の考えによれば、かなり以前にすでに明らかにされています。それを示したのは、スコットランド出身の聖書学者である、ロバートソン・スミスという人物でした。スミスについては次講で再びお話ししますので、ここでは詳しい説明は控えますが、スミスの宗教論は、『金枝篇』を著した人類学者ジェームズ・フレーザー、精神分析学の創始者であるジークムント・フロイト、『宗教生活の原初形態』を著

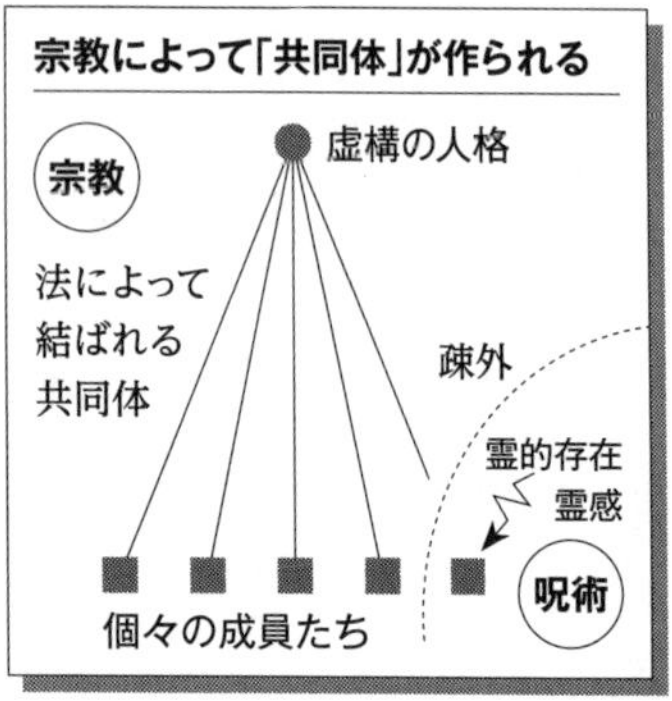

した社会学者エミール・デュルケムらによって継承・発展され、近代の社会科学全体に大きな影響を及ぼしていったのです。

果たしてスミスは、宗教をどのように捉えたのか。すなわちそれは、「宗教とは、共同体の形成原理である」というものでした。

共同体とは、極めてありふれたものでありながら、とても不思議な存在です。物理学的・生物学的に見れば、私たち人間の一人一人は、それぞれ別個の肉体を有しており、決して他人と体を共有しているわけではない。しかしながら、人間は同時に、互いに寄り集うことにより、何らかの仕方で「共同体」を結成しようとする。人間は一個の生物としてはか弱い存在ですので、共同体を形成して力と知恵を結集することなしには、満足に生きてゆくことができない。共同体とは、物理的に存在するわけではない「虚構《フィクション》」に過ぎませんが、人間にとっては必要不可欠なものなのです。

それでは共同体とは、より詳細に観察すれば、どのような構造を備えているのか。それを描いたのが、前頁の図となります。まずその頂点には、「虚構の人格」と呼ぶべき存在が君臨している。具体例を挙げれば、祖霊・神・国家・法人などがそれに当たります。共同体は、物理的には存在しないこうした人格を頂点に掲げることによって、その全体的な統合を保っているのです。

先に挙げた例のなかでは、法人などはまったくの世俗的存在であり、これが本当に宗教と関係があるのか、と疑問を抱く方もいるかもしれません。少し説明を加えておくと、法人とは英語で「コーポレーション」と言うのですが、これは元々「キリストの身体（コルプス・クリスティ）」というラテン語に由来します。キリスト教徒たちは、定期的に行われる聖餐《せいさん》の儀礼において、パンとブドウ酒を共食する。彼らにとってこうした食物は、犠牲に捧げられた「キリストの身体」を表象しており、それらを共に食べることによって、彼らは体を同じくし、「教会」という共同体を結成することになるのです。[2]

そして歴史の過程において、このような共同体結成の様式がその他の社会領域にも適用され、法人や会社を意味する「コーポレーション」という概念が編み上げられてゆきました。[3]一見して世俗的な存在であるように思われたとしても、この世に共同体があるところ、そこには必ずフィクションを支えるための「信」があり、何らかの「宗教的原理」が作用している、と言っても過言ではないかもしれません。

「虚構の人格」は、個々の成員にとって模範や鑑《かがみ》となり得る、理想的人格の姿を表します。そしてそれは成員たちに対して、遵守すべき規範や道徳、究極的には「法」を通告する。法という絆で結ばれることによって、人々は一つの共同体を打ち立てるのです。

このような理路《りろ》から、宗教とは、次のように定義することができます。「虚構の人格」を頂点に掲げ、そこから発せられる「法」を紐帯として、「共同体」を結成すること、と。

ここで登場する三つの要素である、「虚構の人格」「法」「共同体」は、いずれも自然的・物理的には存在しない、純粋にフィクショナルなものに過ぎません。しかし人類は、それらが実在すると「信じる」ことによって、社会的な諸制度を維持し、世代から世代へと生を紡いできたのです。

この意味で宗教とは、「信仰によって基礎づけられたフィクションの体系」と表現することもできるでしょう。現代でも宗教という現象が消滅することがないのは、このような社会形成の原理を、人類がなおも必要とし続けているからなのです。

宗教にまつわるさまざまな現象について考察するときには、先に指摘した三つの要素の働き方に着眼する必要があり、そこを見失うと、宗教の分析は常に的外れで歪んだものとなってしまいます。どうかそのことを忘れないようにして下さい。

呪術とは何か——共同体の綻《ほころ》びから生じる幻想

宗教についての基礎的な理解を前提とした上で、私たちは次に、その「裏側」にある領域にも目を向けなければなりません。すなわち、「呪術」と称されるような領域です。

先述のように宗教とは、共同体を結成するための原理なのですが、人間によって作られた共同体が完璧に作動するということは決してなく、そこには常に、何らかの「綻び」が生じることになります。例えば、戦争や天災によって共同体の根幹が大きく揺さぶられる、共同体内の特定の成員に対する差別や虐待が行われる、といった事態です。

こうした綻びによって、共同体には、その結束から疎外される人間が出てきてしまいます。そしてそのような疎外感は、多様な症候を伴う心身の不調として表面化する。「神秘体験」「変性意識」「トランス」「解離」[4]などと称されるような特殊な意識状態のなかで、霊的な諸存在との交流が始まるのです。

被疎外者が交流する「霊的存在」は、共同体が崇拝する「虚構の人格」と表面的には似通っていますが、実際には、大きく次元を異にしています。虚構の人格が、共同体のすべての成員にとって超越的な場所に置かれるのに対して、霊的存在は、特定の個人の前に密かに姿を現し、その心身の奥深くにまで侵入する。さらに、前者が公的性質を帯びるのに対して、後者は私的で隠微《いんび》な性質に留まる。そして人々は、霊的存在に対して、表立っては口にすることが憚《はばか》られるような類《たぐ》いの願望や呪詛を託すことになるのです。
このように呪術とは、宗教の裏側に広がる神秘的かつ私秘《しひ》的な領域、現代風に言えば「オカルト」的な領域であるということになります。とはいえ全体として見れば、そこに肯定的な意味合いがないわけではありません。共同体から疎外されてしまった人間は、霊的存在と交流することによって、自らの抑圧された感情や願望を少しずつ吐き出し、それらを自覚できるようになる。また社会の側でも、そうした諸感情が密かに鬱積していることを認知するようになる。その結果、霊に関する新たな物語が紡がれ、否定的な諸感情を制御することが可能となってゆく。このように呪術とは、共同体の綻びを繕《つくろ》うための行為であり、原始的な医療としての役割をも担っているのです。

以上を整理すると、呪術の基本構造とは、個人が自らの心身において「霊的存在」を感得すること、と規定することができます。そうした諸霊は多くの場合、戦慄を呼び起こすような圧倒的なリアリティを伴いながら、個人の内面に迫ってくる。しかしながらそれは、根本的に「幻想」や「妄想」の次元に位置するものであるため、人が我に返って冷静さを取り戻しさえすれば、瞬時に雲散霧消してしまう。このように呪術とは、共同体の綻びから滲《にじ》み出た「ファンタジー」に満たされた領域であると考えることができます。

これに対して宗教的な「フィクション」とは、先に述べたように、社会制度や法的規範の根幹を為すものであり、個人が我に返ったくらいでは、消え去るということがない。実質的に両者がかなり混じり合ってしまっているケースも少なくないのですが、「宗教的フィクション」と「呪術的ファンタジー」を正確に識別することは、宗教学にとって大変重要です。

3　宗教史の全体像

宗教の四段階構造論

以上のように、宗教的な諸現象は、全体として見れば、社会制度の根幹を担う「表側」と、多様な霊的存在が蠢《うごめ》く「裏側」から構成される、ということになります。

それでは、歴史的に考えた場合、こうした二つの傾向性は、どのような相互関係を示してきたのでしょうか。人類史を最もマクロな視点から捉えてみると、宗教と呪術の両側面は、「原始」「古代」「中世」「近代」という四つの時代を経ながら発展し、それぞれに職能の分化を遂げてきたと考えられます。次頁の図は、その経緯を簡潔に描いたものです。私

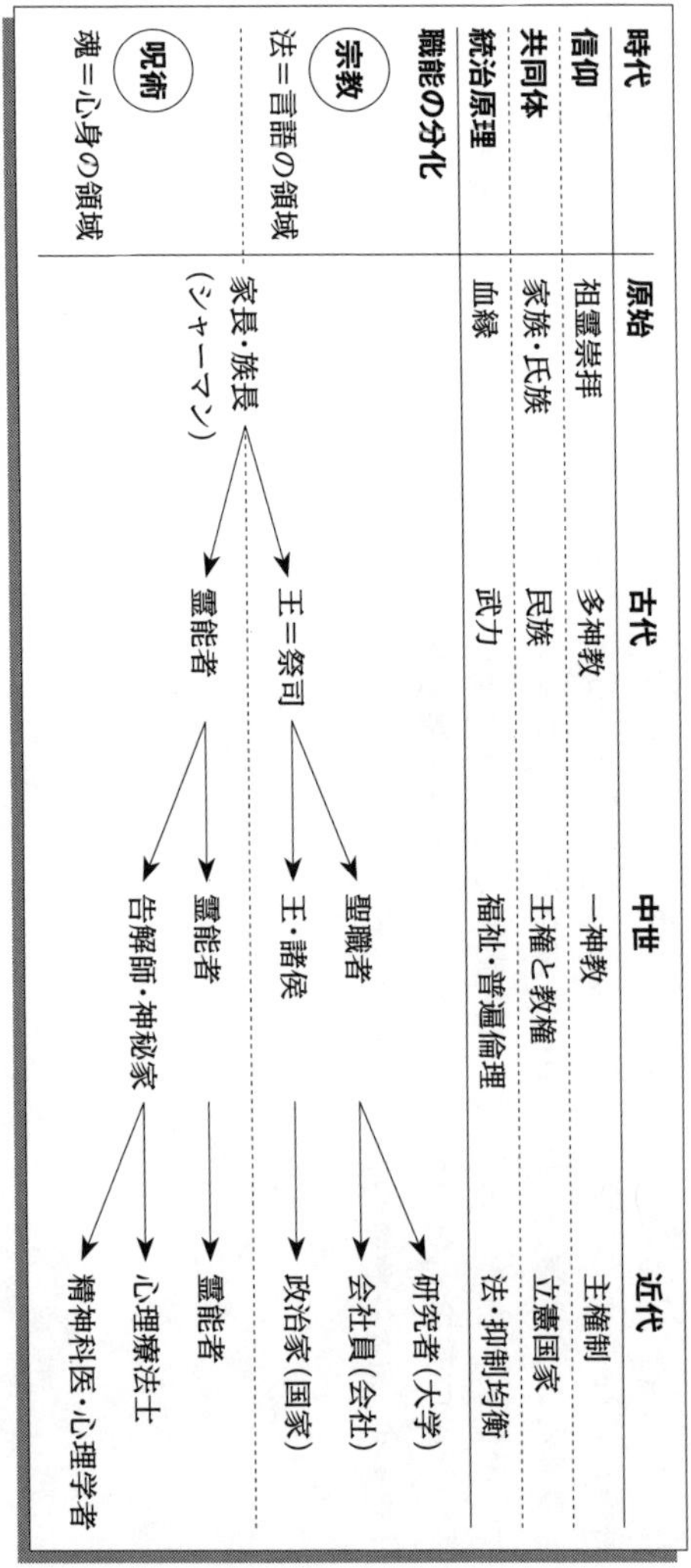

はこれを「宗教の四段階構造論」と呼んでいます。

本講義では、ユダヤ教・キリスト教・イスラム教という一神教の歴史を中心に論じることになるため、この図式をそのまま使用するわけではありません。特に下半分の「呪術」

の領域については、ほとんど論じることができず、別の機会を待たなければならない。とはいえ、何らかの宗教的事象について分析する際、私の脳裏には常にこの図式があります。対象となる事例がマクロな歴史像のなかでどの辺りに位置しているのかを、まずは確認するわけです。以下では、この歴史観の概略を、手短に説明しておくことにしましょう。

①原始の祖霊信仰

　宗教が歴史上、最初にどのような仕方で出現したのかということについては、学問的な定説が未だに存在していません。有名なものだけを取り上げてみても、アニミズム、トーテミズム、シャーマニズム、自然崇拝論といった多くの仮説がこれまでに提起されてきましたが、確定的な結論が得られていない状況です。

　ともあれ、おそらく疑い得ないのは、宗教が死についての思索から生まれた、ということです。原始の人々は、さまざまな生物が死を迎えて消滅した後もなお、存続してゆく何かがあると考えた。それは一般に、「霊」や「魂」と称されます。古今東西には極めて多様な形態の文化が見られますが、そのなかでも、霊や魂に該当する概念を持たなかったものは存在しない、と言ってさえ過言ではないでしょう。

　特にアニミズム説が指摘するように[5]、原始的信仰においては、人間や動物のみならず、鉱物・植物・天体などを含め、世界のすべてが霊魂に満たされていると捉えるケースが多く見られます。しかし、多種多様な霊魂のなかでも取り分け重視されているのは、明らかに「祖霊」=自分たちの祖先の霊、という存在でした。トーテミズムと称される事例においては、[6]共同体にとって主要な食物となる動植物が祖霊と同一視されるということも珍しくありません。すなわち、祖霊が子孫たちの生活を見守っているがゆえに、食物が安定してもたらされると考えられたのです。

人類の原始的な共同体は、狩猟・採集によって食物を確保し、血縁・地縁に基づいて人々が結びつく、極めて小規模なものでした。その人口も通常は、数十人から数百人程度に限られた。こうした環境のなかで人々は、共同体の先人を「祖霊」として崇拝する信仰を保持していたと想定されます。ゆえに私は、そうした社会における信仰形態に対して、「祖霊崇拝」と称するのが最も適切ではないか、と考えています。

この段階においては、宗教と呪術の分化は、未だ明確な形では発生していません。共同体は、何らかの仕方で表象される祖霊を中心として結成され、現在の成員と過去の祖霊との交流を実現するために、「供犠《くぎ》」や「聖火崇拝」といった各種の儀礼が執行されました。そして、それらの儀礼において祖霊を召喚する際には、さまざまな呪術的・シャーマニズム的技法が用いられたのです。[7]

また共同体の長は、そうした技法を行使することによって、自らが「祖霊の継承者」であることを演出した。彼の職務は、宗教的なものであると同時に呪術的なものであり、その他にも、裁判官・医療者・占術師・歴史の語り部など、さまざまな役割を兼ね備えたのです。

②古代の多神教（民族宗教）

紀元前一万年頃から農業が発展したことにより、人類の社会環境は大きく変化しました。それは現在、「農業革命」や「新石器革命」、あるいは「定住革命」と称されています。

生活の糧を得る主な手段が、狩猟・採集から農耕へと移行することによって、人口が急激に増加し、数千人から数万人規模の共同体が形成されてゆきました。また、農耕のための定住生活が一般化するにつれて、諸部族のあいだでは、土地支配や労働力確保を巡る戦争が頻繁に発生するようにもなった。そして、戦争に勝利した者たちが自らを「貴族」に位置づける一方、敗れた者たちは「奴隷」の地位に落とされたのです。

貴族のなかでも、特に有力な者、強大な武力を備えた者は、「王」という称号を名乗り、「国家」と呼び得る規模の共同体を作り上げました。このようにして、王・貴族・平民・奴隷といった諸階級から成る、古代的な身分制度が形成されました。そこでは依然として血縁や地縁が重要な意味を持ちましたが、次第にそれらを超えた、文化・自然・言語の共通性を基盤とする、民族的なアイデンティティが育まれていったのです。

このような仕方で形成された民族的共同体は、しかし実際には、その内部に多くの氏族や部族、職業集団、階級などを内包した、多元的集合体でした。ゆえに共同体の内部では、それらの部分集団の存在を象徴するために、多種多様な神々が祀られた。また、神々の相互関係を叙述する神話や神統記《しんとうき》が盛んに作成され、そうした物語において、王族は概して、神々のヒエラルキーの頂点に位置する存在と密接に関係していることが描かれたのです。こうした信仰に関しては、日本の『古事記』や『日本書紀』に登場する「八百万《やおよろず》の神々」や、そこにおける天照大神と天皇の関係を想起すると理解しやすいでしょう。

古代の民族宗教において重視されたのは、戦争に勝利すること、土地支配の正当性を証し立てることでした。武力を行使する政治支配者である「王」と、さまざまな儀礼の主宰者である「祭司」は、ときに別々の人間が務めましたが、それでも両者は常に、密接な協力関係を維持しました。王はしばしば、神の化身やその親族と見なされ、そして祭司は、王権の正統性・神聖性を演出するための諸儀礼を執行したのです。

その一方、古代国家において下層階級に置かれた人々も、自らの願望や心情に見合った宗教者を求めるようになりました。例えば、「巫者《ふしゃ》」と呼ばれる霊能者たちは、祭司とは異なる方法を用い、神や霊の言葉を直接的に聞き取ろうとしたのです。その主な職務は、庶民的な幸福の祈念、病の癒やし、権力者の不正に対する告発、敵対者への呪詛、といったものでした。

③中世の一神教（世界宗教）

古代国家の幾つかは、中国、ペルシャ、ローマなどに見られるように、「帝国」と呼び得る規模にまで成長しました。またそれに伴い、広域支配を可能とする法体系や官僚制が、徐々に整えられていった。しかし他方、そうした強大な国家によって支配・抑圧される人々が増加するにつれて、従来の信仰形態に対する根本的な疑義も提起されるようになりました。すなわち、民族的排他性や階級的身分制度の正当化、戦争による勝利の賛美といった事柄が、本当に倫理的に正しいものと言えるのか、という反省が始まったのです。

こうした動きのなかから、民族の枠組みを超えた新たな宗教形態である「世界宗教」が生み出されることになりました。世界宗教は、従来の多神教を批判的に乗り越え、あらゆる人間にとって普遍的な「一なる原理」の存在を提唱していったのです。

世界宗教の代表例は、周知のように、仏教、キリスト教、イスラム教の三者ですが、それらは共通して、人間の「弱さ」に着眼した思考を発展させました。戦争に勝利して富を獲得するような人間は、実際にはごく一部であり、そうした人々も皆、いずれは病み衰えて死んでゆく。むしろ人間にとっては、弱さこそが、誰もが向き合わなければならない普遍的事象ではないのか――。こうした問題意識が、世界宗教に備わる基本的なスタンスとなります。

仏教、キリスト教、イスラム教の三者はそれぞれ、サンガ、教会、ウンマという共同体を形成し、弱者救済や相互扶助に乗り出しました。さらには、人類すべてに共通する普遍的な善悪のあり方を探求し、人間が死んだ後、そうした基準に基づいて神による審判が下される、という考え方を作り出していったのです。本講義では仏教について論じることはできませんが、キリスト教とイスラム教については、後にその歴史的展開を見ることになるでしょう。

強き者が弱き者から収奪するのが当たり前であった古代の状況のなかで、人間の弱さや善悪の普遍性に着目した思索が芽生えたことは、極めて画期的でした。世界宗教は自らの共同体において、福祉・労働・学問といった営みを高度に組織化し、大きな社会的影響力を獲得していった。中世でもなお、武力を背景にした世俗権力（王権）は存在し続けましたが、世界宗教の共同体（教権）は、別種の理念に基づく組織としてそれに並び立ったのです。このように中世とは、「王権」と「教権」という二つの権力が並立し、両者のあいだに複雑な相互関係が展開された時代として理解することができます。

世界宗教においては、形而上学的世界観や普遍的倫理観の探求が積極的に行われ、それに伴い、高度な神学や宗教法の体系が発達しました。しかし他方、言葉・文字・制度を介しては、神の究極的リアリティに近づくことはできないと主張する人々も現れ、神との直接的接触や一体化を希求するようになった。いわゆる「神秘主義」と称される流れです。また、罪の意識に苛《さいな》まれ、悪霊に憑依されるという症状を呈する人々に対しては、「告解」や「悪霊払い」といった処置が施された。このような要素が、中世における呪術的領域を構成しますが、ここでは詳しく触れる余裕がありません。

④近代の国家主権

中世においては、王権と教権の二重権力という構造が、世界のさまざまな地域に成立しました。とはいえ、なかでも典型的な仕方でそれが現出したのは、西ヨーロッパのキリスト教圏でした。同地においてカトリック教会は、しばしば王権と対立しながらも、こうした構造を巧みに活用して勢力を伸ばし、「教皇主権」と称されるような強固な体制を作り上げたのです。

ところが、カトリック教会の権力がここまで強大化すると、そのあり方はもはやキリスト教本来の精神に反しているのではないか、という批判も高まってくる。こうして16世紀に起こったのが、宗教改革の運動です。そして17世紀には、ヨーロッパ全体に凄惨な宗教戦争の嵐が吹き荒れることになった。ヨーロッパ社会は長いあいだ、キリスト教信仰を基軸として一体性を保っていたのですが、今やカトリックとプロテスタントという信仰上の差異によって、激しく争い合うようになったのです。

ここで露呈したのは、世界宗教に潜む本質的な難点であったように思われます。先に述べたように、キリスト教を始めとする世界宗教は、普遍的かつ固定的な善悪二元論の世界観を作り上げました。そしてこうした考え方は、世界宗教が一つであるうちは大きな弊害をもたらさないのですが、一旦それが分裂し、見解を異にする宗派を「悪」として糾弾し始めると、極めて破局的な帰結をもたらしかねない。カトリックとプロテスタントの衝突は、互いに相手を「悪魔の勢力」と見なして地上から消し去ろうとする、苛烈な殲滅戦《せんめつせん》にまで発展したのです。

こうした状況を受けて発案されたのが、いわゆる「社会契約論」でした。その初期の理論家であるトマス・ホッブズは、王権と教権という二つの権力が併存し、主権の所在が不明瞭になることこそが、社会が不安定化する根本的な要因であると考えた。そこで、人民の契約に基づいて国家を創設し、それに主権の地位を付与するべきであると唱えたのです。

後に見るようにホッブズは『リヴァイアサン』において、主権国家を「平和と防衛とを人間に保障する地上の神」と呼んでいます。すなわちそれは、人間の理性によって創造された新たな「神」なのです。

また近代においては、人間の理性が可能な限り肯定的に評価されるとともに、それが一定の限界の枠内にあること、可謬《かびゅう》的かつ可変的なものであることが意識されるようになりました。そのため、従来の固定的な倫理観や善悪二元論に代えて、人間の判断を批判的に検証し続けるための仕組み、三権分立に見られるような「抑制均衡」（チェック・アンド・バランス）のシステムが、さまざまな領域で取り入れられていったのです。

こうした経緯の背景には、法に対する考え方の根本的な変化が存在しています。近代以前において法は、神聖性・永遠性・無謬性のオーラを帯びていました。ところが近代における法は、あくまで諸個人の合意によって形成される可変的なものであり、個人や団体間の諸権利を調整するための手段の一つと捉えられた。また、歴史のなかで法の体系は、慣習的・伝統的な不文法から、明確な法理によって構成される成文法へと徐々に発展してきたのですが、その流れは近代の「法治主義」において徹底され、精緻かつ柔軟な法体系が社会の隅々までをも支配するようになりました。こうした動向こそが、いわゆる「近代化」の基底を為しています。

近代社会の裏面に潜んでいる呪術的領域に関しても、簡単に触れておきましょう。法体系と官僚制を根幹とする近代のシステムは医療にも浸透し、精神医学もまた、マニュアルと薬物に基づく治療が主流となりました。とはいえ、それらのみで患者の心の安定を維持することは、実際には容易ではなく、各種の心理療法士やカウンセラーは、さまざまな独自の技法を編み出しながら、かつての宗教的告解師・聴罪師・呪術師の役割を肩代わりしています。また民衆レベルにおいては、19世紀以降に勃興した「心霊主義《スピリチュアリズム》」の運動に見られるように、オカルト的なものを含む多彩な霊魂論が生み出され続けている。それらの大半は、一過性の娯楽として消費されるものの、そのなかからときに不穏なオーラを帯びたカリスマが出現し、「カルト」と呼ばれる種類の特異な団体を形成することもある――。構造的にこうした裏面を抱えているのが、近代という時代なのです。

さて、宗教史の概要に関する説明は、以上の通りです。各時代の特性を大まかにでもイメージすることができたでしょうか。

宗教学という学問が果たすべき最も大切な役割は、改めて言うまでもなく、「宗教についての明確な知見をもたらす」ことです。しかし、遺憾ながら現在の宗教学は、そうした役割を十分に果たすことができていません。その根本的な理由は、実は宗教学者の多くが、世界の宗教史の本筋である一神教の歴史についての知識をしっかりと持っておらず、近代の形成過程についても明確に理解していない、ということにあるのかもしれません。(8) 私自身も未熟な研究者の一人に過ぎませんが、この講義では、そのような欠落を少しでも補うこと、ひいては、宗教学の枠組み自体を再構築してゆくことを目指したいと考えています。

註

(1) 本講の以下の記述は、拙著『ブックガイドシリーズ　基本の30冊　宗教学』の「はじめに」と重なる部分が多い。併せて参照されたい。
(2) 聖餐の位置づけに関するカトリックとプロテスタントの論争については、第11講下102頁を参照。
(3) 「コルプス」という概念の歴史を分析した古典的研究として、E・H・カントーロヴィチ『王の二つの身体――中世政治神学研究』が挙げられる。
(4) 呪術的現象の分析に際して、私自身は、精神医学者ピエール・ジャネが提起した「解離」という概念に依拠することが最も適切であると考えている。それに関する簡便な入門書として、柴山雅俊『解離性障害――「うしろに誰かいる」の精神病理』がある。
(5) アニミズムは、イギリスの人類学者E・B・タイラーが『原始文化』(一八七一)で提唱した概念。「アニマ」とはラテン語で「魂」を意味する。

（6）トーテムとは、北米先住民であるオジブワ族の言葉「彼は私の一族の者だ（ototeman）」に由来。トーテミズムに関する古典的研究に、エミール・デュルケム『宗教生活の原初形態』がある。

（7）シャーマニズムの全体像については、佐々木宏幹『シャーマニズム――エクスタシーと憑霊の文化』を参照。

（8）第14講下280頁で述べるように、宗教学の創始者の一人であるフリードリヒ・マックス・ミュラーは、それまで重視されていた「セム系」の宗教（ユダヤ教に始まる一神教の系譜）に向けて「アーリア系」の宗教を対置し、宗教史を正当に理解するためには、後者の隠された歴史を発掘することが重要であると唱えた。実はこうした姿勢が、宗教学における「一神教軽視」という傾向を決定づけたのかもしれない。

第2講　ユダヤ教の歴史①
——原初の遊牧生活からダビデ王の治世まで

前回の講義では、宗教の定義とその基本的な仕組み、そして「宗教の四段階構造論」という歴史の見方について説明しました。初回のイントロダクションとしては、いささか話が複雑になり過ぎたかもしれません。

ともあれ、お伝えしたかった最も重要な事柄は、宗教とはそもそも、「共同体を結成するために必要とされるフィクション」であること、そして、そうした機能が歴史的に発展してきたということです。宗教的なフィクションは、例えば日本人にとって神道や天皇制がそうであるように、それを信じている者からすれば、ごく自然で自明な存在として受け止められる。しかし、自分が信じていないフィクションに対しては、奇妙で荒唐無稽なもののようにさえ映る傾向があります。宗教からさまざまな摩擦や対立が生じ続けるのは、その根底にこうした著しい非対称性が潜んでいるからです。

現在、世界の半数以上の人々は、一神教的な信仰、一神教的なフィクションを基盤としながら生活を送っています。しかし日本人の大半は、このような伝統には直接的な馴染みがありません。ゆえに私たちにとって、世界の標準的な考え方を理解するために、一神教について知ることが必要となります。そこで、今回および次回の講義では、最初期のユダヤ民族がどのような仕方で共同体を結成したのか、そして彼らがどのような歴史を歩み、一神教という信仰形態にまで到達したのかということを、概略的に見てゆきたいと思います。

その際に中心的な位置を占めるのは、「羊」という動物です。日本人にとって「米」がそうであるように、ユダヤ人にとって羊は共同体の生命を象徴する存在であり、聖書には羊にまつわる話が数多く記されています。その基本的な意味を確認しながら、話を進めることにしましょう。

1　ユダヤ人の原初的な遊牧生活

古代ユダヤ史の概要

ユダヤ教は今日、世界の創造者である唯一神を崇める「一神教」として知られています。とはいえ客観的に見れば、そのような信仰形態が、最初から一挙に形作られたわけではありません。ユダヤ民族は、極めて困難かつ複雑な歴史を辿り、その過程で徐々に、一神教という信仰を練り上げていったのです。まず最初に、古代ユダヤ史を上のような八つの段階に区分し、それらの概要を確認しておきましょう(①)。

古代ユダヤ史の概要

①ユダヤ人の出現……前30世紀(?)
②族長たちの登場……前18世紀(?)
③モーセの出エジプト……前13世紀(?)
④イスラエル王国の成立……前11世紀
⑤王国分裂……前10世紀
⑥バビロン捕囚……前6世紀
⑦捕囚からの帰還……前6世紀
⑧ローマ帝国の支配……後1世紀

ユダヤ人は、太古の時代の中東世界に出現し、ある時期から遊牧生活を開始しました(①)。彼らは当初、とても小さな集団でしたが、アブラハム、イサク、ヤコブといった族長たちに率いられながら、徐々に民族として成長してゆきます。そして彼らは、「ヤハウェ」

という名の神と契約を結び、カナンという地域への定住を目指すようになる⑵。しかし、ある時期にユダヤ人は、エジプトに寄留する状態となり、そこで奴隷として扱われてしまう。そのときモーセという指導者が現れ、エジプトからの脱出と民族の独立を達成するのです⑶。ユダヤ人はついに、神に約束された土地であるカナンへの定住を果たし、ダビデという王の時代に強力な国家を築きました⑷。

ユダヤ人の王国は、英明をもって知られるソロモン王の時代に最盛期を迎え、その頃にヤハウェの壮麗な神殿が建築されます。ところがソロモンの死後、次第に国内の不和が目立ち始め、王国が南北に分裂してしまう⑸。さらには、オリエントの強大な帝国であるバビロニアによって征服され、捕囚民の境遇に陥ってしまう⑹。まさに、ユダヤ民族の苦難の歴史が本格的な幕を開けるわけですが、彼らはそのなかで粘り強く生き延び、一神教の信仰形態を確立していったのです。

バビロン捕囚から約六〇年後、ユダヤ人はペルシャ王キュロスの手によって捕囚から解放され、カナンに帰還し、ヤハウェの神殿を再建します⑺。しかしその後も、ギリシャやローマからの度重なる侵略に晒《さら》され続ける。そして最終的には、ローマ帝国との戦争に敗れ、民族離散という結末を迎えてしまいます⑻。こういった激動の歴史のなかでイエスが現れ、世界宗教としてのキリスト教が誕生することになるのです。

小家畜飼育者としての生活

本講ではまず、先ほどの区分における①から④まで、すなわち、ユダヤ人の原初的な遊牧生活からダビデ王による王国建設までの歴史を概観することにしましょう。

ユダヤ民族が歴史に登場した時期は、正確には判明していません。メソポタミア地方においてシュメール人が文字を発明し、本格的な文明の発達が始まったのが、紀元前30世紀頃のことでした。おそらくユダヤ人は、そのような民族から枝分かれし、遊牧民としての生活に入っていったと推測されます[2]。

中東における遊牧生活には、大別して二つの形態があります。一つは、ラクダに沢山の荷物を背負わせ、遠距離の交易を行うという形態。代表例としては、シルクロードを通って遥か東方まで旅する姿が思い浮かぶでしょう。もう一つは、羊や山羊といった小さな家畜たちを引き連れ、オアシスや牧草地を求めて移動するという形態。一般に「羊飼い」と呼ばれるものです[3]。

ユダヤ民族の原初的な遊牧生活は、後者の形態によるものでした。というのは、ラクダが家畜化されたのは紀元前10世紀頃のことであり、それ以前においては、ラクダを用いた本格的な遠距離交易はまだ実現していなかったからです。前10世紀とは、ユダヤ民族の歴史で言えば、ダビデやソロモンの王国が成立した時期に当たり、そのときにラクダは、国家間の交易の担い手として重要な役割を果たすことになります。しかしそれは、かなり後代の話です。原初のユダヤ人は、羊や山羊の遊牧によって生活の糧を得ながら、家族や部族を単位とする小規模な共同体を営んでいたと考えられます。

ロバートソン・スミスによる近代的聖書研究

それでは、そうした生活のなかで、ユダヤ人はどのような信仰を保持していたのでしょうか。明確な歴史的資料が残されているわけではないため、さまざまな間接証拠から推測を巡らすしかないのですが、それに関して説得力のある議論を提示したのが、前講でも触れたロバートソン・スミスという人物でした。彼の略歴は、以下の通りです。

スミスは一八四六年、スコットランドに生まれました。若い頃から卓越した語学の才能を示し、聖書のほか、ギリシャ、ローマ、アラビアなどの古代文献を幅広く研究した。それにより、聖書の記述をそのまま「神の言葉」と捉えるのではなく、さまざまな資料と比較しながら批判的に考察する方法、「近代聖書学」の分野を切り開いていったのです。

このようにスミスは、聖書研究の領域に新たな手法を導入しましたが、それに伴い、強い反発も被りました。一八七五年に『ブリタニカ百科事典』に執筆した「聖書」の項目が異端的であると判断され、アバディーン自由教会大学へブライ語教授の職を追われてしままう。当時のヨーロッパでは依然として、完全に開かれた聖書研究が許されていたわけではなかったのです。

彼はその後、ケンブリッジ大学のアラビア語教授に就任し、精力的に研究を進めましたが、一八九四年、結核のため47歳で死去しました。私自身はロバートソン・スミスという研究者を、「近代聖書学のパイオニア」であるのみならず、実質的に「宗教学のパイオニア」でもあったと思っていますので、若くして世を去ってしまったことは、大変残念に感じます。スミスがもう少し長生きし、宗教に関する著作をさらに何冊か残してくれていたら、現在の宗教学のあり方も相当に変わっていたかもしれない。

近代聖書学は現在、巨大な学問分野にまで成長していますが、その基本的な手法は、上のように二つに大別されます。[4] まず一つは、「本文批評」と呼ばれる手法です。聖書が生み出され、継承されていった古代から中世に掛けては、今日のような機械的な印刷術が存在したわけではなく、人の手によって一つずつ文字が書き写されていました。ゆえにしばしば、書き間違いや恣意的な修正が発生し、さまざまな写本のあいだには、少なからず異同が存在する。聖書の本文批評とは、そうした複数の

本文批評	——さまざまな写本を比較検討し、聖書の本来の文章を探求
高等批評	——聖書を成立させた歴史的背景・執筆動機・編集経緯などを分析

写本を比較検討し、正しい文章はどれなのか、聖書の本来の形態はどのようなものであったのかを探求してゆく研究方法です。

そしてもう一つは、「高等批評」と呼ばれます。これは、聖書のオリジナルの形態を求める本文批評とは異なり、より高度に批判的な立場から聖書を分析する手法のことです。宗教的な観点からすれば、聖書は、神の言葉を記した神聖な文書なのですが、歴史的に見ればそれは、特定の誰かが当時のさまざまな状況に促されて執筆・編集した文書であるということになる。平たく言えば、高等批評は聖書を、神が発したオリジナルな言葉とナイーヴに捉えるのではなく、それらの文書の真の著者は誰なのか、どのような資料を組み合わせて作られたのかということを、科学的に解剖してゆこうとするのです。こうした方法論は、歴史学や比較宗教学の流れとも結びつき、聖書の批判的な研究が発展してゆきました。

とはいえ、敬虔なキリスト教徒たちからすれば、こうした試みは神や聖書に対する冒瀆以外の何ものでもなく、彼らは今でも、高等批評を激しい非難の対象としています。スミスの研究は、そうした方法論の先駆けに位置するものであったため、彼もまた、当時のキリスト教界から強い反発を受けることになったのです。

『セム族の宗教』における供犠《くぎ》論

ロバートソン・スミスの代表作は、一八八八年から九一年に掛けて行われた講演をもとに執筆された、『セム族の宗教』という著作です。「セム族」とは、聖書に登場するノアの長男であるセムの名前に由来し、アラビア半島から地中海沿岸一帯に分布する諸民族、具体的には、ユダヤ人、アラブ人、フェニキア人、アラム人、バビロニア人、アッシリア人などを指します。スミスは『セム族の宗教』において、これらの民族が生み出したさまざまな文献を比較分析し、それを通して、ユダヤ教、キリスト教、イスラム教の基盤となった原初的な宗教の形態を明らかにしようとしたのです。

同書においてスミスは、宗教の中心を占めるのは「供犠」という儀礼であり、その執行によって共同体の結成が可能になる、と主張しました。供犠とは、あまり聞き慣れない言葉かもしれませんが、「犠牲を供える」と書いて「くぎ」と読みます。英語で「サクリファイス（sacrifice）」と言った方が、耳に馴染みがあるかもしれません。サクリファイスという言葉はラテン語に由来し、「聖なるものにする」という意味があります。宗教を理解する上で欠かせない概念ですので、ぜひ覚えておいて下さい。

それでは、原初のユダヤ人たちは、一体何を犠牲に捧げたのか。それは、羊や山羊といった家畜たちでした。貧しい遊牧民であった彼らにとって、家畜は何よりも貴重な財産であり、それのみならず、共に日常生活を送るなかで、少なからず愛情を感じる対象でもあったでしょう。スミスによれば、「今日は何となく焼肉を食べたい」といった私的な理由からそれらを殺害することは、当時のユダヤ人には許されなかった。家畜を殺害して食べることは、公的な祝祭の機会に厳しく限定されました。それはまず神に捧げられた後、集まった人々のあいだで等しく分かち合われ、大切に「共食《きょうしょく》」されたのです。

近代において宗教は、「個人の心の問題」や「私事《しじ》」と見なされる傾向がありますが、端的に言えば、宗教とは本来、そのような存在ではありません。スミスは、宗教が「本質的に社会的」な性質を帯びていること、供犠という公的儀礼によって人々を結びつけるものであることを強調しています。

また、供犠やサクリファイスと聞くと、一般には、凄惨で血生臭い光景を想像してしまうかもしれません。しかしスミスの描くそれは、基本的にとても楽しげです。彼によれば供犠とは、定期的に執り行われる盛大な「焼肉パーティー」であり、古代の人々はそうした饗宴の歓楽を通して、仲間との絆を確かめ合ったのです。『セム族の宗教』のなかで、それは次のように描写されています。

人々は最上の晴衣を着かざり、供犠のために定められた犠牲のみならず、饗宴を催すに必要なパンや葡萄酒を豊かに携え、楽の音に合わせて陽気に歩きながら、聖所をさして近郷近在から引きもきらず流れこむのであった。饗宴の掟は自由な歓待であった。如何なる供犠も客人なくしては完全ではなく、御馳走は交友の範囲内の富める者貧しき者に自由に分け与えられるのであった。共に食べ共に飲み共に楽しみ、その前に於いて歓をつくし、一人として饗宴の歓楽をうけぬ者とてはなかった。

（『セム族の宗教』後編53頁）

同じものを食べたり飲んだりすると、それらはやがて自らの血肉となるため、饗宴の食事を共にした者たちは、共通の「血の絆」で結ばれることになる――。これは、人類に古くから流れ続ける、優れて根幹的かつ宗教的な感覚であると思われます。

そしてそうした感覚は、現代人のあいだでも消えずに残存している。一例を挙げれば、学校や会社に入った人々を迎える「新歓コンパ」や、異性との出会いを求めて開かれる「合コン」などがそれです。これらの言葉は、仲間を意味する「カンパニー（company）」という英語に由来するのですが、それは本来、ラテン語で「共にパンを食べる」という意味を持っています。日本語では、「同じ釜の飯を食べる」という表現に当たるでしょうか。同じ物を分かち合って食べると、通常の人間関係を超えた親密さが芽生え、そこにある種の「共同体」感覚が形成されるのです。

ロバートソン・スミスは、ユダヤ人を含むセム族の諸宗教を比較分析し、それらの基本的な機能が、供犠という儀礼に基づく共同体形成にあることを見出しました[5]。前回の講義でもお話ししたように、そのアイディアは、フレイザー、フロイト、デュルケムらによって継承され、近代的な宗教研究の基礎を形づくることになったのです。

2 ヤハウェと族長たち

族長の出現

以上のように、原初のユダヤ人は、羊や山羊といった家畜を引き連れながら、オアシスや農村などを転々と渡り歩く生活を送っていたと考えられます。そして彼らにとって、年に数度の貴重な歓楽の機会であり、共同体の結束を確立するための重要な契機となっていたのが、供犠という儀礼であったわけです。

とはいえ、ユダヤ人の生活形態は次第に変容し、それとともに、彼らの信仰の形態も変化してゆきました。[6] 引き続き、その経緯を追うことにしましょう。

中東でも着実に農業が普及し、紀元前18世紀頃になると、ユダヤ民族もまた、定住して農業に手を染めるようになりました。そうした変化の時期に、共同体を代表する存在として現れたのが、「族長」と呼ばれる人々です。彼らは「ヤハウェ」という名の神と契約を結ぶことにより、カナン（現在のパレスチナ）への定住を進めました。

こうした物語は、旧約聖書の冒頭に収められた『創世記』に描かれています。同書は全体として、「原初史」「族長物語」「ヨセフの物語」という三部から構成されているのですが、「原初史」については次講で触れることとし、ここではまず、族長とヨセフの物語から見てゆきましょう。

『創世記』の構成

- ①天地創造（1章）
- ②エデンの園（2〜3章）
- ③カインとアベル（4章）
- ④ノアの箱舟（5〜11章）
- ⑤バベルの塔（11章）

（①〜⑤：**原初史**）

- ⑥アブラハムの物語（12〜25章）
- ⑦イサクの物語（26〜27章）
- ⑧ヤコブの物語（27〜36章）

（⑥〜⑧：**族長物語**）

- ⑨ヨセフの物語（37〜50章）

アブラハムの契約

『創世記』において、最初の族長として登場するのは、アブラハムという人物です。彼の名前は元々

「アブラム」と言い、ユーフラテス川下流域にある、カルデアのウルという町の出身者でした。おそらくは遊牧によって生計を立てていたと思われます。

ところが、神ヤハウェはアブラムに対し、生誕の地を離れ、カナンに移住するように命じます。そのときアブラムは、子宝に恵まれないことに悩んでいたのですが、ヤハウェはアブラムを祝福し、彼の子孫が星の数のように増えることを約束したのです。両者が契約を交わす場面は、次のように描かれています。

主はアブラムを外に連れ出して言われた。「天を見上げて、星を数えることができるなら、数えてみなさい。……あなたの子孫はこのようになる。」アブラムは主を信じた。主はそれを彼の義《ぎ》と認められた。……主は答えられた。「三歳の若い雌牛、三歳の雌山羊、三歳の雄羊、それに山鳩と鳩の雛を私のもとに持って来なさい。」アブラムはこれらのものをみな持って来て、真ん中で二つに切り裂き、切り裂いたものを互いに向かい合わせて置いた。

（『創世記』15：5－10）[7]

アブラムはヤハウェの言葉を素直に信じ、ヤハウェはそこに彼の「義（正しさ）」を認めました。そこで両者は、家畜たちを犠牲に捧げ、やがて日が暮れると、犠牲の動物たちのあいだを「煙を吐く炉と燃える松明《たいまつ》」が通過した。そのときヤハウェは、アブラムの子孫にカナンの土地を与える契約を結んだことを宣言したのです。[8]

ヤハウェという神がそもそもどのような存在なのか、実のところ、明確に分かっているわけではありません。[9]ともあれ、ヤハウェは「炎」という形で表象されることが多いため、私自身は、家畜を焼くときに用いられる炎こそが、ヤハウェの原初的なあり方だったのではないかと想像しています。

ヤハウェとアブラムの関係は以降も続き、アブラムが99歳のとき、ヤハウェから「国民の父」に任命されました。そしてアブラムは契約締結の徴《しるし》として、男性器の包皮の一部を切り取る「割礼《かつれい》」という儀礼を受け、名前を「アブラハム」[10]に改めた。とはいえ依然として、子宝に恵まれることはありませんでした。

すると、ヤハウェはアブラハムに対し、来年90歳になる妻のサラが、男の子を生むだろうと予告しました。アブラハムとサラは、これほどの高齢で子供が生まれるわけがないと笑ったのですが、実際にはヤハウェの言葉通りとなり、玉のような男の子が誕生した。そこでサラは、「神は私を笑わせてくださいました。このことを聞く人は皆、私を笑うでしょう」[11]と語り、息子に「イサク（笑い）」という名前を付けたのです。こうした命名には、待望の男の子を授かった喜びのほか、年甲斐もなく子供を儲けたことへの含羞《がんしゅう》の意味が込められてもいるのでしょう。とても微笑ましい光景です。

イサクの燔祭《はんさい》

ところがヤハウェは、歓喜するアブラハムに対して、耳を疑うような残酷な命令を下す。イサクをモリヤの地に連れて行き、「燔祭」として自らに捧げよ、というのです。

燔祭とは、犠牲となる生物を完全に焼き尽くし、すべてを神に捧げるという、最も徹底した供犠の方法を指します。ヘブライ語では「オラー」と言い、ギリシャ語由来の英語では「ホロコースト」と言う。後者の名称が、ナチズムによるユダヤ人大量虐殺に転用されたことは、あまりにも有名です。またこのエピソードは、実存主義の哲学者セーレン・キルケゴールが、『おそれとおののき』（一八四三）という著作において、神の不条理性の象徴として取り上げたことでも知られています。『創世記』の記述は、次の通りです。

アブラハムは手を伸ばして刃物を取り、息子を屠《ほふ》ろうとした。すると、天から主の使いが呼びかけ、……言った。「その子に手を下してはならない。……あなたが神を畏《おそ》れる者であることが今、分かった。あなたは自分の息子、自分の独り子を私のために惜しまなかった。」アブラハムが目を上げて見ると、ちょうど一匹の雄羊がやぶに角《つの》を取られていた。アブラハムは行ってその雄羊を捕らえ、それを息子の代わりに焼き尽くすいけにえとして献げた。

（『創世記』22：10－13）

供犠とはそもそも、自分にとって最も大切なものを犠牲に捧げることにより、共同体の生命を支えるという行為を意味します。ここでヤハウェは、神と人とのあいだに真実の交わりが存在すること、生命の絆で結ばれていることを確証するために、自らの独り子の命までをも捧げる覚悟があるかどうかを、アブラハムに問い質す。そしてアブラハムは、迷うことなくイサクの喉を刃《やいば》で切り裂こうとする。それを見たヤハウェは、その行為を直前で制止し、身代わりとして羊を与え、それによって燔祭を続行するのです。ちなみに、これが行われた「モリヤの地」とは、後にヤハウェの神殿が築かれた「シオンの丘」を指すと伝えられており、現在はそこにイスラム教の「岩のドーム」が建設されています。

イサクの燔祭というエピソードは、ユダヤ教信仰の範例的なあり方を示すと同時に、キリスト教やイスラム教においても、極めて重要なものとして位置づけられています。先述のようにヤハウェは、イサクの殺害を直前で制止し、その代わりに羊を与えるのですが、こうしたエピソードから、人間を救済するための「身代わりの羊」という観念が芽生えてきた。そしてキリスト教においては、神が自らの「独り子」であるイエスを世界に遣《つか》わし、人間の罪を贖《あがな》うために、「神の羊」として十字架上で犠牲に捧げるのです。

またイスラム教においては、「イスラム」という概念自体が神に「身を委ねる」ことを意味するのですが、それはまさに、イサクの燔祭においてアブラハムが示した献身的な態度から導き出されています。イスラム教とアブラハムの関係については、後の講義で論じることになるでしょう(12)。

ヤコブと一二人の息子たち

アブラハムとイサクに続き、三番目の族長として登場するのは、ヤコブという人物です。素直で真面目であった前二者と比べると、ヤコブは機知に富んだトリックスター的な存在として描かれています。元々は双子のうちの弟として生まれるのですが、彼は狡猾な方法を用いて、長子権を横取りしてしまう。また、巧みな駆け引きを繰り広げ、多くの家畜や広大な土地を手に入れるのです。

『創世記』には、ヤコブに関するエピソードが数多く記されていますが、なかでも印象深いのは、彼が神の直接的な現れを体験する二つの場面でしょう。あるときヤコブは、夢のなかで、天使たちが地上から天にまで伸びた階段を昇り降りする光景を目にし、その地を「神の家《ベテル》」と名づけた。そして彼は、自分たちが神と契約を結んでいることを改めて認識し、その恵みに応えるために、収入の十分の一を捧げることを誓ったのです[13]。

また、「ヤボクの渡し」という場所を旅していたとき、ヤコブは暗闇のなかで突然、神(天使)と格闘を開始します。そして驚くべきことに、それに勝利してしまう。このとき彼は、「神の勝利」を意味する「イスラエル」という名前を与えられました。現在も国名として使われているイスラエルという名称は、ヤコブが神に勝利したというエピソードに由来するのです。

ヤコブは精力的な人物でもあり、二人の妻と二人の側女《そばめ》とのあいだに、一二人の息子たちを儲けました。彼らを発端として、将来の「イスラエル十二部族」が形成されてゆきます。このようにヤコブは、ユダヤ民族が「星の数のように増える」ための起点となったのでした。

ヨセフのエジプト移住

一二人の息子たちのなかで、ヤコブが最も深く愛したのは、年を取ってから生まれたヨセフという男子でした。しかし彼は、他の兄弟たちから激しく嫉妬され、手荒い扱いを受けるようになる。さらには、奴隷としてエジプトに売られてしまうのです。

ところがここから、ヨセフの立身出世の物語が始まります。夢を通して未来を知る能力を持っていた彼は、エジプトを飢饉から救い、それによってファラオから重用され、宰相にまで取り立てられたのです。すると、やはり飢饉に苦しんでいた家族たちが、食料を求めてカナンからエジプトに避難してきた。ヨセフは兄弟たちと再会して仲直りし、父のヤコブを含め、一家が同地に移住します。こうしてユダヤ人たちは、エジプトの寄留民として生活することになったのです。『創世記』の物語は、ここで幕を閉じます。

3 モーセによる出エジプト

過越祭《すぎこしさい》の起源

以降の物語は、旧約聖書の二番目の文書である『出エジプト記』に記されています。先述のようにユダヤ人は、エジプトに移住し、同地で人口を増加させました。しかし彼らは、次第に奴隷として扱われ、厳しい労働を課されるようになった。さらにファラオは、ユダヤ人が急速に増加していることに危惧を覚え、男児が生まれたらすぐに殺害するよう命じたのです。

こうした状況のなか、ユダヤ人のレビ族に[14]、一人の男児が生まれました。彼はナイル川に流されることによって難を逃れ、水浴をしていたファラオの娘に偶然拾われる。そしてモーセと名づけられ、エジプト王族の養子として育てられたのです。

成年に達したモーセは、一人のエジプト人がユダヤ人を虐待しているのを目撃し、思わず彼を殺害してしまいます。そして国外に逃亡し、羊飼いとして日々を過ごしました。するとそこに、主の使いが「燃える柴」という姿でモーセの前に現れ、ユダヤの民をエジプトから導き出し、カナンの地に連れ帰るよう命じたのです。

召命を受けたモーセはエジプトに戻り、ユダヤ人の解放を求めました。しかしファラオは、貴重な奴隷を失うわけにはゆかないと、これを拒絶します。そこでヤハウェは、エジプトに対する報いとして「十の災厄」を下す。ナイル川の水を赤い血に変える、疫病を流行らせる、害虫を襲来させる、雹《ひょう》を降らせる、などです。そして最後にヤハウェは、夜の闇のなかを自らエジプトに侵入し、人間から家畜まで、すべての初子《ういご》（最初に生まれた子）を殺害することを宣言したのです。

とはいえその際に、ユダヤ人まで巻き添えにするわけにはゆかない。そこでヤハウェは、小羊を犠牲に捧げ、その血を家の入り口に塗った者は、主の災厄が「過ぎ越し」てゆくだろうと告知しました。

父祖の家ごとに、……小羊一匹を用意しなさい。……夕暮れにイスラエルの会衆は皆集まってそれを屠《ほふ》る。そして、その血を取って、小羊を食べる家の入り口の二本の柱と鴨居に塗る。その夜のうちに肉を火で焼き、種なしパンに苦菜《にがな》を添えて食べる。……これが主の過越である。……私はその血を見て、あなたがたのいる所を過ぎ越す。……あなたがたはこれを主の祭りとして祝い、とこしえの掟として代々にわたって祝いなさい。

（『出エジプト記』12：3－14）

初子の殺害という災厄は、エジプトに大きな衝撃を与え、ファラオもついに、ユダヤ人の解放を承認せざるを得なくなります。このように過越とは、ユダヤ人がエジプトから独立し、「イスラエルの共同体」が結成されたことを象徴するエピソードなのですが、その中心に置かれているのは、やはり「羊を共食する」という行為です。過越の供犠においては、犠牲に捧げた羊のほかに、ユダヤ人がエジプトで被った苦難を想起するため、酵母を入れないパンと苦菜という、料理としてはあまり美味しくないものを、あえて一緒に食べます。その記念祭はヘブライ語で「ペサハ」と呼ばれ、毎年の春の祭典として現在も続けられているのです。

　こうしてモーセは、ユダヤの民を率い、エジプトを脱出しました。しかし、心変わりしたエジプトの軍隊が後を追ってきたため、彼らは紅海を背にして追い詰められてしまう。ところがそのとき、モーセがヤハウェに促されて杖を掲げると、海が真っ二つに裂け、ユダヤ人たちは逃避に成功する――。何度も映画化されている、とても有名なシーンです。

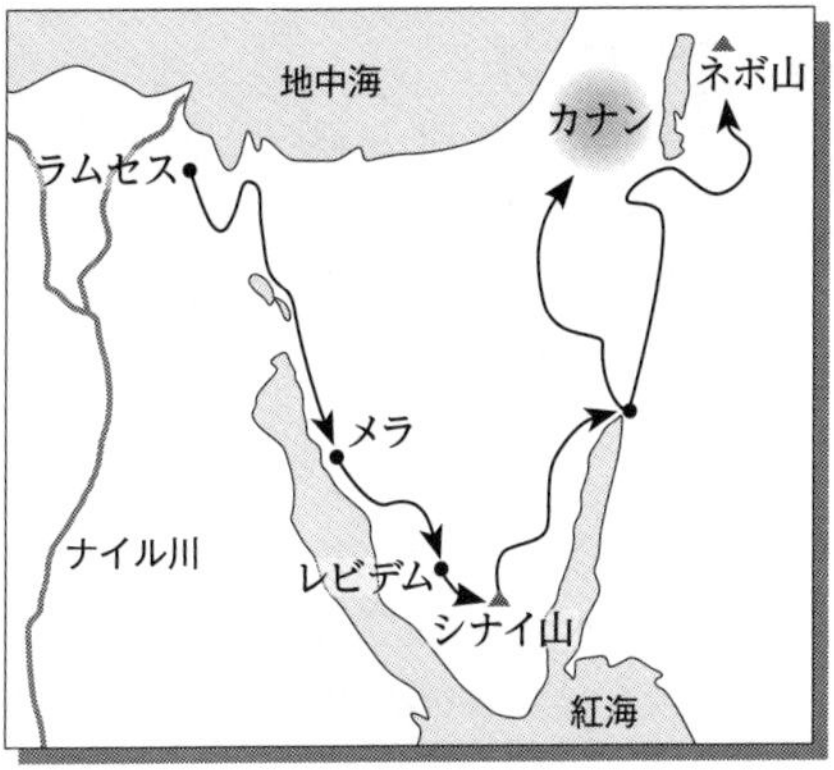

出エジプトの旅路（略図）

十戒の授与――シナイ契約

　エジプトを出発したユダヤの民は、シナイ半島を経由し、カナンへの帰還を目指しました。その正確なルートは分かっていませんが、おおよそ上の図のようなものであったと推定されています。
　エジプト脱出から五〇日後、ヤハウェはモーセをシナイ山に呼び出しました。シナイ山は厚い雲に覆われ、雷鳴が轟《とどろ》いており、ヤハウェはそのなかを、炎に包まれながら降臨してきた。そしてモーセは山に登り、「十戒」を授けられたのです。[15]
　前講でお話ししたように、宗教の基本構造とは、

「虚構の人格を頂点に掲げ、そこから発せられる法を紐帯《ちゅうたい》として、共同体を結成する」ことです。後にユダヤ教は、「律法《りっぽう》」と称される極めて複雑な宗教法の体系を作り上げるのですが、モーセに授けられた十戒は、ユダヤ法の根幹に位置づけられています。そしてモーセは、十戒をイスラエルの民衆に伝え、神との契約を結ばせるのです。これは「シナイ契約」と呼ばれ、族長や指導者のみならず、ユダヤ民族が全体としてヤハウェを神として受け入れたことを意味しています。その様子は、以下の通りです。

「十戒」の内容

①ヤハウェの他に神があってはならない
②自分のために彫像を作ってはならない
③神の名をみだりに唱えてはならない
④安息日を聖別しなさい
⑤父と母を敬いなさい
⑥殺してはならない
⑦姦淫してはならない
⑧盗んではならない
⑨隣人について偽証してはならない
⑩隣人の家を欲してはならない

モーセは、契約の締結を記念するために、特別な供犠を執り行いました。すなわち、山の麓《ふもと》に祭壇を築き、イスラエル十二部族を表す一二の石の柱を建て、雄牛を焼き尽くして主に捧げたのです。また、犠牲となった雄牛の血の半分を祭壇に注ぎ、残りの半分を民衆に浴びせかけ、「これは、主がこのすべての言葉に基づいてあなたがたと結ばれる契約の血である」[16]と宣言しました。

そこでヤハウェは、モーセに対し、十戒を刻んだ石板を授与します。それは「契約の箱（聖櫃《せいひつ》）」に納められ、左の絵のように、守護天使が付された御神輿《おみこし》のような器具によって運搬されました。

さまざまな宗教においては、神や祖霊といった超越者との結びつきを象徴するために、必ず何らかの「聖物《せいぶつ》」が存在します。日本の神道の例を挙げれば、八咫鏡《やたのかがみ》、八尺瓊勾玉《やさかにのまがたま》、草薙剣《くさなぎのつるぎ》といった「三種の神器《じんぎ》」がそれに該当するでしょう。「契約の箱」はユダヤ人にとって、何よりの聖物として扱われることになったのです。

契約の箱を運ぶ様子［James Tissot, *The Ark Passes Over the Jordan*（1896-1902年頃）］

選民思想と神への離反

シナイ契約を締結する際、ヤハウェはイスラエルの民衆に対して、十戒を正しく守る限り、私はあなた方を大切な宝として扱おう、と約束します。神による特別な選び、いわゆる「選民思想」と呼ばれるものです。

ところが彼らは、あろうことか契約を結んだ直後に、早速それを破ってしまう。モーセはヤハウェから石板を受け取るために再びシナイ山に登り、そこで四〇日間を過ごすのですが、モーセの帰りが遅いことに不安を募らせた民衆は、「金の子牛の像」を作り、それを崇拝してしまったのです。

シナイ山から降りてきたモーセは、この光景を見て激昂し、ヤハウェから受け取ったばかりの石板を叩き割ります。このときユダヤ人たちは、自らの過誤を悟って悔い改め、ヤハウェともう一度契約を結び直したため、新たな石板を与えられました。とはいえ『出エジプト記』によれば、彼らはその後も繰り返しヤハウェへの不信仰を表明する。結果としてモーセは、指導力不足に対する責任を取らされ、生きてカナンの地に入ることを拒絶されてしまうのです(17)。

選民思想は一般に、「自分たちだけが神に選ばれた」という、独善的で自己中心的な考え方であるかのように捉えられています。しかし、実際に旧約聖書を読んでみると、実情はかなり異なることに気づかされる。つまりそれは、正確に言えば、「神がせっかく私たちを選んで下さったのに、どうして私たちは契約を守ることができなかったのか」という、悔悟やコンプレックスを伴う種類の思索なのです。そしてこうした傾向は、ユダヤ教の発展において、その内的ダイナミズムを支える重要な要因の一つとなってゆきます。

4　統一王国の成立――メシアとなるダビデ

カナン征服

こうしてモーセの一行は、カナンに入ることを許されず、四〇年にわたって荒野を彷徨《さまよ》い続けました⑱。同地の内部に侵入し、一帯を占拠して定住するという役割は、次の指導者であるヨシュアという人物に委ねられます。その出来事は紀元前13～12世紀頃のことと推定され、『ヨシュア記』という文書に詳細な経緯が記されています。

同書によれば、ヨシュアは祭壇を築いてヤハウェに犠牲を捧げた後、モーセを通して伝えられた律法のすべてを読み上げ、それらを遵守することを宣誓しました。これによってヤハウェの支援を得たヨシュアの軍勢は、カナンの先住民を次々と打ち破っていったのです。そしてヨシュアは、獲得した土地をイスラエルの十二部族に分配します。また、シロという土地にヤハウェのための「会見の幕屋」を建て、それまで運搬してきた「契約の箱」を安置したのです。

こうしてヨシュアはカナンの征服を成し遂げ、110歳で亡くなりますが、先住民との戦いは以降も続きました。『士師記《ししき》』という文書では、「士師」と呼ばれるユダヤの軍事指導者たちが、さまざまな異民族と抗争する歴史が描かれています。一般には、サムソンという怪力の持ち主の物語が良く知られているでしょうか。それらの詳細についてはここでは割愛し、先に進むことにしましょう。

ダビデが「油注がれた者」となる

旧約聖書によれば、カナンを巡る異民族との抗争は、数百年にわたって続きました。そして『サムエル記』という文書では主に、紀元前11~10世紀頃に起こった、ペリシテ人との戦いが描かれています[19]。

ペリシテ人は強大な敵であり、ユダヤ人は一時的に「契約の箱」を奪取されてしまうほどの苦境に陥りました。そのためユダヤの民衆のなかから、強力なリーダーを求める声が高まります。そこでヤハウェは、サウルという若者を選び、祭司サムエルが彼の頭に油を注いで、初代の王に任命した。ユダヤ人はサウルに導かれ、ペリシテ人に対する反転攻勢を開始したのです。

とはいえサウルは、理想的な王とは言い難い人物でした。彼は、祭司を伴わずに供犠を行うなど、しばしば律法違反を犯したため、ユダヤの王政には早くも暗雲が立ち込め始める。それを見たヤハウェは、サウルを退位させて次の王を選ぶことを決意し、ベツレヘムに住むユダ族の一人、エッサイのもとに祭司サムエルを派遣します。サムエルはエッサイの家族と食事を共にし、息子たちと面会しましたが、そのなかに神の目に適う人物はいませんでした。そこで、次のように尋ねます。

サムエルはエッサイに言った。「主はこれらのうち、誰をもお選びにならない。……あなたの息子はこれだけですか。」エッサイは言った。「末の子がまだ残っていますが、羊の群れの番をしています。」……彼は血色が良く、目は美しく、姿も立派であった。主は言われた。「立って彼に油を注ぎなさい。彼がその人である。」サムエルは油の入った角《つの》を取り、兄弟たちの真ん中で彼に油を注いだ。この日以来、主の霊が激しくダビデに降《くだ》るようになった。

（『サムエル記上』16：10－13）

ユダヤ民族においては、新しい王が選ばれるとき、その人物の頭に油を注ぐという儀式が行われます。これは一体、何を意味しているのでしょうか。

実は私も最近まで、その本来の意味を知らなかったのですが、あるとき偶然目にした聖書関連のサイトでは、以下のように説明されていました。[20] それによれば、こうした行為は元々、羊飼いが羊を守るために行うものであったそうです。すなわち、羊の頭に油を注ぐことにより、耳や鼻のなかに害虫が入るのを防ぐ、羊同士が頭をぶつけ合う際の衝撃を和らげる、傷口を治癒する、などの効果があるという。羊を大切に育てるための行為が、王権の正統性を演出するための儀礼に転用されたものと思われます。

頭に油を注ぐ儀礼は、ユダヤ教やキリスト教において「塗油《とゆ》」と呼ばれ、それを受けた人間を、ヘブライ語で「メシア」、ギリシャ語で「キリスト」と称します。これらは後に、「神聖王」や「救済者」を意味する言葉としても用いられるようになりました。

こうして新たなメシアとなったダビデは、最初はサウルの傘下に入り、共にペリシテ人と戦いました。ダビデが投石紐を用いて巨人のゴリアテを倒したエピソードは広く知られており、ルネサンス期の芸術家ミケランジェロが作製した「ダビデ像」は、戦いに赴く彼の姿を象《かたど》ったものです。

他方でサウルは、優れた戦士として頭角を現し始めたダビデを危険視し、彼を殺害しようと試みました。しかしダビデは幾度も困難を乗り越え、自らの支持層を拡大していった。そしてサウルがペリシテ人との戦いで命を落とすと、カナン南部を中心として新たに「ユダ王国」を建て、[21] エルサレムに都を築きました。さらには、北部にも勢力を伸ばしてイスラエル十二部族の統一を達成し、「イスラエル・ユダ連合王国」を建国したのです。

神殿を築いてはならない――遊牧と定住のジレンマ

統一王国を打ち立てたダビデは、「契約の箱」をエルサレムに運び入れ、それを安置するために、壮大な神殿を建設することにしました。契約通りにユダヤ人の繁栄を実現してくれたヤハウェに対して、感謝の意を示そうとしたわけです。

ところが、そのときヤハウェは、一見すると不思議にも思われるような反応を示す。預言者ナタンを通して、それに反対したのです。結果としてダビデは、神殿建設の準備を行うに留まり、その事業は次の王であるソロモンに委ねられました。ヤハウェがダビデに告げた言葉は、以下の通りです。

　私の住む家を建てるのは、あなたではない。私はイスラエルを導き上った日から今日に至るまで、家に住んだことはなく、天幕から天幕へ、幕屋から幕屋へと移り住んで来た。私がイスラエルのすべての人々と共に渡り歩いて来たその間、私の民を牧《ぼく》するように命じたイスラエルの士師の一人に、『なぜあなたがたは私のためにレバノン杉の家を建てないのか』と一度でも言ったことがあるだろうか。（『歴代誌上』17：4－6）

このように、神殿建設に反対するヤハウェの言い分は、それほど明瞭ではありません。[22]

ともあれ、そのなかで最も重要なのは、ヤハウェが「イスラエルのすべての人々と共に渡り歩いて来た」という箇所であると思われます。果たしてヤハウェは、イスラエルの民衆や羊たちと共に移動し続ける存在なのか、あるいは、神殿のなかに定住する存在なのかという、根本的な事柄が問われているのです。

原初の遊牧生活であれ、カナンに帰還するための出エジプトの旅路であれ、ヤハウェは常に、民衆と共に歩んできた。そこでは、生活は貧しかったが、すべての人々が平等であり、質朴な一体感が共同体を包んでいた[23]。ところが、一旦定住を開始すると、生活は豊かになるものの、人々の平等性や一体感は失われ、腐敗・堕落・不正の空気が漂うようになる。果たしてユダヤ人にとって、遊牧と定住のどちらが理想的な生活形態なのだろうか——。

こうした根深いジレンマは、次のソロモンの時代に顕在化するとともに、以降のユダヤ人の歴史にも長く付きまとうことになります。次講では、その経緯を見てゆくことにしましょう。

註

（1）石田友雄『ユダヤ教史』、市川裕『ユダヤ教の歴史』に収められた年表をもとに作成。古代ユダヤ教史において一定以上の史実性が認められるのは、ダビデ王朝が成立する前10世紀以降のことであり、それ以前の出来事は、歴史なのか神話なのか判別しづらい。ゆえに図のなかでも、①〜④の記述には「?」を付している。

（2）石田友雄『ユダヤ教史』14－16頁を参照。

（3）荒井章三『ユダヤ教の誕生』31－32頁を参照。

（4）聖書学の近年の動向に関して、ユダヤ教の聖書については、手島勲矢『ユダヤの聖書解釈――スピノザと歴史批判の転回』、新約聖書については、バート・D・アーマン『捏造された聖書』に詳しい。

（5）こうした機能は、日本におけるさまざまな宗教儀礼にも見られる。例えば、天皇の重要な儀礼である「新嘗祭《にいなめさい》」は、天照大神と天皇がその年の初穂を共食し、国家の安泰を祈念する儀礼である。

（6）スミスは『セム族の宗教』において、神と人が楽しく食事を共にする原初的な「饗宴供犠」から、人間が何らかの負債を解消するためにすべてを神に捧げる「贖罪供犠」（「燔祭」がその代表例）、さらには、神の側が人間の罪を贖《あがな》うために犠牲となる「キリスト教的供犠」への変遷が生じたことについて論じている。

（7）聖書からの引用は、聖書協会共同訳を用いた。以下も同じ。

(8)『創世記』15：17－21。

(9)山我哲雄『一神教の起源』135－138頁では、ヤハウェが「南方の嵐の神」であった可能性について触れられている。

(10)「多くの民の父」を意味する。

(11)『創世記』21：6。

(12)第7講上276頁を参照。

(13)『創世記』28：10－22。こうした物語は、「十分の一税」という宗教税の根拠となった。

(14)レビ族とは、後のユダヤ教において、もっぱら祭司職を担うことになる一族を指す。

(15)『出エジプト記』20：2－17。

(16)『出エジプト記』24：8。

(17)『民数記』20：1－13、『申命記』32：48－52に記された、「メリバの水」のエピソードを参照。

(18)四〇年間の荒野の放浪が課された経緯については、『民数記』14章を参照。

(19)ペリシテ人は、本来は海洋民族であり、ユダヤ人と同じく、紀元前13世紀頃にカナンに定住し始めたと考えられている。同地が「パレスチナ」と呼ばれるのは、この民族の名称に由来する。

(20)https://equipherlife.com/2011/06/23/the-shepherds-oil/ を参照。

(21)現在も使われている「ユダヤ人」という名称は、直接的には、「ユダ族」出身の王ダビデによって「ユダ王国」が建設されたことに由来する。

(22)『歴代誌上』22：8－10においてダビデは、ヤハウェの言葉を引きながら、神殿建設を許されなかったのは、自分が戦争によって多くの血を流したからである、と説明している。

(23) 過越祭・七週祭と並び、ユダヤ教三大祭に位置づけられる「仮庵《かりいお》の祭り」は、出エジプトからカナン定住までの四〇年間、荒野を彷徨した祖先たちの生活を想起するために行われる。その際に人々は、天幕や藁葺きを用いた粗末な小屋を作り、内部で食事を共にする。

第3講　ユダヤ教の歴史②
——王国の発展からバビロン捕囚まで

原初的な遊牧生活の時代から、アブラハム・イサク・ヤコブという族長の時代、エジプトへの寄留とモーセが率いた脱出の時代を通じて、ユダヤ人は基本的に、流浪の状態に置かれてきました。しかし、ヨシュアの時代に「神に約束された土地」カナンへの進入を果たし、さまざまな先住民を退け、ダビデの時代に統一王国の建設を達成する。ユダヤ人はついに、安住の地を手に入れたのです。

とはいえ、これで物語がハッピーエンドを迎えたわけではありません。むしろユダヤ人の苦難の歴史は、以降に本格的な幕を開けることになります。すなわち、ユダヤ人の王国は、ダビデ王を継いだソロモン王の時代に最盛期を迎えるとともに、早くも内憂外患に晒《さら》され始める。そしてソロモンの死後、国が二つに分裂してしまう。さらには、両王国が他国の侵略によって滅ぼされ、多くのユダヤ人が捕囚民となってしまう。ユダヤ人は、民族が滅亡してもまったく不思議ではない状況に追い込まれたのです。
しかしながらユダヤ人は、そうした困難な状況のなかで「神とは何か」ということを考え続け、祖国を失ってなお民族の紐帯《ちゅうたい》を維持し続けるための信仰形態を案出してゆきました。ユダヤ人の神観念は、大枠として上のような仕方で変容・発展を遂げていった、と考えることができます。実に、ユダヤ人が完全な形態の「一神教」に到達したのは、捕囚期以降のことだったのです。本講では、そうした経緯について概観してゆくことにしましょう。

ユダヤ教の神観念の発展

家畜の神（遊牧）→ 拝一神（定住）→ 唯一神（捕囚）

1　ソロモンの栄華とヤハウェの神殿の建設

農業の発展——乳と蜜の流れる地

聖書においてカナンは、「乳と蜜の流れる地」と称されています。家畜たちが十分な草を食《は》むことができ、乳の出が良くなる土地、また、オリーブやブドウなど、さまざまな果実の蜜に恵まれた土地、という意味です。ある一節では、その土地柄が次のように描写されています。

そこは、平地でも山でも川の流れがあり、泉や地下水が溢れている地であり、小麦、大麦、ぶどう、いちじく、ざくろの実る地、オリーブ油と蜜の取れる地である。不足なくパンを食べることができ、何一つ欠けることのない地であり、石は鉄を含み、山からは銅を掘り出せる地である。あなたは食べて満足するとき、その良い地をくださったことを覚えて、あなたの神、主をたたえなさい。

(『申命記』8：7－10)

このようにカナンは、ヨルダン川を主な水源とする、中東においては比較的豊かな地域でした。ヨルダン川はそれほど大きな川ではなく、川辺から少し離れると荒野が広がるような土地柄なのですが、長く遊牧を行ってきたユダヤ人からすれば、安定した水源を確保できただけでも、大変な神の恵みと感じられたことでしょう(1)。

ユダヤ人はカナンで本格的に農業を開始し、その人口を増加させてゆきます。ダビデがエルサレムに王都を建設したとき、その人口は約六千人でしたが、次のソロモン王の時代には、倍以上にまで達したと考えられている。また、人口の増加、農業の発展により、階級や職種の分化も生じ始めました。王族や祭司の階級が誕生すると同時に、学問や芸術に携わる人々も現れるようになったのです。後に聖書として集成されるような諸文書の執筆も、未だ断片的な仕方ではあれ、この時期に開始されたと推測されています[2]。

ソロモン王によるヤハウェの神殿の建設

ダビデから王位を継承したソロモン（?―前九二八年頃）は、ヤハウェに対して一千頭もの動物を燔祭に捧げ、その見返りとして、特別な知恵を授けられたという人物です[3]。ソロモンの知恵に関するエピソードとしては、『列王記上』10章に登場する「シバの女王」の物語が良く知られています。

シバとは、アラビア半島南部、現在のイエメン近辺に存在した国家です。同地の女王がエルサレムを訪れ、ソロモンが本当に神の知恵を持っているのかどうかを試そうと、数々の難問を投げ掛けた。するとソロモンは、そのすべてに見事に回答することができた。驚嘆した女王は、ヤハウェとソロモンを賞賛し、多くの金・宝石・香料を贈り物として捧げた。これに対してソロモンもまた、女王が望むものを返礼として与え、交流を深めていったのです。後には、ソロモンと女王が親密な関係にあったというラブ・ロマンスも描かれるようになり、庶民的な人気を博しました。

こうしたエピソードからも窺えるように、ソロモンの時代には、遠隔地間の交易が活発化していました。その背景にあったのは、ついにラクダの家畜化が達成され、「流通革命」と称し得る事態が生じていたことです。(4) シバの女王がソロモンに送った金や香料は、東アフリカを原産地とし、アラビア半島南部を経由してもたらされたと考えられているのですが、そうした長距離の運搬を、主にラクダが担っていました。イスラエルは、船舶やラクダを用いた遠隔地交易の中継地として発展し、ソロモンの時代に最盛期を迎えたわけです。

ソロモンは、国を一二の行政区に分け、それぞれに代官を派遣して管理しました。また、エジプトやフェニキアなどと盛んに交易を行い、大きな富を獲得した。そして彼は、ダビデ王の時代からの懸案事項であったヤハウェの神殿の建設計画を進め、それをエルサレムの「シオンの丘」の上に作り出します。(5)

ヤハウェはこれまで、「契約の箱」と共に移動し、「会見の天幕（幕屋《まくや》）」と呼ばれる可動式の施設で礼拝を受けてきました。これに対しソロモンは、高度な技術によって切り出された石材、高価なレバノン杉などを用いて、ヤハウェのための壮麗な神殿を建設したのです。(6) そしてヤハウェもこの業績に応え、ソロモンが律法に背くことがない限り、ユダヤの民の繁栄を保障しようと約束した。こうしてユダヤ人は、統一国家の象徴に相応《ふさわ》しい神殿を確保し、安定した発展の道を歩むかに見えました。

ところが、ソロモンの栄華は長続きせず、彼が晩年を迎える頃には、早くも混乱と衰退の兆しを呈し始めます。シバの女王とのエピソードにも暗示されているように、ソロモンは英明であると同時に好色な人物でした。彼はさまざまな国から多くの愛人を招き寄せ、実にその数は、王妃七百人、側室三百人にまで達したと言われています。そして彼女らは、故郷の神々を祀るためにエルサレムの地に祭壇を築き、供犠を執り行ったのです。

この行為は、十戒の第一の定め「私をおいて他に神があってはならない」に背くものでしたので、ヤハウェは激怒し、「あなたはこのようなことをして、私が命じた契約と掟を守らなかった。それゆえ私は、必ずあなたの王国を引き裂き、あなたの家臣に分け与える」[7]と通告します。こうして王国は、分裂の危機に直面するのです。

多神教への傾斜――バアル崇拝

ソロモンの愛人たちが多くの神々を崇拝したというエピソードは、客観的・大局的に見れば、ユダヤ社会の基盤が遊牧から定住に変化したことを反映しています。すなわち、定住生活のスタイルが浸透したユダヤ社会においては、農業に関連した神々や、交易を介して外国から入ってきた神々が崇拝されるようになっていったのです。

それらの代表例としては、ウガリト神話に登場する雨と嵐の神「バアル」、川の神「ヤム」、泉と地下水の神「アシュタル」、豊穣の女神「アスタルテ」などが挙げられます。農耕では遊牧以上に水の確保が重要となりますので、水に関連した神々が多いことが見て取れるでしょう。定住生活を始めたユダヤ人たちは、歴史の多くの例に漏れず、複雑な多神教の世界へと足を踏み入れていったのでした。

　こうした神々のなかで特に重視されたのは、バアルという神でした。旧約聖書のなかでは、バアルに対する崇拝がヤハウェ信仰を脅かしているということに関して、繰り返し警告が発せられています。

　元々バアルとは、ユダヤ人がカナンに定住する前から同地で崇拝されていた神であり、先に述べたように、雨や嵐を司《つかさど》る神でした。ウガリト神話によればバアルは、乾期に命を落として冥府に下り、雨期になると復活して再び地上に現れる。このようにバアルは、植物の生命力を表す豊饒神として、農耕に手を染めたユダヤ人たちの崇拝を集めていったのです[8]。

　後に具体例を見るように、旧約聖書においては、ヤハウェとバアルが対立する場面が幾度か描かれています。こうした流れのなかでバアルは、次第に悪魔的な存在として表象されるようになりました。すなわち、土着の言葉で「崇高《ゼブル》なる主《バアル》（バアル・ゼブル）」と呼ばれていたものが、ヘブライ語で「蝿《ゼブブ》の王《バアル》（バアル・ゼブブ）」と言い換えられ、汚辱と邪悪のイメージが付与されていった。こうしたイメージは後のキリスト教にも継承され、新約聖書においてバアルは、悪魔の代表格である「ベルゼブル」と称されています[9]。一神教の信仰が確立されてゆく過程で、かつて崇拝されていた多神教の神々が「悪魔化」するという現象は、しばしば見受けられるものです。

2　王国の分裂

北のイスラエル王国、南のユダ王国

　ヤハウェの神殿の建設は、イスラエル十二部族の結束を象徴するものでしたが、皮肉にも、その際に要した多大な負担が、諸部族のあいだに亀裂を生じさせることになりました。実に神殿の建設においては、レバノン杉の伐採に三万人、石切りに八万人、その運搬に七万人の労働者が徴用《ちょうよう》され、七年の歳月が費やされた。さらにその後には王の宮殿の建設も始まり、一三年の歳月を費やしたと伝えられています[10]。

　こうした費用や労働力を捻出するため、ソロモンは多額の税を取り立て、長期間の強制

労働を課しました。しかも彼自身は、宮殿で贅沢な暮らしに耽《ふけ》ったので、次第に民衆の不満が高まっていった。そしてソロモンが世を去ったときには、王国は周囲の国々からの多額の負債に苦しむ状態に陥っていました。

北方の十の部族は、ソロモンの息子のレハブアムが王位を継承することに反対し、独立を宣言します。結果的にユダヤ人の王国は、前九二八年頃、南部のユダ王国と北部のイスラエル王国に分裂してしまった。「王国を引き裂く」というかつてのヤハウェの言葉が実現することになったのです。

預言者による王国批判

以上のようにユダヤ人の王国は、異教の神々の崇拝、貧富の差の拡大などによって、混乱と分裂の様相を呈してゆきました。こうした情勢に対する苛烈な批判者として登場したのが、「預言者」と呼ばれる人々です。神の意志、特にその怒りを、言葉として預かり、社会に伝える者のことを指します。

預言者とは元々、「祭司」と同じく、神と民衆のあいだを取り持つ宗教者のことを意味しました。ユダヤ人が遊牧生活を送っていた、歴史の早い段階においては、預言者と祭司の役割を区別することは難しく、事実上、両者は一体化していました。例えば、最初の族

祭司と預言者の分化

遊牧時代	定住時代
祭司＝預言者	→ 祭司　（体制側・神殿儀礼）
	→ 預言者（反体制側・神の警告を伝達）

長であるアブラハム、出エジプトを率いたモーセなどは、預言者であると同時に祭司でもあったと考えることができるでしょう。彼らは、神の言葉に従って民衆を導くとともに、供犠という儀礼を主宰したのです。

とはいえ、その後に定住生活が始まり、共同体の規模が大きくなると、これらの役職は分化するようになりました。祭司が神殿における儀礼や占いの執行を主な職務とし、もっぱら王政を擁護する姿勢を示したのに対して、預言者は特異な召命や幻視の体験のなかで神の言葉を聞き取り、政治的・社会的状況に対する告発を行ったのです。

全体として言えば、祭司が神殿に住んで王に仕え、定住生活のもたらす豊かさを肯定したのに対して、預言者はかつての遊牧生活の純朴さを賛美し、人々が心を合わせて神を崇拝していた時代に戻ろうと呼び掛けました。前講の終わりに、ユダヤ教においては、遊牧と定住という二つの生活様式が存在し、両者の対立からある種のダイナミズムがもたらされていることを指摘しましたが、預言者と祭司は大枠として、それぞれの立場を代表していると見ることができるでしょう。

預言者エリヤ——黙示思想の発端

独立を果たした北のイスラエル王国では、南のユダ王国以上に、バアルを始めとする異教の神々の崇拝が流行しました。同国の初代国王であるヤロブアムは、二体の「金の子牛像」を造ったことで知られています。また、第7代国王のアハブは、首都をサマリアに移し、バアルの神殿と祭壇を築くとともに、アシェラという女神の像をも製作したのです[11]。

当然のことながら、ヤハウェはこれに激怒します。そして、その意志を伝える預言者として前9世紀半ばに登場したのが、エリヤという人物でした。彼は数年にわたる干魃《かんばつ》がイスラエルを襲うことを告知し、その通りとなった。アハブ王はエリヤを「イスラエルを煩《わずら》わす者」と呼んで非難しますが、これに対してエリヤは、カルメル山にバアルの預言者たちを集め、どの神が真の神かを明らかにするように要求しました。すなわち、双方がそれぞれ雄牛を用意して神を呼び、それに火が点《つ》くかどうかを試したのです。

バアルの預言者たちは大声で神を呼びましたが、供え物が燃えることはありませんでした。これに対して、エリヤがヤハウェを呼び求めると、直ちに「主の火」が降り、供え物や溝《みぞ》の水を焼き尽くした。これを見た民衆はひれ伏してヤハウェを称え、バアルの預言者たちを捕らえて殺害したのです[12]。

それまでのイスラエル王国においては、バアル崇拝が優勢となっていたのですが、カルメル山でヤハウェが自らの意志を明らかにすることにより、状況が一変しました。水の神バアルと火の神ヤハウェが対決した結果、ヤハウェが勝利した、といった趣《おもむ》きでしょうか。こうして正しい信仰を保持していた「義なる者」と、誤った信仰に陥っていた「不義なる者」が区別され、後者に当たるバアルの預言者たちが粛清を受けたのです。

後のユダヤ教やキリスト教においては、「黙示文学」と呼ばれる思想や歴史観が発達しました。「黙示」という言葉は、ギリシャ語の「アポカリュプシス」に由来し、元々は「覆いを外す」という意味です。具体的には、それまで沈黙の内に隠されていた神の意志が突如として示され、体制の大逆転が起こる、という考え方を指します。

ユダヤ教の黙示文学としては、旧約聖書の『ダニエル書』や旧約偽典[13]の『エノク書』などが代表例であり、こうした思想の潮流がキリスト教に継承され、最終的には、新約聖書の末尾に収められた『ヨハネの黙示録』を成立させます。良く知られているように『ヨハネの黙示録』では、世界の最終戦争、千年王国の成立、キリストの再臨、最後の審判といった、壮大な終末の姿が描かれるのですが、こうした歴史観の原型は、エリヤのような預言者による体制告発にあったと見ることができるでしょう[14]。

預言者アモス――権力者や富裕者への告発

最初期に登場した預言者を、もう一人紹介しておきましょう。エリヤからおよそ百年後、前8世紀に活動した、アモスという人物です。彼の預言は、『アモス書』という独立した文書として旧約聖書に収められています。

南北への分裂によって政治的な混乱が生じたものの、両王国は以降もそれぞれ、経済的発展を続けました。とはいえ、政治的・宗教的一体性が失われたなかで経済だけが伸びてゆくわけですから、貧富の格差は拡大する一方だった。同時にこうした状況が、素朴なヤハウェ信仰の衰退と、農業・交易と結びついた多神教崇拝の蔓延を後押ししていたわけです。

アモスは元々、ユダ王国のテコアという地方に生まれた羊飼いでしたが、ヤハウェの召命を受け、イスラエル王国を訪れました。彼は、当時ヤロブアム2世の統治下で繁栄を享受していた人々、なかでも権力者や富裕層を激しく批判し、首都サマリアの滅亡を予告したのです。その一節は次の通りです。

彼ら〔神に背いた権力者たち〕は町の門で戒める者を憎み　真実を語る者を忌み嫌う。
あなたがたは弱い者を踏みつけ　彼らから穀物の貢ぎ物を取り立てている。……あなあなたがたの背きの罪がどれほど多く　その罪がどれほど重いか、私は知っている。あなたがたは正しき者を苦しめ、賄賂を取り　町の門で貧しい者を退けた。それゆえ、悟りある者はこの時代に沈黙する。まことに、これは悪い時代だ。

（『アモス書』5：10－13）

先に述べた通り、預言者とは概して苛烈な体制批判者であり、アモスもその例に漏れません。とはいえ、ユダヤ教に見られる興味深い特色は、そういった人々の言葉や文書を排除するのではなく、聖典のなかに積極的に取り込んでいったことにあると思われます。

民族宗教に見られる全般的な精神性とは、自己正当化と自己賛美であり、自らに対して批判的・反省的な視点を持つことは、実際にはとても難しい。しかしユダヤ人は、他に例を見ないほどの苦難の歴史を辿ったがゆえに、そのような自己批判的な視点を持ち、自らの振る舞いを修正してゆきました。さらには、それによって神概念を強靭なものに鍛え上げ、以降の歴史を生き延びていったと考えられるわけです。そのことを引き続き見てゆきましょう。

3　南北両王国の滅亡

イスラエル王国の滅亡――アッシリア捕囚

北のイスラエル王国では、預言者の活動と並んで、政治の領域においても、ヤハウェ信仰への復帰運動が開始されました。前八四二年頃には、新たにメシアに選ばれたイエフという人物がアハブの王朝を打倒し、第10代イスラエル王に就任しています。彼はバアル崇拝を徹底して排除しましたが、しかしそれでも、金の子牛像に対する崇拝を完全に退けることはできなかった[15]。聖書のこうした記述からは、イエフが改革を手掛けた後も、農業や交易と結びついた多神教崇拝が根強く残存したことが窺えます。

また、イスラエル王国が経済的な発展を続けたことは、近隣の強国の関心を集めるという作用をももたらしました。当時はメソポタミア地方にアッシリアが勃興しており、帝国へと成長しつつあった。そしてアッシリアは前七二二年にイスラエル王国の首都サマリアに攻め込み、同国を滅亡させてしまったのです。預言者アモスはすでにサマリアの滅亡を予告していましたが、その言葉もまた現実のものとなってしまいました。

アッシリアはイスラエルの人々を捕らえ、母国に移住させました（アッシリア捕囚）。ユダヤ人は歴史のなかで幾度も「民族離散《ディアスポラ》」の悲劇に見舞われるのですが、これはその最初の出来事に位置づけられます。イスラエル王国を形成していた諸部族は、その多くが捕囚によって行方不明となり、現在では彼らを「失われた十部族」と呼ぶこともあります。[16]

他方でアッシリアは、多くのアッシリア人をサマリアに入植させたため、同地では、アッシリア人とユダヤ人の混血が進行しました。こうしてサマリアに関しては、過去にバアル崇拝が蔓延した土地、その後にヤハウェの怒りが下ってアッシリアに滅ぼされ、外国人との混血が生じた土地、という負のイメージが付きまとうようになったのです。

ヨシヤ王による申命記《しんめいき》改革

イスラエル王国の滅亡という事態に直面し、南のユダ王国では、国家体制を引き締めるための対策が開始されました。バアルを始めとする異教の神々の崇拝を退け、ヤハウェ信仰によって国内を統一するという宗教改革が行われたのです。数多くの神々のなかから特に一柱の神を選んで崇拝することを「拝一神教《はいいつしんきょう》」と呼ぶのですが、ユダヤ教はこの時期に初めて、明確な拝一神教の段階に達したと見ることができるでしょう。

こうした改革を主導したのは、第17代国王のヨシヤ（在位：前六四〇－前六〇九）でした。ヨシヤは改革を始めるに当たり、ヤハウェの神殿の修復工事を行ったのですが、その際に

「契約の書」という文書を発見したと言われています。同文書には、ユダヤの民が律法に背くために神の怒りを被る、ということが書かれていました。そこでヨシヤは、過去の行いを悔い改め、再びヤハウェと契約を結ぶべきことを訴えたのです。

王は、ユダのすべての人々とエルサレムのすべての住民、祭司と預言者、子どもから大人まですべての民と一緒に主の神殿に上った。そして主の神殿で見つかった契約の書のすべての言葉を人々に読み聞かせた。それから王は……主の前で契約を結び、主に従って歩み、心を尽くし、魂を尽くして主の戒めと定めと掟を守り、この書に記された契約の言葉を実行することを誓った。民も皆、この契約に加わった。

（『列王記下』23：2－3）

引用のなかに「心を尽くし、魂を尽くして」という言葉が見られますが、これはヨシヤの改革の基本精神を示す重要なフレーズです。そして、このとき発見された「契約の書」とは、『申命記』の一部であったと推測されています。というのは、『申命記』のなかに、「聞け、イスラエルよ。私たちの神、主は唯一の主である。心を尽くし、魂を尽くし、力を尽くしてあなたの神、主を愛しなさい」という言葉が存在するからです。この文句は後のユダヤ教でも枢要な位置を占め、冒頭の「聞け《シェマ》、イスラエルよ」という言葉にちなみ、「シェマの祈り」[17]と称されています。

『申命記』は旧約聖書のなかで、モーセが書いたと言われる五つの文書、いわゆる「モーセ五書」の末尾に収められているテキストです。晩年を迎えたモーセが、それまでに受けてきた神の教えと律法について改めて振り返るというのが、その内容となります。

モーセ五書の各文書が、実際にいつ執筆・編纂されたのかについては、現在もさまざまな説が入り乱れており、定説が存在しません。とはいえ、『申命記』に関して多くの学者は、ヨシヤ王の宗教改革前後に執筆・編纂されたのではないかと推定しており、ゆえにその改革は今日、「申命記改革」と称されています。[18]

「モーセ五書」の構成

1『創世記』
2『出エジプト記』
3『レビ記』
4『民数記』
5『申命記』

ヨシヤは、異教の神々の祭壇や偶像を廃棄し、宗教改革を進めました。なかでも彼が力を注いだのは、過越祭の復興です。前講で見たように過越祭とは、ユダヤの民衆がエジプトの奴隷状態から解放されたことを記念して行われる祭礼なのですが、カナン定住からしばらく経った頃には、すでにほとんど行われなくなっていました。[19]これに対してヨシヤは、数千頭の小羊を神に捧げ、その肉を広く民衆に振る舞った。[20]こうして過越祭を、民族の一体性を実感するための盛大な祭典として復興したのです。

ユダ王国の滅亡――バビロン捕囚

とはいえ、その後もユダ王国は、近隣の強国によって脅かされ続けました。イスラエル王国を滅ぼしたアッシリアは前六〇九年に滅亡しますが、メソポタミア地方では、それに代わってバビロニアが勃興した。この状況を見た西方の強国エジプトは、バビロニアを制圧しようと東方に兵を差し向け、中途にあるユダ王国にも侵入しました。ヨシヤ王はこれに対抗しますが、エジプトとの戦いに敗れ、命を落としてしまいます。

他方でバビロニアは急速に勢力を伸ばし、ネブカドネザル王が西方遠征を開始しました。そしてユダ王国は、前五九七年と前五八六年の二度にわたって侵略を受け、多くの人間がバビロニアに連行されてしまった（バビロン捕囚）。特に二度目の侵攻の際には、ヤハウェの神殿が完全に焼き払われ、至聖所《しせいじょ》に安置されていた「契約の箱」も行方が分からなくなりました。[21] 国内には少数の貧民のみが残され、こうしてユダ王国も滅亡してしまったのです。

預言者エレミヤ――哀しみと希望の歌

以上のように、南北の王国においては、預言者による異教崇拝の告発、王や祭司による宗教改革が行われましたが、それらが十分に功を奏することはなく、どちらも滅亡に追いやられました。こうした運動は結局、何の意味もなかったのではないか――。思わずそう言いたくなるかもしれません。

しかし、歴史を長い目で見れば、決してそうも言い切れない。なぜなら、ユダヤ教の改革運動は両王国が滅亡した後も粘り強く継続され、それにより、国を失った民が生き延びてゆくための基盤が作り上げられていったからです。

ヨシヤ王の宗教改革からバビロン捕囚に至るまでの時期に活動した預言者として、エレミヤという人物がいます。彼は、ヨシヤの改革が徹底しておらず、民衆の心のなかに背信が残存していることを厳しく告発しました。エレミヤによれば、ヤハウェとの契約はもはや無効となっており、王国の滅亡と神殿の破壊が回避されることはない。エレミヤは「嘆きの預言者」と呼ばれ、旧約聖書に収められた『哀歌』は彼の作品であると見なされています。

とはいえ、他方でエレミヤは、祖国を失うことによってユダヤ人が真の回心を遂げ、ヤハウェと再び契約を結ぶという希望についても預言しました。ヤハウェは優れた羊飼いのように、離散した人々を再び集め、シオンの丘に連れて行くというのです。

主はヤコブを救い出し　彼より強い者の手から贖《あがな》われた。彼らは来て、シオンの丘で喜び歌い　主の恵みによって晴れやかになる。穀物、新しいぶどう酒と新しいオリーブ油　羊や牛の子らで　彼らの命は潤う園のようになり　再び衰えることはない。その時、おとめは踊って喜ぶ　若者も老人も一緒になって。私は彼らの嘆きを喜びに変え　彼らを慰め、悲しみに代えて喜びを与える。また祭司を豊かさで満ち足らせ　私の民を良いもので飽かせる――主の仰せ。

（『エレミヤ書』31：11－14）

ここに記されているのは、シオンの丘に老若男女が群れ集い、豪華な食事を共にし、楽しく歌い踊るという、ユートピア的なヴィジョンです。こうした「神との新しい契約」という考え方は、後のユダヤ教に継承されるとともに、キリスト教にも深く影響を及ぼしてゆきます。

バビロニアに連行された捕囚民の側でも、異国の文化に同化・吸収されず、ユダヤ民族としてのアイデンティティを維持するための方法が模索されました。具体的には、①律法の収集・編纂を進める、②「集会場《シナゴーグ》」で律法を学び、礼拝を行う、③週に一度の「安息日」を遵守する、④生まれた子供に割礼を施す、⑤「食品規定《カシュルート》」を遵守する、といった事柄です。[22] 特に①について付言すれば、捕囚期には、モーセ五書の本格的な編纂が開始されたほか、『ヨシュア記』『士師記』『サムエル記』『列王記』といった歴史書の編纂も行われました。[23] こうした諸要素は、その後も離散状態が続いたユダヤ人にとって、重要な文化的基盤を提供することになったのです。

4　唯一神教の確立

預言者エゼキエル——世界中を動く神

これまでの歴史のなかで、ヤハウェという神は、羊や山羊と生活を共にする「遊牧民の神」から、多神教の神々を退けて専一《せんいつ》的な崇拝を集める「拝一神」へと変化してきました。ヤハウェはこの後、さらに「唯一神」へと変化し、それによって完全な形態の一神教が成立するのですが、そうした変化を生じさせたのは、実はバビロン捕囚という大きな苦難の経験でした。ここでは、捕囚期に生じたユダヤ教の神観念の変容について見てゆきましょ

エゼキエルの幻視［ラファエロ作（1510年頃)］

う。

捕囚期の代表的な預言者の一人に、エゼキエルという人物がいます。彼はバビロニアに連行され、ユーフラテス川の支流の一つであるケバル川の畔《ほとり》に住んでいました。するとあるとき、エゼキエルの眼前で突如として天が開け、神が顕現してきた。『エゼキエル書』冒頭の記述によれば、神は「光り輝く戦車」のような姿で現れたのです。

同箇所では、現代のＳＦのような幻想的描写が延々と続きますので、読んでいるうちにこちらも不思議な気分になってくるのですが、エゼキエルが描き出すヤハウェの様子は、おおよそ以下のようなものでした。ヤハウェは火のような形姿で王座に腰掛けており、四人の天使たちがそれを支えている。王座は空を飛ぶことができ、バビロニアから侵略を受けるよりも前に、背信と堕落に覆われたエルサレムの神殿を離れ、空中に飛翔していた。その後、捕囚民に自らの意志を伝えるため、遥か遠方のバビロニアまで飛来してきた、というのです。こうした王座は、ヘブライ語で「車」を意味する「メルカバー」と呼ばれています。[24]

「可動式の王座」というイメージは、果たしていかなる仕方で生み出されたのでしょうか。私にはそれは、古代において使用された「軍用二輪馬車」の形状と、「契約の箱」の運搬具の形状を融合させたもののように思われます。

　前講で述べたように、十戒を刻んだ石板を収めた「契約の箱」は、天使の像を冠した御輿のような器具を用いて運ばれました。それは出エジプトの旅路を経て、ソロモンが築いた神殿に安置された。そしてバビロニアの侵攻により、神殿は破壊されてしまった。しかし、そのことは決して、ヤハウェの最終的な敗北を意味するわけではない。むしろ神殿を失うことによってヤハウェは、「動く神」としての本来の姿を再び取り戻した。今やヤハウェは、王座に腰掛けた状態で世界中を自由に動き回ることができるのだ――。預言者エゼキエルは、このような神の姿を描き出したのです。

『エゼキエル書』の前半では、ユダヤ人の心に背信と堕落が蔓延《はびこ》り、それが原因で生命を喪失したことが厳しく告発されています。とはいえ他方、同書の後半では、ヤハウェの恩恵によってもたらされる救済の希望についても語られている。次の通りです。

私は諸国民の中からあなたがたを連れ出し、全地から集め、あなたがたの土地に導き入れる。私があなたがたの上に清い水を振りかけると、あなたがたは清められる。私はあなたがたを、すべての汚れとすべての偶像から清める。あなたがたに新しい心を与え、あなたがたの内に新しい霊を授ける。……私の霊をあなたがたの内に授け、私の掟に従って歩ませ、私の法を守り行わせる。……あなたがたは私の民となり、私はあなたがたの神となる。

（『エゼキエル書』36：24－28）

このように、神から「洗礼」として清い水を浴びせかけられることにより、背信の汚れが洗い落とされ、「新しい霊」が与えられる、というのです。『エゼキエル書』37章においてはさらに、異国の地で死去し、「枯れた骨」となった人々が、神の霊を吹き込まれることによって肉を纏って「復活」し、イスラエルに帰還する可能性が語られています。こうした救済のヴィジョンもまた、後のユダヤ教やキリスト教に大きな影響を及ぼしてゆきました。

預言者イザヤ——世界史を統《す》べる神

続いて、『イザヤ書』という預言書を見ましょう。同書は、これまでに触れた『エレミヤ書』や『エゼキエル書』と併せ、「三大預言書」の一つに数えられています。全66章もの分量がある、長大な文書です。

とはいえ現代の聖書学によれば、『イザヤ書』は左のように、異なる時期に活動した三人の人物によって著されたと考えられています[25]。まず「第一イザヤ」は、イスラエル王国がアッシリアに滅ぼされる時期（前8世紀後半）に、ユダ王国で活動した。そして「第二イザヤ」は、バビロン捕囚からその解放に至る時期（前6世紀半ば）に活動した。さらに「第三イザヤ」は、捕囚から帰還して国家再建に取り組んだ時期（前6世紀後半）に活動した、と推定されています。ここでは特に、「第二イザヤ」の記述に注目することにしましょう。

『イザヤ書』の構成

第一イザヤ	1～39章
第二イザヤ	40～55章
第三イザヤ	56～66章

バビロン捕囚は約六〇年間続いた後、唐突に終焉を迎えました。メソポタミア地方でアケメネス朝ペルシャが新たに勃興し、その王キュロス2世が前五三九年にバビロニアを滅ぼしたからです。そして彼は、ユダヤ人を解放する命令を発しました。

このようにメソポタミア地方では、アッシリア、バビロニア、ペルシャと、短期間のうちに次々と覇権国が入れ替わってゆきました。そしてユダヤ人もその影響を受け、王国滅亡、捕囚、解放という、激しい運命の変転を経験したわけです。これに対して第二イザヤは、こうした現象のすべてが、実はヤハウェの意志によって動かされてきたと論じています。

主は地を覆う天蓋《てんがい》に住まわれる方。地に住む者はばったのようなもの。主は天を幕のように伸ばされる方。これを天幕のように広げて住まわれる。主は君主たちを無とされる方。地を治める者を空しいものとされる。彼らは植えられる間もなく、蒔《ま》かれる間もなく　地に根を張る間もない。主がこれらに風を吹きつけると枯れ、暴風がわらのように巻き上げる。……あなたがたの目を高く上げ　誰がこれらを創造したかを見よ。

（『イザヤ書』40：22－26）

先に見たように預言者エゼキエルは、ヤハウェの住居として、世界中を飛翔する可動式の王座を描き出しました。しかし、第二イザヤの描くそれは、遥かにスケールが大きい。全地を覆う天蓋こそが、ヤハウェが住まう「天幕」であり、王座はそのなかに据えられているというのです。

またヤハウェは、歴史の支配者でもあり、ユダヤ人のみならず、さまざまな民族とその支配者の運命をも掌握している。地上での権勢を誇る王や諸侯などは、ヤハウェの前では無に等しい。彼らの隆盛は常に束の間のものでしかなく、やがては一本の藁くずのように吹き飛ばされてしまうからです。このように第二イザヤは、世界のみならず、歴史をも支配する神として、ヤハウェを位置づけています。

「苦難の僕《しもべ》」というメシア像

こうした観念を背景として、第二イザヤでは、「メシア」に対する考え方が、従来のそれから大きく変化しました。まずその一つは、ユダヤ人を捕囚から解放したペルシャの王キュロスがメシアと称されていることです。第二イザヤによれば、ヤハウェはキュロスに油を注ぎ、メシアに選定した。そして彼を用いて周囲の王たちの武装を解かせ、ユダヤ人を解放したのです[26]。

従来の考え方によれば、典型的なメシアとは、ダビデ王やソロモン王に代表されるように、「神の祝福によって強大な力を与えられたユダヤの王」というものでした。しかし、ヤハウェを世界全体・歴史全体の支配者と見なす第二イザヤにとって、メシアはもはや、ユダヤの王に限られない。歴史を動かし、ユダヤの民に救済をもたらす人物であれば、たとえ異国の王であろうとも、メシアの一人と見なされるのです。

しかし、キュロスはあくまでペルシャの王であり、ユダヤ人をバビロン捕囚から解放したとはいえ、いつまでもその運命に責任を持つわけではない。また先述の引用のように、地上の権力者は誰でも、やがてはその勢いを失ってしまう。それではどのような人物が、本質的にユダヤの民を導いてゆく存在となり得るのか。ここで第二イザヤは、極めて意外な人物像を描き出します。[27] 次の通りです。

> この人は主の前で若枝のように　乾いた地から出た根のように育った。彼には見るべき麗しさも輝きもなく　望ましい容姿もない。彼は軽蔑され、人々に見捨てられ　痛みの人で、病を知っていた。……彼が担ったのは私たちの病　彼が負ったのは私たちの痛みであった。……彼が受けた懲《こ》らしめによって　私たちに平安が与えられ　彼が受けた打ち傷によって私たちは癒やされた。……彼は虐げられ、苦しめられたが　口を開かなかった。屠《ほふ》り場に引かれて行く小羊のように　毛を刈る者の前で黙っている雌羊のように　口を開かなかった。不法な裁きにより、彼は取り去られた。彼の時代の誰が思ったであろうか。私の民の背きのために彼が打たれ　生ける者の地から絶たれたのだと。
>
> （『イザヤ書』53：2―8）

これは聖書のなかで、「苦難の僕」と称される有名な一節です。それによれば、王国滅亡と民族捕囚という困難な出来事を経た後で、神が改めて目を留めるのは、戦争に勝利するような強力な指導者ではない。むしろ神は、ユダヤの民が被った罪や汚れを一身に背負うような、従順でか弱い存在に視線を注ぐのです。

最終的に導き手として求められる人物像が「小羊」をモデルとしているということは、大変印象深く感じられます。ユダヤ人が遊牧生活を送っていた頃、彼らの日常を支えていたのは、従順な羊や山羊たちでした。それらは自らを犠牲として肉や乳や毛皮をもたらし、ユダヤの民衆の生命を養っていた。強大な武力を有する英雄的な指導者ではなく、重荷を背負い続ける家畜のような存在こそが、実は生命や幸福の基盤であるということに、第二イザヤは改めて目を向けようとするのです。多くの方がお気づきのように、こうした考え方は、キリスト教のメシア観にも濃厚に受け継がれてゆきます。

神が「世界の創造者」や「歴史の支配者」と捉えられ、超越性・普遍性を高めてゆく一方、その世界のなかで懸命に生きる弱き者たちの存在意義も再評価されるようになる。こうした思想の発展が、一神教の完成と世界宗教の誕生に結びついていったと考えられます。

メソポタミアの諸宗教からの影響――世界を創造する神

バビロン捕囚は、ユダヤ人の王国が滅亡し、民族が離散するという悲惨な経験でしたが、他方でそれは、中東を支配する巨大な帝国と、その文化や宗教についての知見を得るという貴重な機会でもありました。メソポタミア地方の諸宗教から神観や世界観を縦横に取り入れることによって、ユダヤ教は明確な「唯一神教《ゆいいつしんきょう》」の形態を確立していったのです。

唯一神教とはすなわち、世界における真の神はヤハウェのみであり、その他の神々は偽りの存在（偶像）に過ぎないという考え方なのですが、その前提となっているのは、そもそもヤハウェこそが「天地万物の創造主」であるという観念です。良く知られているように、聖書はまさに、ヤハウェが七日間で世界を創造する物語から幕を開けます。

初めに神は天と地を創造された。地は混沌として、闇が深淵の面《おもて》にあり、神の霊が水の面を動いていた。神は言われた。「光あれ。」すると光があった。神は光を見て良しとされた。神は光と闇を分け、光を昼と呼び、闇を夜と呼ばれた。夕べがあり、朝があった。第一の日である。

神は言われた。「水の中に大空があり、水と水を分けるようになれ。」神は大空を造り、大空の下の水と、大空の上の水とを分けられた。そのようになった。神は大空を天と呼ばれた。夕べがあり、朝があった。第二の日である。

（『創世記』1：1−8）

ヤハウェを世界の創造主とする見方は、すでに『イザヤ書』でも提示されていましたが、『創世記』1章から11章までに記された「原初史」においては、世界創造の経緯がより具体的に物語化されています。

とはいえ、現代の聖書学においては、高等批評や比較研究の手法によって、こうした物語が実は、メソポタミア地方の諸神話から影響を受けて作られたものであることが指摘されている。代表例の一つは、古代バビロニアの創世神話である『エヌマ・エリシュ』との関係性です。(28) 同書の冒頭部では、淡水の神アプスー、塩水の神ティアマトという原初的存在から、世界やその他の神々が創造される過程が描かれています。『創世記』もまた、原初的な水のなかから世界が創造されるという筋立てになっており、確かに両者の記述は、多くの点で類似しているように思われます。

もう一つの例として挙げられるのは、ゾロアスター教におけるアフラ・マズダ信仰からの影響です。ゾロアスター教とは、その名の通り、ゾロアスターという人物が創唱した古代ペルシャの宗教です。彼の活動時期については、前二千年紀から前6世紀まで諸説あり、明確には分かりません。ともあれ、その宗教の基調を為しているのは、最高神アフラ・マズダに対する信仰であり、そこで同神は、光と闇を始めとして、世界の万物を創造した「善き匠《たくみ》」として描かれている。こうした壮大な神観や世界観もまた、『創世記』のなかに持ち込まれたと考えられます[29]。

そして『創世記』の原初史においては、七日間の世界創造の後、エデンの園、ノアの方舟、バベルの塔といったエピソードが綴られてゆくのですが、それらも同様に、メソポタミアの諸宗教から色濃く影響を受けています。まずエデンの園は、シュメール神話に登場する「ディルムン」「エディン」「パリダイサ」といった土地の物語をモデルにしている。ノアの方舟にまつわる洪水神話は、シュメールの英雄譚『ギルガメシュ叙事詩』に極めて類似したエピソードが見られる。さらにバベルの塔は、メソポタミアに存在した聖塔「ジッグラト」から着想を得たと考えられるのです[30]。

このようにユダヤ教は、バビロニア、ペルシャ、シュメールといったメソポタミア地方の諸宗教から、創造物語を始めとするさまざまな要素を学び、それらを用いて自らの世界観を組み上げていったと推測されます。

民族宗教としての挫折、一神教への脱皮

ユダヤ民族が、一神教という特異な信仰形態を「発明」した経緯について、最後に整理しておきましょう。

遊牧生活から脱却してカナンへの定住を達成し、農業や交易を介して繁栄を手にしたと

き、ユダヤ民族は、どこにでも見られるような通常の宗教的展開、すなわち、民族宗教的な多神教への道を歩んでいました。ユダヤ人の王国がそのまま大過なく成長していれば、おそらく彼らの宗教は、バアルやアスタルテの崇拝を基調とした多神教の体系を形成していたことでしょう。もしかしたら、そうした多神教の「万神殿《パンテオン》」のなかでは、バアルが主神の地位を占め、ヤハウェはその配下の神の一人に収まっていたかもしれない。

　とはいえ現実は、良くも悪くもそうは進みませんでした。東西の強国に翻弄されながら、ユダヤ民族は、短期間で自らの王国を失い、捕囚という境遇に落とされてしまう。しかしそうした状況のなかでも、彼らはヤハウェ信仰という紐帯《ちゅうたい》を見失わず、むしろそれを柔軟かつ強靭なものへと鍛え上げてゆきました。本講で見てきたように、民族離散の苦境のなかで、「世界中を動く神」「世界史を統べる神」「世界を創造する神」といった諸観念が案出され、さらにそれらが結合し、「唯一神教」という完成された一神教の形態が出現してきたのです。

　ある種の「突然変異」のような仕方で現れたこのような信仰形態は、世界宗教の基盤としての役割を果たし、その後の歴史に絶大な影響力を及ぼしてゆきます。それについては、以降の講義で論じることにし

唯一神教の形成

世界中を動く神
世界史を統べる神　→　唯一神
世界を創造する神

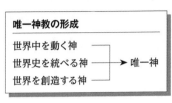

ましょう。

註

（1）「乳と蜜の流れる地」として過度に理想化されたそのイメージは、十字軍の運動が引き起こされる原因の一つともなった。第9講上368頁を参照。

（2）石田友雄『ユダヤ教史』57頁を参照。

（3）『列王記上』3章。ちなみに同箇所には、息子を巡って争う二人の遊女を、ソロモンが巧みに調停する逸話が記されている。これは日本の「大岡裁き」の物語にも取り入れられた。

（4）牟田口義郎『物語　中東の歴史』35頁を参照。

（5）『列王記上』6：2－14。

（6）ヤハウェの神殿は、「ソロモンの知恵」に基づく特別な技術によって建設されたと考えられており、この逸話から、神の秘義に通じた石工団体＝「フリーメイソン」の伝説が生まれた。実際のフリーメイソンは、近代初頭に生まれた自由主義的な団体であったが、オカルト的な思弁においては、「世界支配の陰謀を巡らすユダヤの秘密結社」と見なされている。第14講下294頁を参照。

(7)『列王記上』11：11。

(8) バアル崇拝はカナン地方のみならず、海洋民族のフェニキア人の手を介して、地中海世界一帯に広まっていった。ポエニ戦争でカルタゴを率いた英雄ハンニバルの名は、「バアルの恵み」を意味すると言われる。

(9)『マルコによる福音書』3：20－30には、イエスの有する力が悪魔ベルゼブルに由来するのではないか、といった嫌疑を巡る有名な論争がある。

(10)『列王記上』5－7章を参照。

(11) アシェラは一般に、豊穣の女神アスタルテと同一視されている。

(12)『列王記上』18：36－40。

(13) 旧約聖書の正典にも外典にも属さない、ヘレニズム時代に著されたユダヤ教の諸文書を指す。

(14)『列王記下』2章によれば、一連の活動を終えた後、エリヤは神によって天に上げられた。そして世界の終末時には、エリヤがメシアの先駆者として再来すると信じられるようになり、この観念はキリスト教にも影響を及ぼした。福音書においては、イエスをエリヤと見なし得るかという問題が繰り返し取り上げられている。一例として『マタイによる福音書』17：9－13を参照。

(15)『列王記下』10：18－33。

(16) 彼らの行方に関しては、都市伝説的なものも含め、想像力に溢れる物語が綴られてきた。日本人を古代イスラエル人の末裔に位置づける「日ユ同祖論」というオカルト説も存在する。

(17)『申命記』6：4－9がその全体に当たる。
(18)石田友雄『ユダヤ教史』99－100頁・108－110頁、山我哲雄『一神教の起源』256－258頁を参照。
(19)『列王記下』23：22。
(20)『歴代誌下』35章。
(21)一般に「失われた聖櫃《アーク》」と呼ばれ、著名な映画『インディ・ジョーンズ』シリーズにも、その行方を探求する作品がある。
(22)石田友雄『ユダヤ教史』128－129頁を参照。
(23)これらの文書の著者は、申命記改革の精神に基づいて歴史を叙述したため、現在では「申命記派歴史家」と呼ばれている。石田友雄『ユダヤ教史』130－132頁、山我哲雄『一神教の起源』292－297頁を参照。
(24)ユダヤ思想においては、メルカバーに到達することによって神の秘義を獲得することができるという思弁が発展し、その流れは、中世以降に出現したユダヤ教神秘主義「カバラー」へと繋がっていった。山本伸一『総説カバラー』20－28頁を参照。
(25)木田献一他編『聖書の世界　総解説』135頁を参照。
(26)『イザヤ書』45：1－7を参照。
(27)荒井章三『ユダヤ教の誕生』222－225頁を参照。
(28)『エヌマ・エリシュ』は、『古代オリエント集』に邦訳が収録されている。特に108頁を参照。
(29)荒井章三『ユダヤ教の誕生』215頁を参照。ゾロアスター教における光と闇の二元論は、創造論のみならず、ユダヤ教とキリスト教の黙示思想にも影響を与えたと思われるが、ここでは詳しく触れない。

(30) メソポタミアの宗教と旧約聖書のあいだに見られる類似点については、岡田明子＋小林登志子『シュメル神話の世界』に詳しい。

第4講　キリスト教の発端
――イエスの福音とパウロの教会論

古代ユダヤ人は、遊牧から定住へという生活形態の大きな変化を経験し、さらには、王国の建設・分裂・滅亡という苦難の歴史を歩みました。そしてユダヤ人はそのなかで、「神とは何か」ということを繰り返し問い続け、おそらくは幾つかの偶然も重なって、「世界を創造した唯一なる神」という観念に到達したのです。

ユダヤ人にとってそれは、国を失っても精神的紐帯を失わずに生き延びるための方法だったのですが、そこには同時に、古代的な民族宗教の考え方を超え出るような要素が胚胎されていました。そしてキリスト教は、ユダヤ教的な一神教を土台に据えつつ、さらにそれを超克する「世界宗教」として発展を遂げることになります。本講では、その端緒について見てゆくことにしましょう。

1　イエス時代のユダヤ社会の状況

バビロン捕囚解放後の歴史

前講でお話ししたように、ユダヤ人の王国は、南北に分裂した後、それぞれがアッシリアとバビロニアによって滅亡に追いやられました。その後にユダヤ人は、ペルシャのキュロス王によって捕囚から解放され、祖国の復興に着手し、前五一六年にはヤハウェの神殿の再建を成し遂げます。これは一般に、ソロモン王が建設した「第一神殿」に次ぐ「第二神殿」と呼ばれています。

しかしながら、以降もユダヤ人の苦難の歴史は続きました。ペルシャ帝国が成立することにより、東方の情勢は一旦は落ち着いたのですが、今度は次々と西方の強国が押し寄せるようになった。前三三四年には、マケドニア王国のアレクサンドロス大王が東方遠征を開始し、その二年後にパレスチナも征服されてしまいます。アレクサンドロスは若くして命を落としたのですが、その後は彼の「後継者たち《ディアドコイ》」の支配が続きました。パレスチナは前三〇一年、エジプトを拠点とするプトレマイオス朝の統治下に置かれ、前一九八年からは、シリアを拠点とするセレウコス朝に支配されることになったのです。

こうした政治状況のなかで、文化・言語・宗教のギリシャ化、いわゆる「ヘレニズム化」が進行し、再びヤハウェ信仰が脅かされることになりました。特に良く知られているのは、セレウコス朝のアンティオコス4世エピファネス（前二一二頃‐前一六四頃）が行った宗教迫害です。[1] エピファネスはエルサレムを侵攻・制圧し、神殿に入り込んで略奪の限りを尽くしました。また、ユダヤ人の民族的紐帯を弱めるために、律法に基づく慣習や祭儀を禁止し、神殿には新たに、ゼウスを始めとするオリュンポスの神々を祀ったのです。

これに対してユダヤ人は、ハスモン家のユダという人物を中心にして、反抗を開始しました。勇猛なリーダーであったユダは「金槌《マカバイ》」という綽名《あだな》で呼ばれたため、前一六七年に起こったこの戦争は「マカバイ戦争」と称されています。戦争に勝利したユダは、神殿を清めた後、改めてヤハウェに犠牲を捧げました。[2]

こうしてユダヤ民族は、ハスモン家のもとで独立を回復しましたが、その政治も決して安定しませんでした。まず内政においては、ハスモン家はダビデの血統を引いていなかったため、その一族が「王」を称することに対して、多くのユダヤ人は違和感を覚えた。また外政においては、ローマの勢力が伸張し、シリアやパレスチナへの干渉を強めてきた。そしてローマは、前六四年にセレウコス朝を滅ぼし、翌年からは自らパレスチナを支配するようになります。ハスモン朝はローマによって間接統治され、ユダヤ人は再び他国に従属する立場に置かれてしまったのです。

ハスモン朝の求心力が低下するなか、新たに頭角を現したのは、その家臣であるヘロデ家の人々でした。ヘロデ家はローマと親密な関係を結び、前四〇年、ローマによって「ユダヤの王」の地位を認められます。そしてヘロデは前三七年、ローマ軍の力を借りてハスモン朝を打倒したのです。

こうして成立したヘロデ朝は、文字通りローマの傀儡《かいらい》政権に過ぎませんでしたが、ヘロデは自身の権力を誇示するかのように、前二〇年、エルサレム神殿の大規模な改修に着手しました。(3) 同時に、神殿に仕える祭司たちをヘロデ朝の支持者に交替させ、ユダヤ人の自治議会である「サンヘドリン(4)」を王室の顧問機関として再編成したのです。

ヘロデ王は前四年に死去し、その後は彼の三人の息子たちが、王国を分割統治しました。しかし、ヘロデ朝に対する民衆の反感が高まったため、初代ローマ皇帝アウグストゥスは紀元後六年、ユダヤ地方を帝国の属州に編入します。ところが、皇帝礼拝や異教崇拝の強要がユダヤの民族感情を逆撫でしてしまい、反ローマ運動が一層盛り上がるようになる。そして六六年、武装闘争を辞さない急進派の「熱心党」がエルサレムを制圧したことにより、ユダヤとローマの戦争である「第一次ユダヤ戦争」が勃発します。ローマは強大な軍事力でユダヤ勢力を鎮圧し、七〇年にはエルサレムを征服して第二神殿を破壊しました。

続いて一三二年には、メシアと目された「バル・コクバ」[5]という人物に率いられ、ユダヤの民衆が再び蜂起し、「第二次ユダヤ戦争」が勃発します。しかしローマはこれをも鎮圧し、ついにはユダヤ人のエルサレム立ち入りを禁止してしまった。こうしてユダヤ人は再び祖国を喪失し、「民族離散《ディアスポラ》」という運命を決定づけられることになったのです。

ユダヤ教の四つの宗派

やや駆け足となりましたが、以上が、バビロン捕囚解放後からイエス時代までのユダヤ史となります。このように、イエスが生きた時代には、ローマによるパレスチナ支配が根深く浸透し、他方でユダヤ人の側でも、さまざまな勢力が乱立していました。そしてユダヤ教もまた、数多くの宗派に分裂していたのです。以下では、当時存在していた代表的な宗派である、サドカイ派・ファリサイ派・エッセネ派・熱心党の概要を押さえておきましょう。

①サドカイ派

紀元前2世紀頃に結成された、神殿の祭司職を中心とする貴族階級の一派です。その名称は、ダビデ王の時代を生きた祭司ツァドクに由来すると言われています。

サドカイ派は、供犠を始めとする神殿祭儀を忠実に執行することを重視しました。聖典や律法に関しては、「モーセ五書」のみを正典と認め、後に見る「口伝《くでん》律法」の採用を拒絶しています。四つの宗派のなかでは最も体制的な立場にありましたが、ローマ統治下においてユダヤ教の権威の形骸化・傀儡化が進むにつれて、民衆からの反感を集めるようになりました。

②ファリサイ派

律法の研究と遵守を重視したことで知られる宗派です。ファリサイとは「分離」を意味し、その名称は、律法を厳格に適用することによって、それに違反した人々から距離を置いたことに由来すると言われています。

彼らはユダヤ教の基盤を、神殿祭祀にではなく、「シナゴーグ（集会所）」という施設で共に律法を学ぶことに求めました。律法の教師は「ラビ（先生）」と称されます。旧約聖書に収められた諸文書のほか、口頭で伝えられた律法、すなわち「口伝律法」をも積極的に採用し、ユダヤ法の体系を発展させていった。それらは後に「ミシュナ（学習）」や「タルムード（研究）」として編纂され、聖書に並ぶ第二聖典

口伝律法の発展

ミシュナ	前5世紀～後2世紀
エルサレム・タルムード	後4世紀
バビロニア・タルムード	後5世紀

の地位を獲得します。

ユダヤ戦争の敗北によって本格的な民族離散の時代が始まると、ファリサイ派はユダヤ教の中心を担うようになりました。長い髭《ひげ》を蓄えて黒い帽子を被ったラビの姿や、複雑かつ難解な宗教法の体系に象徴されるユダヤ教のイメージは、同派に由来するものと言うことができるでしょう。

③エッセネ派

俗世を離れ、共同生活を送ったことで知られる宗派です。その名称は「敬虔な者たち」を意味すると考えられています。三年の試験期間を経てようやく入会を許され、洗礼による罪の清めを始めとして、厳格な戒律を遵守することが求められました。

一九四五年に死海沿岸で遺構が発掘された「クムラン教団」は、エッセネ派の一部であったと推定されています。その二年後には、遺構近くの洞窟で「死海写本」が発見されました。そこに収められた代表的文書である『戦いの書』には、「光の子」と「闇の子」による最終戦争の光景が描かれており、エッセネ派もまたそうした終末観を抱いていたと考えられます。

④熱心党

ユダヤ民族をローマの支配から解放させる運動を起こした党派です。その名称は、『民数記』25章にある「神に対する熱心」という言葉に由来します。

後六年に皇帝アウグストゥスがユダヤ地方をローマの属州に編入した際、ガリラヤのユダという人物の一派が反乱を起こし、それを中核として、武装闘争を辞さない急進的なグループが形成されました。彼らは、イスラエルの主はヤハウェだけであるという考えから、ローマへの納税を拒絶し、皇帝の像が刻まれた貨幣をも「偶像」として否定しました。熱心党は粘り強いゲリラ闘争を展開しましたが、結果的には、ユダヤ戦争の敗北という悲劇を招き寄せてしまいます。

イエスやキリスト教の立場

このように、イエスが活動した当時のパレスチナでは、ローマの支配に順応しようとする体制派から、武装闘争によって独立を勝ち取ろうとする反体制派まで、さまざまな立場が入り乱れていました。そしてこれらの四つの宗派は、ユダヤの民族的・宗教的アイデンティティを、それぞれ異なる要素に見出していった。すなわち、サドカイ派は神殿供犠に基づいて共同体の結束を固めること、ファリサイ派は律法という神との契約を正確に遵守すること、エッセネ派は心身を清浄に保ち終末を待ち望むこと、熱心党は武力によって政治的独立を達成すること、を重視したのです。

それではイエスは、こうした四宗派とどのような関係にあったのでしょうか。権威的な姿勢を取っていたサドカイ派やファリサイ派が、イエスのような人物と親和的であったとは考えにくいですし、現に福音書のなかでイエスは、信仰のあり方を巡ってこれらの宗派と幾度も対立しています。また、反体制派であるエッセネ派や熱心党とイエスのあいだに一定の共通性が見られることは確かですが[6]、イエスがそれらに属していたとまで考えるのは難しいでしょう。

私自身は、イエスの教え、並びに、それを基礎にして発展したキリスト教の教えは、先述の四つの宗派の主張を踏まえつつ、それらをラディカルに超克しようとしたものであったと考えています。今後の話を先取りすることになりますが、その要点を簡略的に示しておくと、次の通りです。

	ユダヤ教の四宗派		イエスやキリスト教の立場
サドカイ派	― 神殿供犠による共同体の結束	→	聖餐による開かれた教会の結成
ファリサイ派	― 神との契約である律法の遵守	→	律法の根底にある道徳観の再考
エッセネ派	― 心身を清浄に保ち終末を待つ	→	人類普遍の原罪論と救済論
熱心党	― 武力による政治的独立の達成	→	政治的領域と宗教的領域の区別

イエスとその支持者たちは、先行する諸宗派との論争や対立を繰り返すことにより、一神教の根本的なあり方について再考し、世界宗教としての形式を整えてゆきました。次節ではまず、福音書の幾つかの記述を読みながら、その基本線を確認することにしましょう。

2　イエスの生涯と福音の告知

イエスの基本思想

イエスの思想を知るためには、新約聖書に収められた四つの福音書（マタイ・マルコ・ルカ・ヨハネ）を読む以外に方法がありません。それらの他には、イエスの事跡を具体的に記した資料が存在しないからです。また、四つの福音書にはそれぞれ特色がありますが、本講ではその細かな点にまで立ち入ることができません。四福音書のなかで重要と思われる箇所を取り上げながら、イエスの生涯や思想の概要を見てゆくことにしましょう。

全体として見れば、イエスの教えの内容はとてもシンプルです。『マルコによる福音書』１：15によれば、イエスが発した最初のメッセージは、「時は満ち、神の国は近づいた。悔い改めて、福音を信じなさい」というものだった。福音とはギリシャ語で「エウァンゲリオン」と言い、直訳すれば「良い知らせ」を意味します。すなわちイエスは、待望していた「神の国」がいよいよ到来するということを、「福音」として告知したのです。

それでは、どのような人間が神の国に入ることができるのか。『マタイによる福音書』5〜7章に記された「山上の垂訓《すいくん》」によれば、心の貧しい人々、悲しむ人々、憐れみ深い人々、義のために迫害される人々が、神の国に入るという。社会において上流階級に属する、高貴な聖職者、力の強い軍人、裕福な資産家などが救われるわけではなく、虐げられた者、弱き者、貧しき者こそが神から愛され、救済を受けると説かれるのです。(7) 単純ではあるものの、極めて鮮烈な価値転換です。

また神の国は、現世的な権力と衝突するような性質の存在ではない。『ルカによる福音書』17：20－21には、「神の国は、観察できるようなしかたでは来ない。『ここにある』とか、『あそこにある』と言えるものでもない。実に、神の国はあなたがたの中にあるからだ」と記されています。後のキリスト教においては、神の国のこうした捉え方が発展し、政治的権力と宗教的権威の区別が進行してゆくことになるのです。

そしてイエスは、神と人間の関係性を刷新しようとするのですが、その際に根本的な原理として据えられたのは、「愛」という概念でした。『ヨハネによる福音書』13：34によればイエスは、使徒たちと別れる際、「あなたがたに新しい戒めを与える。互いに愛し合いなさい。私があなたがたを愛したように、あなたがたも互いに愛し合いなさい」と言い残しています。実に単純な話ではあるのですが、神との契約の基盤、信仰の基盤が愛にこそあるという認識は、イエスの教えにおいて徹底しており、それは「汝の敵を愛せ」という水準にまで達しています。(8)

イエスが告知した福音の基本的な内容は、上のように整理することができるでしょう。こうした考え方を基礎として、キリスト教は古代的な宗教のあり方を超克してゆきました。以下では、福音書の幾つかの箇所を実際に読みながら、イエスの生涯を辿ることにしましょう。

イエスの教え(福音)の基礎

①神の国が近づいている
②弱き者、貧しき者が救われる
③神の国は現世的存在ではない
④信仰の根底にあるのは愛

イエスの系図の意味

新約聖書において、四つの福音書の最初に置かれているのは、『マタイによる福音書』です。そしてその冒頭には、「アブラハムの子、ダビデの子、イエス・キリストの系図」が記載されている。すなわち、族長アブラハムからイエスに至るまで、四二代もの人物の名前を列挙した上で、「全部合わせると、アブラハムからダビデまで十四代、ダビデからバビロンへの移住まで十四代、バビロン移住からキリストまで十四代である」[9]と結論づけられているのです。新約聖書を最初から読もうとすると、この部分で早速躓《つまず》いてしまうことも多いのですが、果たしてどのような意味が込められているのでしょうか。

系図の結論部に示されているように、特に重視されているのは、アブラハムとダビデとの結びつき、そしてバビロン捕囚という事件です[10]。まずアブラハムは、自らの独《ひと》り子を神に捧げるほど熱心な信仰の持ち主であり、ヤハウェと契約を結んでカナン地方の授与を約束された。次にダビデは、ベツレヘムに羊飼いとして生まれ[11]、代表的なメシアの一人となり、ユダヤ人の統一王国を作り上げた。しかしバビロン捕囚により、ユダヤ人は祖国を喪失することになった。その前にはヨシヤ王によって「申命記改革」が行われ、神への愛の重要性が説かれましたが、それが十分に功を奏することはなかったのです。

①アブラハム（カナン授与）	
	14代
②ダビデ（統一王国の建設）	
	14代
③バビロン捕囚（祖国の喪失）	
	14代
④イエス（神の国の到来）	

『マタイによる福音書』は、こうした三つの要素のあいだに神の摂理を見て取り、それぞれが一四代毎《ごと》に起こったことに注意を促しています。そして第四の重要人物として、あるいは歴史の総決算として登場するのが、すなわちイエスです。約束の地カナンの授与、統

一王国の建設、祖国の滅亡と捕囚という道を歩んだ後、イエスはついに、神との契約の最終的な成就として、「神の国」の到来を告知する。そしてイエスは、アブラハム的な献身、ダビデ的なメシア性、ヨシヤ的な神への愛を兼ね備えているのみならず、それらを超越した次元に位置している——。やや深読みし過ぎているかもしれませんが、冒頭の系図には、こうした歴史観が示されているように思われます。

聖母マリアの処女懐胎

次に、イエスが誕生する場面を見ましょう。有名な「処女懐胎」の物語です。あるとき天使ガブリエルは、ガリラヤ地方のナザレという町に住む乙女、マリアのもとを訪れます。そして次のような言葉を交わすのです。

天使は言った。「マリア、恐れることはない。……あなたは身ごもって男の子を産む。その子をイエスと名付けなさい。……神である主が、彼に父ダビデの王座をくださる。彼は永遠にヤコブの家を治め、その支配は終わることがない。」マリアは天使に言った。「どうして、そんなことがありえましょうか。私は男の人を知りませんのに。」天使は答えた。「聖霊があなたに降り、いと高き方の力があなたを覆う。だから、生まれる子は聖なる者、神の子と呼ばれる。」

（『ルカによる福音書』1：30－35）

マリアに懐胎を告知したのは、ガブリエルという天使でした。彼は一神教の伝統において、「神意の伝達者」と称される存在です。神から人間に向けて特別に大切なメッセージを伝える必要がある場合、ガブリエルが派遣されるのです。イスラム教において、開祖ムハンマドにアッラーの言葉を伝達するのもこのガブリエルですので、それについて触れる後の講義まで、記憶に留めておいて下さい[12]。

受胎告知［フラ・アンジェリコ作（1440-1445年頃）］

処女懐胎のエピソードに込められた最も重要な含意は、イエスは「原罪の汚れのない状態で誕生した」ということです。『創世記』の記述によれば、アダムとエヴァはエデンの園において神の命令に背き、知恵の実を食べてしまった。その結果、人間には性欲が芽生え、エデンの園を追放され、その後は性交によって子孫を増やすようになった。キリスト教においてはこれが「原罪」と呼ばれるのですが、イエスの誕生は、このような罪や汚れとはまったく無縁のものであった、ということが示されているわけです。

また、妊娠するはずのない女性から子供が生まれるというのは、聖書に何度か登場する典型的な「奇跡」の一つです。以前にも見たように、アブラハムの妻のサラは、百歳に近い高齢でイサクを身籠もったとされています。マリアが処女のままで子供を身籠もったというエピソードは、言わばその対極の形式で奇跡が描かれている。そしてイサクとイエスは、共に大切な「独り子」として犠牲に捧げられる存在ですので、両者の懐妊にまつわる奇跡には、深い類縁性が設定されているように思います。

さらに、福音書においてマリアの処女懐胎は、『イザヤ書』7：14に記された「乙女が身籠もって男の子を産む」という預言の成就であると捉えられています。[13]このように新約聖書は、何気ない一文であっても、旧約聖書との参照関係を前提としながら話が組み立てられていることが多いのです。

ちなみに先述の預言に関して、処女懐胎の物語は実は、翻訳のプロセスから意図せずに生じてしまった奇跡譚なのではないか、ということが指摘されています。「乙女」に対して元々の『イザヤ書』では、「若い女」を意味するヘブライ語「アルマー」が使われており、「若い女が身籠もる」という普通の文章でした。ところが、旧約聖書がギリシャ語に翻訳される際、そこに「処女」を意味する「パルテノス」という訳語が当てられたため、

「処女が身籠もる」という不思議な文章に変わってしまったのです。実際にどうであったのかは分かりませんが、最初は不正確な翻訳から案出された「奇跡」であったとすれば、苦笑せざるを得ない話です。

ヨハネから洗礼を受ける

イエスは大工ヨセフの息子として生まれ、若い頃は彼もその職業に従事していたと思われます。ところがある時期からイエスは、故郷であるガリラヤという地域を中心として、福音の宣教を開始しました。

その際に最初に行ったのは、ヨルダン川で洗礼を受けることでした。当時のパレスチナでは、ヨハネという人物が民衆に洗礼を施す運動を起こしており、イエスもそれに参加したのです。

ヨハネはイエスに会った途端、その特別な高貴さを見抜き、洗礼を施すことに躊躇しました。しかしイエスは、「すべてを正しく行うのは、我々にふさわしいことです」と語り、ヨハネから洗礼を受けました。すると天が開け、聖霊が鳩のような姿でイエスのもとに降ってきた。さらには、「これは私の愛する子、私の心に適う者」という声が響き渡ったのです。(14)

洗礼とは、川の水のなかに身を浸すだけの行為ですから、一見したところ、大人しい運動のように思われるかもしれません。しかし、実際にはそうではない。前講で触れた『エゼキエル書』に記されているように、その行為は言わば、「神との契約を破ったため、現在の社会は罪に汚れている。ゆえに洗礼を受けて清めなければならない」ということを意味します。そこには、社会的・政治的体制に対する鋭い告発が込められているのです。

洗礼運動は、当時のガリラヤの領主であったヘロデ・アンティパスから見れば、極めて目障りなものに映りました。「私の治める社会が汚れているというのか」と。現にヨハネは、ヘロデの結婚を律法違反として告発したことから彼と対立し、投獄・斬首に処されています⑮。

洗礼や終末論の重視といった特徴から、ヨハネとイエスはエッセネ派に関係していたのではないか、と言われることもありますが、そうした確かな証拠が存在するわけではありません。ともあれ、イエス自身が洗礼を受けたことにより、それは後のキリスト教において、過去の汚れを清め、新たな生に与《あずか》るための儀礼として位置づけられるようになったのです。

「父・子・聖霊」の三位一体

少し話が脇道に逸れてしまいますが、ここで指摘しておきたいことがあります。それは、処女懐胎や洗礼の場面において、「父・子・聖霊」という神の三つの形態が現れているということです。すなわち、処女懐胎の場面では、マリアがイエス（子）を身籠もった際、「聖霊」の降臨を受け、「いと高き方（父）」の力に包まれた。そして洗礼においては、イエスが水から上がったとき、「神の霊（聖霊）」が鳩のような形で天から降り、「父なる神」の声が響き渡ったのです。

こうした神のあり方は「三位一体」と呼ばれ、キリスト教における正統教義の中心に位置づけられています。それによれば、神は「位格《いかく》」としては三つであるが、「本質」としては一つであるという。安易な理解を許さない、難解にして幽玄《ゆうげん》な教義です。

位格という概念は、ラテン語では「ペルソナ」と表記され、仮面・役割・人格といった意味を持っています。簡単に言えば、神は、父・子・聖霊という三種類のパーソナリティを備えて世界に出現するものの、本質的には一つである、というのです。

三位一体の教義は、キリスト教の伝統を長期にわたって支え続けたのですが、近代的な思考法が普及するにつれて、赤裸々な批判を浴びるようにもなりました。例えば、聖書のなかに明確な仕方で三位一体が記されているわけではない、あるいは、論理的な整合性を

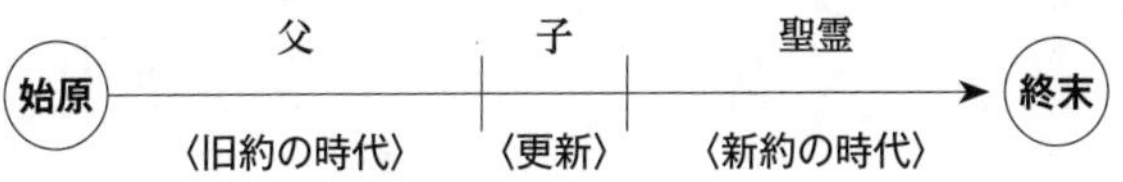

キリスト教の歴史観

欠いた古びた迷信である、といった批判です。三位一体論の不明瞭さに躓《つまず》いたために、キリスト教から離れていったという人も少なくありません。

この教義については、これまでの歴史のなかで膨大な議論が積み重ねられてきましたので、その全体像を理解するのは極めて困難です。そもそも、人間の理解を超えた信仰上の「秘義《ミステリウム》」であるとも言われている。

他方で、私自身に関して言えば、取りあえず自分なりの仕方で、それが必要である理由を受け入れています。やはり最も関連性が深いと思われるのは、旧約から新約へと連なるキリスト教の歴史観です[16]。それを簡略的に図式化すると、上のようになります。

まず、左から右へと矢印が描かれていますが、これは世界の「始源」から「終末」にまで至る歴史全体を表しています。そして、旧約聖書ではもっぱら、「父なる神」ヤハウェとユダヤ人が契約を取り交わしたこと、さらには、それが破綻していったことが描かれている。これが前半の「旧約の時代」です。

こうした状況に対し、「子なる神」であるイエス・キリストが世に現れることにより、ユダヤ民族のみならず、人類全体に大きな変化がもたらされます。神との契約が根本的に「更新」されるのです。

そしてキリストは、人類の罪を贖《あがな》うために十字架上で死を遂げ、復活して昇天する。[17]その後、使徒たちを始め、残された人々に「聖霊」が降臨し、後半の「新約の時代」が幕を開ける。それは世界の終末が到来するまで続くのです。

このように、キリスト教の歴史観は大きく見ると、父なる神ヤハウェが活動する「旧約の時代」、子なる神キリストによる契約の「更新」、聖霊が降臨する「新約の時代」という三つの段階に区分されます。けれども、だからと言って三種類の神がいるというわけではないし、それぞれの時代がバラバラに存在しているというわけでもない。時代の区分を超えて、神の意志と摂理が一貫して流れ続けている——。こうした主張を維持するために、「三にして一」という教義が必要になったと考えられます。

そして、歴史の転換点となる「子」の時代を描いた福音書においては、あたかもバトン・タッチが行われるかのように、父と子と聖霊が一度に顔を合わせることがあります。処女懐胎やイエスの洗礼の場面は、その代表的なケースなのです。[18]

見失った羊の譬《たと》え

それではイエスは、どのような仕方で福音を説いたのか。以下で幾つかの具体例を見てみましょう。

福音を宣教する際にイエスは、必ずしも明瞭な形でそれを論じたわけではありません。多くの場合には「譬え話」を用いたため、少なからず理解困難な部分や、解釈の余地を残すことになりました(19)。イエスの話は一見したところ親しみやすいのですが、その真意を汲み取るのは難しいのです。

イエスの譬えのなかで最も良く知られているのは、次の話でしょうか。イエスが徴税人や罪人たちと共に食事を取っていると、それを見たファリサイ派や律法学者が彼の行為を非難しました。するとイエスは、以下のように語ったのです。

あなたがたのうちに、百匹の羊を持っている人がいて、その一匹を見失ったとすれば、九十九匹を荒れ野に残して、見失った一匹を見つけ出すまで捜し歩かないだろうか。そして、見つけたら、喜んでその羊を担《かつ》いで、家に帰り、友達や近所の人々を呼び集めて、『見失った羊を見つけましたから、一緒に喜んでください』と言うであろう。言っておくが、このように、一人の罪人が悔い改めるなら、悔い改める必要のない九

十九人の正しい人にまさる喜びが天にある。　（『ルカによる福音書』15：4－7）

イエスはさまざまな種類の譬えを語りましたが、その典型的なパターンの一つは、道を外れてしまった者が再び共同体に復帰する、という内容です。イエスは特に、それによって大きな「天の喜び」が生じることを強調しました。「見失った羊」の譬えにおいても、群れから迷い出てしまった羊が戻ってきたとき、皆が自然と喜びを感じる、という現象に焦点が当てられています。

このときイエスは、徴税人や罪人と共に食卓を囲んでいました。徴税人とは、ローマ帝国のためにユダヤ人から税金を取り立てる役職であり、当時のユダヤ社会においては極端に嫌悪されていた。また罪人とは、律法に照らして正しくない生き方をしていると見なされた人間を指します。福音書においてはその他にも、売春婦や癩《らい》病者など、宗教的に汚れていると見なされ、社会的にも差別を受けている人々と、イエスが共に食事を取る場面が数多く描かれているのです。

第2講で見たように、古代社会において食事を共にするということは、「血の絆」で結ばれるという意味を持ちました。ゆえにそれを見た律法学者は、イエスの行為を、汚れに触れるものとして非難した。それに対して彼は、群れのなかの迷える羊を発見したときの喜びを語り、律法学者に反論したのです。大変素朴な内容ですが、イエスらしさが凝縮した譬え話であると思います。

狭い戸口の譬え

先述したようにイエスの福音は、「神の国の到来」を告知することに主眼を置いていました。とはいえ、実際にそこがどのような場所なのか、必ずしも明確に示されているわけではありません。それについてイエスは、次のような譬えを語っています。

狭い戸口から入るように努めなさい。……家の主人が立ち上がって、戸を閉めてしまってからでは、あなたがたが外に立って戸を叩き、『ご主人様、開けてください』と言っても、『お前たちがどこの者か知らない』という答えが返って来るだけである。……あなたがたは、アブラハム、イサク、ヤコブやすべての預言者たちが神の国に入っているのに、自分は外に投げ出されているのを見て、そこで泣きわめいて歯ぎしりする。そして人々は、東から西から、また北から南から来て、神の国で宴会の席に着く。そこでは、後の人で先になる者があり、先の人で後になる者もある。

（『ルカによる福音書』13：24－30）

かなり分かりづらい内容ですが、ここでイエスは、神の国を「宴会場」に譬えています。そこにはかつての族長や預言者を中心に、古今東西の人々が集まり、楽しく飲食を共にしている。これがイエスの提示する、神の国の原型的なイメージです。

ところが奇妙なことに、宴会場に入るための表玄関はすでに閉じられており、正面からそこに入ることはできない。そのためイエスは、「狭い戸口から入れ」と言う。これは何を意味しているのでしょうか。

容易に答えは出ませんが、私は単純に、「裏口から入れ」ということなのではないかと思います。広い表玄関から堂々と屋敷に入る客というのは、立派な人物、高貴な人物、裕福な人物ですが、そうした人々のための門は、すでに閉じられている。神の国に入ることができるのは、狭い裏口を通ることしか許されない人々、すなわち、家に入る際に人目を憚《はばか》らなければならないような人々なのです。先の「見失った羊」の譬えと同じように、イエスはやはり、貧しい人々、虐げられた人々、罪を背負った人々に、神の国に入る機会が優先的に与えられると考えているように思われます[20]。

善きサマリア人《びと》の譬え

福音書には、イエスが律法学者やファリサイ派と議論を交わす場面が幾つも描かれています。それらのなかでも特にラディカルな内容を示しているのが、「善きサマリア人」の譬えです。それは次のように始まります。

あるとき、一人の律法学者がイエスに、「何をしたら永遠の生命を受け継ぐことができるでしょうか」と問い掛けました。信仰の本質に関わる、極めて重要な事柄です。これに対してイエスはすぐには答えず、「律法には何と書いてあるか。あなたはどう思うか」と問い返した。すると律法学者は、「心を尽くし、魂を尽くし、力を尽くし、思いを尽くして、あなたの神である主を愛しなさい、また、隣人を自分のように愛しなさい」と答えた。『申命記』６章の「シェマの祈り」(21)と、『レビ記』19章の「隣人愛」の教えという、ユダヤ人であれば誰もが知っている、大変有名な聖句です。イエスも律法学者の答えに同意し、「正しい答えだ。それを実行しなさい。そうすれば命が得られる」と返答しました。

一般に「隣人愛」と言えば、キリスト教の教えであると思われていますが、実はそれは、十分に正確な理解ではありません。隣人愛とは元々、旧約聖書に記された律法の一つであり、ユダヤ教の教えなのです。

しかし先の議論は、ここでは終わらない。隙あらばイエスの揚げ足を取ろうと目論む律法学者は、「では、私の隣人とは誰ですか」と問い、さらに話を続けようとする。それに対してイエスは、次の譬えを語ります。

「ある人が……追い剝ぎに襲われた。追い剝ぎたちはその人の服を剝ぎ取り、殴りつけ、瀕死の状態にして逃げ去った。ある祭司がたまたまその道を下って来たが、その人を見ると、反対側を通って行った。同じように、レビ人もその場所にやって来たが、その人を見ると、反対側を通って行った。ところが、旅をしていたあるサマリア人は、……その人を見て気の毒に思い、近寄って傷にオリーブ油とぶどう酒を注ぎ、包帯をして、自分の家畜に乗せ、宿屋に連れて行って介抱した。……この三人の中で、誰が追い剝ぎに襲われた人の隣人になったと思うか。」律法の専門家は言った。「その人に憐れみをかけた人です。」イエスは言われた。「行って、あなたも同じようにしなさい。」

（『ルカによる福音書』10：30－37）

素直に一読すると、「親切に助けてくれる人が最も有り難い」といった、平凡な教えを説いているように思えます。しかしもちろん、そのような単純な話ではなく、かなり複雑な文脈が前提とされている。少し説明を加えてみましょう。[22]

最初に現れた「祭司」と「レビ人」は、共にユダヤ教の聖職者階級に属する人々です。ゆえに彼らは、「隣人を愛する」、すなわち、ユダヤの同胞を守るという責務を、本来は誰よりも重く負っている。ところが彼らは、追い剝ぎに襲われて死に瀕している同胞に対し、見て見ぬ振りをしてその場を去ってしまう。なぜでしょうか。

それは律法のなかに、人の死体に触れる者は自身を汚してしまうこと（『民数記』19：11）、祭司は特に汚れを避けなければならないこと（『レビ記』21：1）が記されているからです。隣人を愛することが律法の重要な規定であるにもかかわらず、聖職者は汚れを避ける必要があるため、死に瀕した人間に近づくことができない――。イエスの譬えは、律法に内在する矛盾の一つを巧みに突いています。

これに対して、瀕死者の命を救ったのは、汚れなき聖職者とは対極にある、一人のサマリア人でした。前講で見たようにサマリアという場所は、ユダヤ史において拭《ぬぐ》い難い否定的なイメージを負わされています。王国が南北に分裂した際、サマリアはイスラエル王国の首都となったのですが、そこではバアル崇拝が蔓延し、預言者たちから厳しく告発された。そして神罰が下るかのようにアッシリアに滅ぼされ、その後はアッシリア移民とユダヤ人の混血が進んだ。このようにサマリアとは、異教崇拝という堕落に塗《まみ》れた地、ユダヤ人の純血が損なわれた地と見なされていたのです。

イエスの話に登場するサマリア人も、自らが汚れているという意識を持っていたかもしれません。しかし彼は、むしろそれゆえにこそ、汚れを恐れることなく瀕死者に近づき、その命を救うことができた。果たして、神の目から見て律法の精神に適っていたのは、高貴な祭司やレビ人だったのか、それとも、ユダヤ社会のなかで蔑《さげす》まれているサマリア人だったのか――。このようにイエスの譬えは、聖性と汚辱の関係を大胆に価値転換し、律法のあり方をラディカルに問い直すような性質を備えているのです。

皇帝のものは皇帝に、神のものは神に

次もまた、ファリサイ派との論争の場面の一つです。彼らはイエスのもとを訪れ、「先生、私たちは、あなたが真実な方で、誰をもはばかられない方だと知っています」と前置きした上で、「ところで、皇帝に税金を納めるのは許されているでしょうか」と問い掛けたのです。

これは実は、極めて危険な問いです。なぜなら、肯定で答えても否定で答えても、イエスの立場は危うくなってしまうからです。すなわち、皇帝に納税すべきであると答えれば、反体制ローマのユダヤ支配を容認することになりますし、納税すべきでないと答えれば、反体制派という立場が確定してしまうことになる。先に述べたように、反ローマの武装闘争を行っていた熱心党は、納税を含め、皇帝の像が刻まれた銀貨を使用することを「偶像崇拝」として排斥していました。この問題は、当時のユダヤ社会において最もセンシティブなものであり、ファリサイ派はあらかじめイエスの逃げ道を塞《ふさ》いだ上で、その問いを彼に差し向けたのです。

ところがイエスの答えは、人々の意表を突くものでした。

イエスは、彼らの偽善を見抜いて言われた。「なぜ、私を試そうとするのか。デナリオン銀貨を持って来て見せなさい。」彼らがそれを持って来ると、イエスは、「これは、誰の肖像と銘か」と言われた。彼らが、「皇帝のものです」と言うと、イエスは言われた。「皇帝のものは皇帝に、神のものは神に返しなさい。」彼らは、イエスの答えに驚嘆した。

（『マルコによる福音書』12：15－17）

イエスの返答は、一見したところ、難局を回避するための頓知《とんち》のようにも思えますが、実際には遥かに遠大な射程を有しています。イエスの考えによれば、神の支配とは、皇帝の支配のように、力や富に基づくものではない。両者はまったくの別次元に位置し、そもそも対等の立場で争われる種類のものではないのです。イエスが提示したこうしたヴィジヨンは、パウロ、アウグスティヌス、ルター、カルヴァンらによって連綿と継承され、西洋の歴史において、世俗的権力と宗教的権威の峻別という基本線を作り上げることになります。

女から油を注がれる

イエスは「キリスト」と呼ばれる存在ですので、福音書においても、彼が油を注がれる場面が描かれています。その様子も、大変イエスらしいものです。

あるときイエスは、ベタニアという町にある癩病者シモンの家に滞在し、仲間たちと食卓を囲みました。すると一人の女性がイエスに近づき、高価な香油を突然、彼の頭に注ぎ掛けたのです。周囲の人々は驚き、何のために香油を無駄にするのか、売って貧しい人に施すことができたのに、と憤慨します。しかしイエスは、「この人はできるかぎりのことをした。つまり、前もって私の体に香油を注ぎ、埋葬の準備をしてくれた。よく言っておく。世界中どこでも、福音が宣べ伝えられる所では、この人のしたことも記念として語り伝えられるだろう[23]」と話したのです。

福音書においてイエスは、メシア（キリスト）として、「ダビデの再来」という位置づけを与えられています。しかしイエスは、ダビデのように高貴な祭司から油を注がれるのではないし、ユダヤ民族を統治する王として君臨するわけでもない。イエスが油を注がれたのは、死が目前に迫った頃、癩病者の家において、一人の身分の低い女の手によってでした。[24]そして親しい弟子たちでさえも、イエスが油を注がれることの意味を理解できず、その行為を「もったいない」と非難したのです。

同じメシアの称号を持ちながらも、塗油《とゆ》の場面におけるダビデとイエスの姿は、優れて対照的です。ダビデにおいて塗油が、強き者・清き者の象徴であるのに対して、イエスにおいてそれは、弱き者・罪を背負った者の象徴として現れる。第2講の末尾で論じたように、塗油とは元々、共同体のために命を捧げるか弱い羊を守るために行われたものですので、イエスにおける塗油の光景は、むしろその原型に近づいていると見ることができるかもしれません。

塗油は中世以降のキリスト教において、強き者のための儀礼、弱き者のための儀礼という二重性を引きずり続けました。一方でそれは、世俗の王に対して宗教的正統性を付与するために行われた。しかし他方では、死の床に伏した人々に癒やしと祝福を与えるために施されるようになったのです。[25]後者は「終油《しゅうゆ》」や「病者の塗油」と呼ばれ、カトリック教会における七つの秘蹟の一つに数えられています。

最後の晩餐――神との新しい契約

イエスの宣教活動は約二年間にわたり、その主な舞台となったのは、彼の故郷であるガリラヤ地方でした。しかし、春の大祭である過越祭が近づいた頃、イエスは首都のエルサレムに上り、社会の現状に対する一層厳しい批判を行うようになる。なかでもイエスが神殿を訪れ、そこで商売していた両替屋や商人を追い出してしまう「宮清め」のエピソードは良く知られています。[26] こうしてイエスは、体制に刃向かう危険人物の一人と見なされ、最終的にはローマ帝国の手によって処刑されたのです。

十字架刑が迫った前夜、イエスは十二使徒を集め、「最後の晩餐」として過越の食事を共にしました。

一同が食事をしているとき、イエスはパンを取り、祝福してそれを裂き、弟子たちに与えて言われた。「取って食べなさい。これは私の体である。」また、杯《さかずき》を取り、感謝を献げて彼らに与え、言われた。「皆、この杯から飲みなさい。これは、罪が赦《ゆる》されるように、多くの人のために流される、私の契約の血である。言っておくが、私の父の国であなたがたと共に新たに飲むその日まで、今後ぶどうの実から作ったものを飲むことは決してあるまい。」

（『マタイによる福音書』26：26－29）

福音書において最後の晩餐は、ユダヤ教の過越祭の様式を踏襲しながら、それを更新したものとして描かれています。過越祭が、小羊を犠牲に捧げてその血を家の入り口に塗ることにより、主の災厄が過ぎ越したことを記念して行われるのに対して、最後の晩餐は、イエス自身が「神の小羊」として犠牲に供され、それによって、人々の罪が贖《あがな》われることを記念して行われる。両者に共通しているのは、最も大切な存在を犠牲に捧げることによって、同胞たちの生命が支えられ、新たな共同体が作られてゆくという考え方です。

イエスは翌日、予告通りに十字架刑に処され、絶叫のうちに命を落とし、墓に葬られました。しかし三日後に復活し、使徒たちと再会して言葉を交わした後、父なる神の待つ天へと帰昇《きしょう》していったのです。このようなイエスの「死と復活」は、宗教的・共同体的な生命力の更新を表していると理解することができるでしょう。

3　パウロによる教義の体系化――信仰義認論と教会論

使徒たちの福音宣教

イエスが昇天した後、世界に福音を宣《の》べ伝えるという役割は、使徒たちに委ねられました。その経緯を叙述しているのが、新約聖書において四つの福音書の次に収録されている、『使徒言行録』という文書です。[27]

同書の2章によれば、「五旬祭[28]」の日に使徒たちが集まっていると、聖霊が天から降臨し、「炎のような舌」という形状で彼らに宿った。聖霊を身に帯びることにより、使徒たちの発する言葉は、言語の垣根を越えて世界中の人々に伝わるようになります。またイエスと同様、病を治す、悪霊を追い出すといった奇跡を行うことが可能となったのです。

『使徒言行録』の前半における主要な登場人物は、使徒の筆頭に位置づけられている、ペトロという人物です。彼は、イエスこそがキリストであり、処刑後に復活して神の右に上げられたこと、キリストの名における洗礼によって聖霊がもたらされることを、積極的に宣べ伝えました。[29]このように最初期の宣教は、キリストの復活に対する信仰と、洗礼という入信儀礼に基軸を置きながら進められていったのです。

『使徒言行録』の後半になると、宣教の舞台はギリシャやローマを含む地中海世界一帯にまで広がり、ペトロに代わって使徒パウロが主要な役割を果たすようになります。キリスト教の「最初の神学者」とも称されるパウロによって、基本的な教義の体系が作られてゆきました。そこで次に、パウロの経歴と思想について概観することにしましょう。

パウロの生涯

パウロは、イエスの誕生とほぼ同時期、ローマの属州であったキリキアの首都タルソ（現在のトルコ南部）で、ユダヤ人の家庭に生まれました。若い頃はユダヤ教の律法を熱心に学び、ファリサイ派の一員として成長します。そして彼は、新たな信仰集団として成長し始めたばかりのキリスト教を、神の教えに背く邪《よこしま》な存在と見なして迫害したのです。

ところがそうしたパウロに、「ダマスコ回心」と呼ばれる劇的な出来事が起こる。そのときもパウロは、キリスト教徒を迫害しようと意気込みながら、ダマスコ（ダマスカス）に向けて旅をしていました。すると突然、天からの光が彼を照らし、「なぜ、私を迫害するのか」というイエスの言葉が響き渡ったのです。(30)

それによってパウロは一時的に失明してしまいますが、一人のキリスト教徒から按手《あんしゅ》を受けると、目から魚の鱗《うろこ》のようなものが落ち、再び目が見えるようになった。私たちも良く使う「目から鱗」という言葉は、パウロの回心の故事に由来しています。言わばそれは、パウロの世界観が「旧約」的なものから「新約」的なものへと転換したことを象徴しているのです。神の臨在に触れたパウロは、すぐに洗礼を受け、その後は使徒の一人として福音の宣教を主導することになりました。

ギリシャ語を流暢《りゅうちょう》に話し、ローマの市民権も持っていたパウロは、ユダヤ人が中心であった初期のキリスト教団において、もっぱら異邦人への伝道に携わりました。『使徒言行録』には、彼が行った三度の伝道旅行の様子が記されています。そしてパウロは、各地の教会に宛てて多くの手紙を書き、信徒たちを励ますとともに、教義上の問題に回答していった。パウロが書いた多くの手紙のなかでも、上の四つが主要なものであり、これらは「四大書簡」と呼ばれています。

> **パウロの四大書簡**
>
> 『ローマの信徒への手紙』
> 『コリントの信徒への手紙一・二』
> 『ガラテヤの信徒への手紙』

こうしてパウロは、生前のイエスの弟子ではなかったにもかかわらず、初期キリスト教団における重要人物の一人となりました。しかしそれにより、伝統的な信仰を脅かす存在として、ユダヤ社会から危険視されるようにもなった。そのためエルサレムでユダヤ人に捕縛され、サンヘドリンでの審議を経た後、ローマの官憲に引き渡されてしまいます。そして、ローマ市民権を持っていたパウロが皇帝に上訴したことから、未決囚としてローマに移送されるのです。『使徒言行録』は、パウロが同地でも宣教を続けたという記述で終わっていますが、一般には六五年頃、皇帝ネロの手によって処刑されたと考えられています。

律法の遵守ではなく、神への信仰によって義とされる

次に、パウロの思想について見てゆきましょう。先述のようにパウロは、元々ファリサイ派の一員であり、若い頃は律法について熱心に学び、それに則した生活を送ることに誇りを抱いていました。しかし、悪化の一途を辿るユダヤ社会の状況も影響したのか、そうした信仰生活の意義や効用に、次第に疑問を抱くようになる。パウロは、ユダヤ人と律法の関係について、次のように論じています。

あなたはユダヤ人と名乗り、律法に頼り、神を誇りとし、御心を知り、律法に教えられて何が大切かをわきまえています。また、律法の中に、知識と真理が具体的に示されていると考え、盲人の案内者、闇の中にいる者の光、無知な者の導き手、未熟な者の教師であると自負しています。それなら、どうして、他人には教えながら自分には

教えないのですか。盗むなと説きながら盗むのですか。姦淫するなと言いながら、姦淫を行うのですか。偶像を忌み嫌いながら、神殿を荒らすのですか。あなたは律法を誇りとしながら、律法に背いて神を辱めています。

(『ローマの信徒への手紙』2:17－23)

ここでパウロが、ユダヤ人のどのような宗教観・律法観を批判しているのか、具体的な内容までは明らかではありません。とはいえ、イエスと同様にパウロもまた、律法の遵守という事柄が、今やユダヤ民族の一致をもたらしてその未来を照らすというよりも、さまざまな対立と混乱の原因になっているということを、痛切に意識していたと思われます。

ユダヤ教の律法はその頃、相当に複雑な体系と化していました。そうなると、律法について学習する機会を持つ聖職者・知識人や、それらを遵守する余力のある富裕者といった上層階級と、そもそも律法がどういうものか分からず、律儀にそれらを遵守する余裕もない下層階級とに、民族が分断されてしまう。また前者では、「律法を遵守しているから自分は義と認められるはずだ」というエゴイスティックな思考回路が肥大化し、そして後者では、「自分はすでに神から見放されている」という自暴自棄の感情が蔓延することにもなる。パウロは、「律法を行うことによっては、誰一人神の前で義とされないからです。

律法によっては、罪の自覚しか生じないのです」[31]とまで断言しています。

律法を守ろうとすることが、結果的に人間の罪や無力を自覚させることにしか繋がらないのであれば、人間は一体何によって義とされるのか。ここでパウロは、「信仰によって義とされる」という有名な議論を持ち出します。

> 今や、律法を離れて、しかも律法と預言者によって証しされて、神の義が現されました。神の義は、イエス・キリストの真実によって、信じる者すべてに現されたのです。……どんな法則によってか。行いの法則によるのか。そうではない。信仰の法則によってです。なぜなら、私たちは、人が義とされるのは、律法の行いによるのではなく、信仰によると考えるからです。それとも、神はユダヤ人だけの神でしょうか。異邦人の神でもないのですか。……実に、神は唯一だからです。この神は、割礼のある者を信仰のゆえに義とし、割礼のない者をも信仰によって義としてくださるのです。
>
> （『ローマの信徒への手紙』3：21－30）

やや難解な言い回しとなっていますが、パウロの考え方は、基本的にはとてもシンプルです。すなわち、ヤハウェが世界を創造した唯一にして真正の神であるとするなら、そこにはもはや、ユダヤ人の神・異邦人の神という区別は存在しないはずである。同時に、最初の人間アダムが犯した原罪の影響も、ユダヤ人だけではなく、人類全体に及んでいる。そう考えると、律法を遵守することによってユダヤ人だけが救済されるという教えは、根本的に矛盾を孕《はら》んでいると言わざるを得ない。むしろ神は、人類全体の罪を贖うために、自らの独り子であるキリストを世に遣《つか》わし、犠牲に捧げた。そしてそれによって、ユダヤ人であろうと異邦人であろうと、キリストを信じることによってあらゆる人間が救われ得る道を示したのだ――。パウロが提示するのはこうした論理であり、それを支えているのは、神の唯一性、人類全体の罪責性、キリストの救いの普遍性、といった観念です。パウロの救済論は、一般に「信仰義認論」と称されています。

キリストの体――「弱者の共同体」としての教会

信仰義認論は、パウロが提示する教会論とも密接な関係を有しています。パウロは教会を、誰もが参与できる開かれた共同体として描き出しました。代表的な箇所は、次の通りです。

体は一つでも、多くの部分から成り、体のすべての部分は多くても、体は一つであるように、キリストの場合も同様です。なぜなら、私たちは皆、ユダヤ人もギリシア人も、奴隷も自由人も、一つの霊によって一つの体となるために洗礼を受け、皆一つの霊を飲ませてもらったからです。……神は劣っている部分をかえって尊いものとし、体を一つにまとめ上げてくださいました。それは、体の中に分裂が起こらず、各部分が互いに配慮し合うためです。……あなたがたはキリストの体であり、一人一人はその部分です。

（『コリントの信徒への手紙一』12：12－27）

これまで見てきたように、ユダヤ人にとって割礼は、大変重要な意味を持っています。それは、神ヤハウェと父祖アブラハムのあいだに結ばれた契約の徴《しるし》であり、ユダヤ人が神によって選ばれたということを証明するものだからです。ユダヤ人に生まれた男子は、生後八日目に割礼を受けることが義務づけられています[32]。

ところが、これに対してパウロは、神から義と認められるためには、必ずしも割礼は必要ではないと主張しました[33]。むしろ本当に大切なのは、聖霊に満たされて洗礼を受けることであり、その際には、ユダヤ人か異邦人か、自由人か奴隷かということはまったく関係がない。受洗によって誰もが等しく「キリストの体」＝教会という共同体の一員に加わることができる、と説いたのです。教会は、キリストへの信仰さえ持っていれば、原理的に誰でも入ることができる。こうした共同体の出現は、古代社会にあっては極めて画期的なことでした。

同時に、パウロの教会論において顕著な特徴となっているのは、弱者こそが共同体の中心を為す、という考え方です。第1講でも述べたように、ユダヤ教を含め、古代の宗教では全般的に、戦争に勝利して民族の栄光を高めることが最重要視されました。「強者の共同体」を希求するということは、改めて問い直すまでもない当然の常識であったわけです。ところがパウロは、キリスト教信仰によって形作られる共同体は、弱さにこそ掛け替えのなさを見出す「弱者の共同体」であることを説きました。

強者はそもそも、自らの力のみで事を成し遂げようという意欲に溢れており、神からの加護もまた、自身の目的のために利用しようという意識が強い。ゆえにそこでは、一心に神に依《よ》り頼むという信仰の純粋性や、一つの目的のために団結するという契機が、いつの間にか見失われてしまう。それに対して弱者は、神への信仰のもとに心を合わせ、互いの弱点を補い合いながら協力することによって、より高度な共同体を作り上げることができるのです。

「弱者の共同体」という表現は、やや奇妙なイメージを抱かせてしまうかもしれません。とはいえ、「強さを原理としない共同体を作る」という、単純にして画期的なこのアイデイアは、キリスト教に予想以上の成功をもたらしました。そしてそれは、以降の人類の共同体のあり方に多様なヴァリエーションをもたらすことにも繋がっていったのです。

ユダヤ教からキリスト教への転換

最後に、パウロによって明確化された宗教的転換、すなわち、ユダヤ教（旧約）からキリスト教（新約）への転換について、簡潔に整理しておきましょう。上の四点です。

ユダヤ教（肉的）		キリスト教（霊的）
律法		信仰
割礼	→	洗礼
自力		他力
選民救済		万民救済

パウロは特に、旧来のユダヤ教信仰を「肉的」、新しいキリスト教信仰を「霊的」と呼んで区別しました。個々の論点についての細かな説明は、もはや不要でしょう。全体として言えば、パウロの方針によってキリスト教は、一神教の信仰形態を純化することにより、ユダヤ教に付随していた民族主義の頸木《くびき》から脱却し、世界宗教へと成長してゆくための礎《いしずえ》を獲得したと見ることができます。

註

(1) その概要は、旧約聖書続編『マカバイ記一』1章に記されている。
(2) 『マカバイ記二』4章。こうした「宮清め」の行為は、ユダヤ教の「ハヌカ祭」の起源とされている。
(3) 現在も残っている「嘆きの壁」は、ヘロデが改修した神殿の西壁に当たる。
(4) ギリシャ語の「シュネドリオン（議会）」をヘブライ語読みしたもの。「最高法院」と訳されることもある。
(5) ヘブライ語で「星の子」の意。著名な律法学者のラビ・アキバ（五〇頃－一三五）も彼をメシアと認め、反乱を支持した。
(6) 十二使徒の一人であるシモンは、熱心党に属していたと伝えられている。『マルコによる福音書』3：18を参照。
(7) 『マタイによる福音書』19：24「金持ちが神の国に入るよりも、らくだが針の穴を通るほうがまだ易しい」という一節は有名である。
(8) 『マタイによる福音書』5：44、『ルカによる福音書』6：27を参照。
(9) 『マタイによる福音書』1：17。
(10) 実際には、『マタイによる福音書』におけるイエスの系図は、人名だけを数えると四一代しか存在しない。その理由は定かではないが、「バビロンへの移住」が一つの世代として数えられているのかもしれない。

(11) イエスは主にガリラヤ地方で活動したが、『マタイによる福音書』２：１と『ルカによる福音書』２：１－７は、その出生地をベツレヘムとしている。しかしこれは史実というより、ダビデとの結びつきを強調するために設定されたものと思われる。

(12) 第７講上245頁を参照。

(13) 「インマヌエル預言」と呼ばれるもの。『マタイによる福音書』１：23にそのことが明記されている。

(14) 『マタイによる福音書』３：13－17。

(15) 『マルコによる福音書』６：14－29を参照。

(16) 三位一体論の理解には、大別すると、三者の関係を共時的に捉える「内在的三位一体論」と、救済史の観点から通時的に捉える「経綸《けいりん》的三位一体論」がある。私の見解は、後者のかなり単純なパターンに属すると思われる。カール・ラーナー『キリスト教とは何か』178－183頁・601－602頁を参照。

(17) 『ヨハネによる福音書』20：22、『使徒言行録』１－２章を参照。

(18) 『使徒言行録』１：３－５には、父・子・聖霊と洗礼の関係が凝縮的に述べられている。

(19) 『ルカによる福音書』８：９－10では、その理由が、神の国の秘密を明かすのを一部の弟子に限定するため、と述べられている。

(20) 類似の話として「大宴会の譬え」があり、そこではやはり、「貧しい人、体の不自由な人、目の見えない人、足の不自由な人」を宴会に招くべきであると語られている（『ルカによる福音書』14：21)。この譬えに対する解釈として、川島重成『イエスの七つの譬え』65頁以下を参照。

(21)「シェマの祈り」については、第3講上91頁を参照。

(22) 上村静『宗教の倒錯』184－188頁を参照。

(23)『マルコによる福音書』14：8－9。

(24)『ルカによる福音書』7：36－50に記された類似のエピソードによれば、イエスに塗油したのは「罪深い女」であり、おそらくは売春婦であったと推定されている。

(25)『ヤコブの手紙』5：13－15を参照。

(26)『マタイによる福音書』21：12－17等を参照。

(27) 一般には『ルカによる福音書』の続編として執筆されたと見なされている。

(28) 出エジプト（過越）から五〇日後に、モーセがシナイ山でヤハウェから十戒を授かったことを記念する祭り。ギリシャ語で「ペンテコステ」（第50の意）と呼ばれる。

(29)『使徒言行録』2：14－42。

(30)『使徒言行録』9：4。

(31)『ローマの信徒への手紙』3：20。

(32)『創世記』17：9－14を参照。

(33) その論拠としてパウロは、アブラハムが義と認められたのは神を信じたためであり（『創世記』15：6）、それは割礼を受ける前のことであったという理由を挙げている。『ローマの信徒への手紙』4：1－12を参照。

第5講　キリスト教とローマ帝国の関係
――エウセビオスの政治神学、アウグスティヌスの神国論

西洋古代における「最強の国家」であるローマ帝国と、世界における「最大の宗教」にまで発展するキリスト教は、ほぼ同時期に誕生しました。このことは決して、単なる偶然ではありません。ローマ帝国は言わば、古代国家の力を集約・完成する存在として登場しました。そしてキリスト教は、そのような「力の支配」に対する反動として生み出されてきたからです。両者の性質は、正反対と言って良いほどに大きく異なっていますが、それにもかかわらず、一対の鏡像であるかのような共通性・類似性を示してもいます。

ローマ帝国とキリスト教会はそれぞれ、「強者の共同体」と「弱者の共同体」の典型的な形態を示しました。その構図は全体として、次頁のように描くことができるでしょう。「帝権《インペリウム》」が本来は軍事的な指揮権を意味するものであったように、ローマ帝国の権力の源泉は、究極的には戦争に「強い」ことに基づいていた。これに対してキリスト教会は、

王権と教権の二極構造

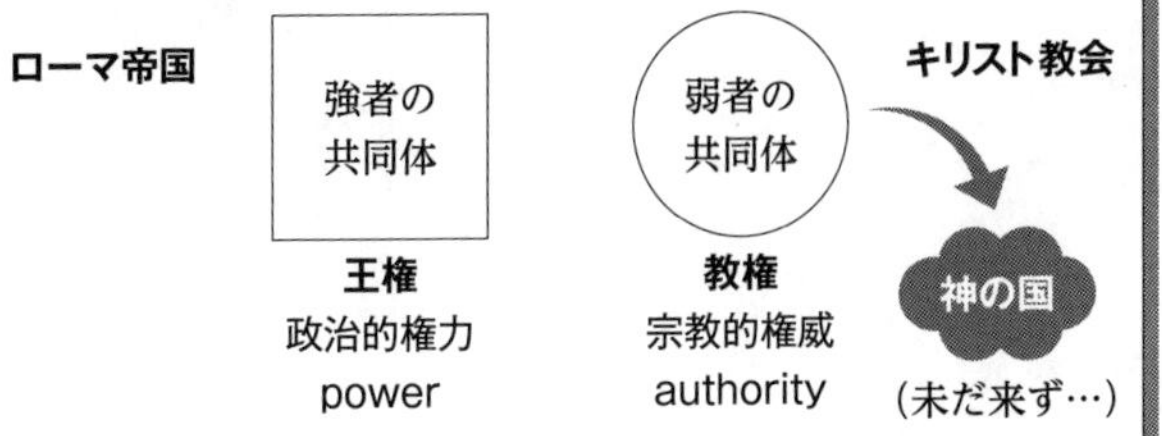

前講で見たように、人間に備わる「弱さ」の普遍性に着目し、相互に助け合うことを原理としながら発展を遂げたのです。

そしてキリスト教の歴史観によれば、近い将来この世は終末を迎え、「神の国」が到来するはずであり、地上の教会は、それまでの僅《わず》かな期間に存在を許された共同体に過ぎませんでした。ところが、期待された終末はなかなか訪れず、王権と教権の二極構造は、古代末期から中世に及ぶ長期にわたって、社会の根幹を支え続けることになります。両者は相互に協力や対立を繰り返しながら、共に成長を遂げていったのです。

1　紀元後1～5世紀のローマ帝国とキリスト教

ローマ帝国の没落、キリスト教会の発展

本講で扱う紀元後1世紀から5世紀は、歴史学において「古代末期」と称されています。長く続いてきた西洋古代が、ローマ帝国の没落とキリスト教の興隆によって、ついに終わりを迎えるという時代です。その期間に起こったローマ帝国とキリスト教に関連する主な出来事を年表にすると、次頁のようになります。

とはいえ、年表のみでは全体の流れを把握しづらいため、まずは各世紀のおおよその特色について概観しておくことにしましょう。

1世紀：ローマ帝政の確立／キリスト教の誕生

一般にローマ帝政の始まりと見なされているのは、前二七年、カエサルの後継者であったオクタウィアヌスが、元老院から「アウグストゥス（崇高なる者）」という称号を与えられたことです。キリスト教の始まり、すなわち、イエスの誕生が前四年頃のことと想定されていますので、両者は時期的にそれほど離れていません。

紀元後1〜5世紀の主な出来事

前27	オクタウィアヌスが帝政を開始
前4?	イエスが誕生
64?	ペトロとパウロがローマで殉教
66	第1次ユダヤ戦争
132	第2次ユダヤ戦争
180	五賢帝最後の皇帝、マルクス・アウレリウスが病没
235	軍人皇帝時代が始まる(〜285)
257	ウァレリアヌス帝がキリスト教迫害の勅令を発する
293	ディオクレティアヌス帝が四分統治制を導入
313	コンスタンティヌス帝がキリスト教を公認
330	コンスタンティノープルを建設し、遷都
392	テオドシウス帝がキリスト教を国教化
476	西ローマ帝国の滅亡

その後、ローマ帝国とキリスト教会は、共に本格的な成長を始めるのですが、当初両者のあいだには、比較しようもないほどの大きな格差が存在していました。まず前者は、ヨーロッパからオリエントに至る広大な領域を支配する大帝国であり、そして後者は、その帝国が支配する一地方に現れた、小規模な新興宗派に過ぎなかったからです。

とはいえ、ローマ帝国が2世紀に最盛期を迎え、以降は衰退に転じるのに対して、キリスト教会は、社会情勢が悪化し、困窮する人々が増えれば増えるほど、多くの信者を集めてゆきました。やがて両者の勢いは逆転することになります。

2世紀：ローマ帝政の最盛期／キリスト教の教義の形成

この時期にローマ帝国は、トラヤヌス帝、ハドリアヌス帝、マルクス・アウレリウス帝など、「五賢帝」と呼ばれる優れた皇帝たちを輩出し、「ローマの平和（pax romana）」と称される繁栄を実現しました。法律・交通路・度量衡《どりょうこう》・幣制の整備や統一が行われ、地中海世界の一体化が進み、商業・貿易・文化交流が活性化したのです。

他方でキリスト教は、未だ小規模な宗教の一つでしたが、殉教者ユスティノス、エイレナイオス、アレクサンドリアのクレメンスなど、後に「教父《きょうふ》」と呼ばれるような思想家たちが登場し、本格的な神学体系の構築が始まりました。彼らは、グノーシス主義やマルキオン派といった諸異端と論争を繰り返しながら、キリスト教の教義の基本線を確立していったのです。

3世紀：ローマ帝政の動揺期／キリスト教への散発的な迫害

「ローマの平和」は長くは続かず、3世紀に早くも動揺を見せ始めます。カラカラ帝が二一二年に発した「アントニヌス勅令」により、支配下の全地域の自由民にローマと同等の市民権が与えられ、ローマはまさに世界帝国と呼ばれるに相応しい統治形態に到達したのですが、それとともに、財政の悪化や外敵の侵入に苦しめられるようになりました。こうした状況を背景に、軍隊の意向によって皇帝が選ばれる「軍人皇帝時代」（二三五―二八五）が到来しました。その期間には実に、二六人もの皇帝が乱立したのです。

他方でキリスト教は、地中海一帯の広範な地域に普及し、少しずつ差別や偏見から解放されてゆきました。とはいえローマは、弛緩し始めた国家の結束を回復させようという動機から、しばしばキリスト教に対する迫害を行った。軍人皇帝の一人であるウァレリアヌス帝が、二五七年と二五八年の二度にわたってキリスト教迫害の勅令を発し、信者の処刑と財産没収を命じたことは、その代表的なケースです。

4世紀：ローマ帝国によるキリスト教の公認

ディオクレティアヌス帝は二九三年、帝国の「四分統治制《テトラルキア》」を導入し、軍人皇帝時代に終止符を打ちました。広域化したローマ帝国の領土を、四人の皇帝によって分担統治することを決定したのです。同時に彼は、皇帝の神的権威を強調し、自身を「われらの主(dominus noster)」と呼ばせたため、以降のローマの体制は特に「専制君主政《ドミナトゥス》」と呼ばれています。

さらにディオクレティアヌス帝は、伝統的な多神教の復興を目指し、三〇三年、キリスト教迫害の勅令を発しました。とはいえ、そうした再建策にもかかわらず、ローマ帝国の衰退傾向には歯止めが掛からなかった。そのためコンスタンティヌス帝は、大胆に方針を転換し、キリスト教の公認に踏み切ることになります。同帝の業績については、次節で詳しく見ることにしましょう。

5世紀：西ローマ帝国の滅亡

「背教者」と呼ばれるユリアヌス帝の統治期間（三六一―三六三）に若干の揺り戻しがあったものの、ローマ帝国とキリスト教の協力関係は、コンスタンティヌス帝以降も進展してゆきました。そしてテオドシウス帝は三九二年、ローマやギリシャに由来する伝統的祭礼の一切を禁止し、キリスト教を国教化したのです。

しかしその後も、ゲルマン系諸族の侵入が増加したことにより、ローマ帝国は衰退を続けました。そして多くのローマ人が、その原因をローマ古来の神々を蔑《ないがし》ろにしたことに求めたため、本講の後半で扱うように、神学者アウグスティヌスは『神の国』を著し、キリスト教の弁明に努めたのです。結果的に四七六年、ゲルマン人の傭兵隊長であったオドアケルが西の皇帝ロムルス・アウグストゥルスを退位させ、西ローマ帝国は終焉を迎えました。

王権と教権の関係——融合か分離か

先に述べたように、古代末期から中世に掛けてのヨーロッパ社会においては、「王権」と「教権」という二種類の権力が併存し、相互に複雑な関係を取り結びました。とはいえ、両者の関係性は究極的には、二つのパターンしか存在しません。すなわち、王権と教権が互いに接近し、部分的に重なり合ってしまうほどに癒着・融合するか、あるいは、両者が次元の異なる共同体であることを明確化させ、適切な分離線を引くか、という二種類です。

そして古代末期のキリスト教においては、こうした二つの関係性を代表するような、二人の思想家が現れました。まず「融合」の道を示したのは、4世紀に活躍したキリスト教教父、カエサレアのエウセビオスという人物です。彼は、キリスト教公認というローマ帝国の政策転換に神の恩寵を見て取り、それを実現したコンスタンティヌス帝を神格化する伝記を著しました。次節で見る『コンスタンティヌスの生涯』という作品が、それに当たります。エウセビオスの考えによれば、ローマ帝国とキリスト教会が共に神の導きを受けることにより、地上には理想的な社会秩序が実現するはずだったのです。

しかし実際には、エウセビオスの期待通りに事は運ばず、ローマ帝国の衰退には以降も歯止めが掛かりませんでした。先に触れたように、こうした状況を受けてローマ国内では、伝統的な神々を軽視したことがその原因であるという批判が高まってくる。これに対してアウグスティヌスは、大著『神の国』において、ローマを含めて地上の国はすべて滅びゆく運命にあること、他方で神の国は現世を超越した永遠の存在であることを論じ、王権と教権の「分離」を強調したのです。

エウセビオスとアウグスティヌスの思想はそれぞれ、「政教一致」と「政教分離」の典型的な形態を示したと見ることができるでしょう。そして両者の考え方は、東方の正教会、西方のカトリック教会の基盤を形成すると同時に、キリスト教のあり方全体にも大きな影響を及ぼしました。本講では、エウセビオスとアウグスティヌスの著作を瞥見《べっけん》しながら、両思想の特色を摑むことにしましょう。

2 エウセビオスの政治神学

エウセビオスの略歴

カエサレアのエウセビオスがどのような生涯を送ったのか、詳しくは分かっていません。とはいえその概略は、以下の通りです。(1)

彼はおそらく二六〇年頃、パレスチナで生まれました。青年期を迎えると、同地方の港町カエサレアにおいて、著名な神学者オリゲネス（一八五頃－二五四頃）の流れを汲むパンフィロスという人物の弟子になります。そして三一五年頃、カエサレアの司教に就任しました。

ちょうどその時期、コンスタンティヌス帝によるキリスト教政策の転換が始まり、それを目にしたエウセビオスは、同帝の熱心な支持者になります。三二五年にコンスタンティヌスの主導によって行われたニカイア公会議においては、重要な補佐役を務めました。コンスタンティヌス帝は、三三〇年に新都コンスタンティノープルを建設し、三三七年に死去したのですが、エウセビオスも後を追うように、その三年後に世を去ったと考えられています。

エウセビオスは、教会の歴史に関する多くの著作を残したため、一般に「教会史の父」と称されています。天地創造から現代までを描いた『年代記』、ディオクレティアヌス帝によるキリスト教迫害について論じた『パレスチナ殉教者列伝』、イエス・キリストの事跡からコンスタンティヌス帝の時代までを記した『教会史』などが、彼の代表作です。

エウセビオスの主著に位置づけられる『教会史』では、ローマ帝国によって繰り返された苛酷な迫害や、キリスト教の根幹を揺るがす異端の問題など、教会が辿ってきた苦難の歴史が描かれています。ところがそうした状況が、コンスタンティヌス帝の登場により、エウセビオスの眼前で大きく変化することになる。そのため、最終巻となる第十巻では、それまでの陰鬱な筆致が一転し、コンスタンティヌスの手によって迫害の恐怖から解放されたこと、諸教会の統一が回復されつつあることが、喜びに満ちた様子で記されるのです。

エウセビオスはさらに、『コンスタンティヌスの生涯』(以下では『生涯』と略す)という独立した書物を著し、同帝の業績を丹念に記録しつつ、それを賛美しました。『教会史』に比べれば知名度は低いものの、私はこの作品が大きな重要性を備えていると考えています。というのは『生涯』には、ローマ帝国とキリスト教の一体化、王権と教権の癒着、ひいては「政教一致」の典型的な形式が描き出されているからです。以下では、同書の幾つかの箇所を実際に読んでみることにしましょう。

ミルウィウス橋の戦い

『生涯』の記述によれば、コンスタンティヌス帝のキリスト教への回心は、劇的な仕方で起こりました。三一二年に起こった「ミルウィウス橋の戦い」の最中に、キリストから直接的な啓示を受けたというのです。

当時のローマ帝国では、二代前の皇帝であるディオクレティアヌス帝の方針により、

「四分統治制《テトラルキア》」が敷かれていました。広大なローマ帝国を防衛するために、西の正帝と副帝、東の正帝と副帝という、四人の皇帝に分担統治させる方式です。ところが三一一年にガレリウス帝が死去すると、四人の皇帝が「第一正帝」の地位を巡って抗争を始めてしまいました。ガリアやブリタニアといった西方諸地域を管轄していたコンスタンティヌスもまた、イタリアやヒスパニアを領有していたマクセンティウスと対立し、ローマ郊外のミルウィウス橋で激突したのです。

このように両者の戦いは、四分統治制のもとでの勢力争いの一つに他ならなかったのですが、『生涯』においては、マクセンティウスが悪しき暴君であり、キリスト教の迫害者であったことが強調されています。それに対してコンスタンティヌスは、神の意志に導かれた英雄的存在でした。『生涯』によればコンスタンティヌスは、ローマの多神教の神々を崇拝し続けた者たちが次々と破滅してゆき、彼らには子孫も名前も記憶も残されなかったこと、それに反して、キリスト教の神を信じた自分の父には多くの栄光が与えられたことを振り返りました。そして彼は、「存在しもしない神々のために空しいことを行ない、かくも多くの証拠を前にして道を踏み外しつづけることは愚かであると結論づけ、ご自分の父の神だけに敬意を払うべきだとされた[2]」というのです。

コンスタンティヌスの父親であるコンスタンティウス1世は、確かにキリスト教の迫害には消極的でしたが、果たして本当にキリスト教への信仰心を持っていたのか、正確には分かっていません。とはいえ『生涯』では、コンスタンティヌスの家族が父親の代からのキリスト教徒であり、神の加護を受けていたことが明言されています。

実際に、父親以上に良く知られているのは、母親のヘレナが熱心なキリスト教徒であったということです。『生涯』のなかでも、彼女の事跡について多く触れられている。[3] それによればヘレナは、晩年にエルサレムやベツレヘムといった聖地を訪れ、イエスを称えるために数々の聖堂を建築しました。[4] どちらかと言えば彼女の敬虔な態度が、コンスタンティヌスのキリスト教政策に影響を与えたと思われます。

コンスタンティヌスは、マクセンティウスとの対決に際して神に祈りを捧げ、助力を請いました。するとキリストから啓示が下り、勝利のための神的な「しるし」が示された。その記述は、次の通りです。

一日がすでに午後になりはじめていた頃、コンスタンティヌスによれば、彼はまさしく己の目で、ほかならぬ天に、太陽の上に懸かる、その形状が光で示された十字架のトロパイオンを目にされたのです。それには「これにて勝利せよ」と書かれておりました。……

彼はその幻が何であるのかが分からず、すっかり当惑されたそうです。彼が夢中になってあれこれ思案しつづけていると、いつしか夜になっておりました。そして睡眠中の彼に、神のキリストが、天空に示されたしるしと一緒に現われ、彼に天空に現われたしるしの写しをつくり、これを敵の攻撃から身を守る護符として使用するよう勧められたのです。

（『コンスタンティヌスの生涯』1巻28章2節－29章1節）

コンスタンティヌスが目にした「トロパイオン（勝利の記念碑）」とは、十字架の突端に、左のようなシンボルが冠されたものでした。「ΧΡΙΣΤΟΣ《クリストス》」という言葉の最初の二文字、「Χ《キー》」と「Ρ《ロー》」を組み合わせて作られた紋章です。そして『生涯』においては、コンスタンティヌスがこの紋章を旗印に掲げ、神の加護を受けてマクセンティウスを打ち破ったこと、以降の戦いにおいても常にこれを軍旗に用い、その旗手は決して戦死しなかったことが記されています。この紋章は「ラバルム」と称され、キリスト教とローマ帝国の協力関係、すなわち、「キリスト教ローマ帝国」を象徴する存在となってゆきました。

ラバルム

ニカイア公会議の招集

マクセンティウスを打ち破り、ローマに入ったコンスタンティヌスは、元老院の承認を受け、第一正帝の地位を獲得します。そして三一三年に「寛容令（ミラノ勅令）」を発しました。これにより、キリスト教信仰の自由が保障され、過去に没収された教会財産の返還が命じられた。[5] コンスタンティヌスはキリスト教を、迫害を加える対象から、帝国統治の根幹を支える柱の一つとして位置づけ直そうとしたのです。

しかし他方、当時のキリスト教がそのような役割を担い得る状態にあったかと言えば、実はそうではありませんでした。教会は、教義や慣習の違いのために分裂しかかるという、内部的な問題を抱えていたからです。

そこでコンスタンティヌスは、三二五年、キリスト教の会議を自ら主催し、すべての教会の一致を達成しようとしました。こうした会議は「公会議」[6]と名づけられ、以降も必要に応じて開催されるようになります。とはいえそれは元々、キリスト教界が自発的に始めたわけではなく、ローマ皇帝コンスタンティヌスの主導により、政治的要請を受けて開始されたものだったのです。

ニカイアで行われた公会議には、各地の司教二五〇名ほどが出席し、コンスタンティヌスが議長役を務めました。エウセビオスは、その際の彼の姿を神々しい存在として描き出しています。曰《いわ》く、公会議の出席者たちは、期待に満ちた沈黙を保ちながら議場に着席し、皇帝が入場すると、一斉に起立した。皇帝の外衣は、紫の式服が放つ火のような煌《きら》めき、黄金や宝石の目映《まばゆ》いばかりの輝きで彩られていた。その姿は、あたかも「天上のみ使い」が降臨したかのようなオーラを放っていた、というのです(7)。

神の位格に関する論争		
アリウス派	——	従属(子は父に従属)
アタナシウス派	——	同質(父と子は同質)

アリウス派とアタナシウス派の対立

ニカイア公会議で話し合われた主な議題は、神の位格をどう捉えるか、並びに、復活祭をいつ行うか、という二点でした。まず前者については、聖職者たちが「アリウス派」と「アタナシウス派」に分かれ、激しい論争を交わしました。とはいえ『生涯』には、それに関する具体的な記述がほとんどありません。神の位格の問題は、ニカイア公会議でも完全には決着せず、エウセビオスも長く論争に巻き込まれることになりましたので、『生涯』執筆の時点では、整理して記述することが難しかったのかもしれない。以下ではその問題の概要について、簡単に説明しておきましょう(8)。

アリウスは二五〇年頃に生まれ、アレクサンドリアを中心に活動した神学者でした。彼の著作はほとんど残存していないため、現在その思想を詳細に知ることはできません。ともあれアリウスの考え方は、全体として「従属」説的なものであったと言われています。すなわち、父・子・聖霊という神の三つの位格のなかで、「父なる神」こそが唯一にして絶対の存在であり、子と聖霊は、それに従属していると見なすのです。特にアリウスは、父と子の関係について、子は父によって創造された存在であることを強調しました。

アリウスの見解に真っ向から反対したのは、二九六年頃に生まれ、同じくアレクサンドリアを中心に活動した、アタナシウスという神学者でした。彼は勢力を増したアリウス派から攻撃され、何度も追放や亡命の憂き目に遭いながらも、果敢に抵抗の論陣を張ったのです。アタナシウスは、2世紀以降唱えられてきた三位一体の教義を磨き上げ、子が父に従属しているということはなく、両者が「同質《ホモウシオス》」であることを強調しました。

当時のキリスト教界においては、アリウス派が急速に支持者を増やし、政治的な影響力さえ行使するようになっていたわけですが、私にはその理由が良く分かる気がします。というのは、アリウスが唱えた従属説の方が、同質説よりも理論的に明解であり、実感としても受け入れやすいからです。「父なる神」と「子なる神」がいるのであれば、子は何らかの仕方で父から生み出されたということになるでしょうし、また、父権的な考え方が浸透していた古代の社会感覚からすれば、父が子に優越しているということは当然であると受け止められたでしょう。また、父なる神の唯一性と絶対性を強調した方が、一神教としての整合性をより高めることができたかもしれない。

とはいえアリウス派の主張には、キリスト教にとって不都合な要素が含まれていました。結局のところ「父なる神」が唯一にして絶対であるというのであれば、キリスト教は本質的にユダヤ教とそれほど変わらず、「ユダヤ教イエス派」程度の位置づけに留まる恐れがあったからです。前講で三位一体論について説明したように[9]、キリスト教に固有の歴史観に照らして考えると、「父なる神」に対して、「子なる神」や「聖霊」の地位を遜色のないものにまで高める必要があったものと思われます。

ニカイア公会議においては当初、アリウス派の方が優勢でした。しかし議論が深まるにつれて、そこに潜むさまざまな問題点も明らかになっていった。結果としてアリウス派の従属説は退けられ、同会議で採択された「ニカイア信条」においては、父なる神と子なる神を同質とするアタナシウス派の見解が、正統教義として採用されています。また、父・子・聖霊を「一つの実体にして三つの位格《ペルソナ》」とする三位一体論を堅持することも確認されたのです。

復活祭の日取りの問題

再び『生涯』の記述に戻りましょう。そこではニカイア公会議において、復活祭をいつ行うべきかという問題が活発に議論されたことが記されています。

それによれば、当時のキリスト教界では、復活祭の日程について合意を形成することができず、従来通りユダヤ人の慣習に従うべきだ、あるいは、季節の正確な時期を計って行うべきだ、といった諸見解が乱立していた。誰もこの問題を解決する手段を見出すことができないなか、「地上の者のうちで、ただコンスタンティヌスだけがこのよき働きをする神の下働きとして登場された」(10)というのです。

復活祭とは、キリストが磔刑《たっけい》によって死去し、その三日後に復活したことを記念して行われる、キリスト教における最も重要な祭典です。現在では一般に「イースター」(11)と呼ばれますが、正式には「パスカ」と称します。

そしてパスカとは、ギリシャ語で「過越」という意味です。前講で見たようにイエスは、宣教活動の大半をガリラヤで行いましたが、ある年の過越祭の時期にエルサレムに上り、磔刑に処されました。そのため、イエスの死と復活の時期と、ユダヤ教の過越祭の時期は、おおよそ重なっているわけです。また、イエスが「神の小羊」として犠牲に捧げられるという形式も、ユダヤ教の過越祭に倣って組み上げられている。このようにキリスト教の復活祭は、ユダヤ教の過越祭をモデルにしながら、それを更新・再編したものであり、ゆえに「主の過越《パスカ》」と呼ばれるのです。

キリスト教がユダヤ教の分派に過ぎなかった頃は、復活祭のこうした位置づけに関して、特に大きな問題は生じませんでした。ところが、キリスト教が独自に発展を遂げ、ローマ帝国の支持を取りつけるまでに成長すると、これに違和感を覚える人々が現れ始めた。ユダヤ人と共に「過越」を祝っている限り、われわれはいつまでも、ユダヤ教の分派という立場から脱却できないのではないか、と。そこでニカイア公会議では、次のような議論が行われたのです。

冒頭、この至聖《しせい》なる祝祭をユダヤ人の慣習に従って執り行なうのは適切でないとする意見が表明された。ユダヤ人は己の手を恐ろしい犯罪〔キリストの殺害〕で汚したので、そのような汚れた者は、当然のことながら、その魂を盲目にしている。……それゆえ、汝らとユダヤ人の忌むべき大衆の間に共通のものがないようにするがよい。

（『コンスタンティヌスの生涯』3巻18章2節）

『生涯』を読み進めていて驚かされるのは、突如として強烈な「反ユダヤ感情」が噴出する場面が幾つか存在することです。曰く、ユダヤ人は、神殺し、主殺しであり、狂気に支配された者である、と。そしてニカイア公会議では、キリスト教がユダヤ教と同一視されることを避けるという目的から、復活祭と過越祭を同じ日に行わないようにすることが決定されました。

このように、最初の公会議であるニカイア公会議においては、神の位格の問題にせよ、復活祭の日取りの問題にせよ、キリスト教をユダヤ教から明確に切り離すということが目指されていたように思われます。そこに内在する「反ユダヤ主義」の問題については、後で再び考察することにしましょう。

コンスタンティノープル建設とローマ法改正

ニカイア公会議を終えたコンスタンティヌス帝は、キリスト教の精神を基盤に据えながら、国内のさまざまな改革を行いました。最も大きな事業は、三三〇年に新都コンスタンティノープルを建設したことです。『生涯』によれば、コンスタンティヌスはその都市において、異教のすべての偶像を取り壊し、それらに代えて、数多くのキリスト教の礼拝堂や殉教者の記念碑を建設していった。[12] コンスタンティノープルはまさに、「キリスト教都市」のモデルとして建造されたのです。

さらにコンスタンティヌスは、キリスト教の信仰や道徳観に基づいてローマ法を改正し、帝国内の風紀を粛正しようと試みました。すなわち、「偶像に犠牲を捧げてはならない」「占いを信じてはならない」「秘密の宗教儀式を行ってはならない」「剣闘士の血だらけの遺体で街を汚してはならない」「同性愛の禁止」「子宝に恵まれない者を犯罪者扱いせず、遺産相続を認める」[13]といった内容です。キリスト教とローマ法は、以降の歴史のなかで複雑な関係を取り結び、西洋の法学における屋台骨を形成してゆくのですが、その発端もまた、コンスタンティヌスの時代にあったと見ることができるでしょう。

同時にそこには、ユダヤ人に対する規定も盛り込まれました。キリストによって贖われた者が、キリスト殺しであるユダヤ人に奴隷として仕えてはならず、もしこうした状況が発見された場合、キリスト教徒は解放され、ユダヤ人は罰金刑をもって処罰する、と定められたのです[14]。

キリスト教を中心とする中世ヨーロッパ社会において、ユダヤ人はさまざまな差別的規定を課され、生活を制限されました。『生涯』の記述のなかにすでにその嚆矢《こうし》が見られるということも、大変重要な点です。

こうした政策を実行した後、コンスタンティヌスは体調を崩し、洗礼を受けて生前の罪を洗い流してから、この世を去りました[15]。『生涯』の末尾においてエウセビオスは、彼の一生を次のように賞賛しています。

ローマの皇帝の中でコンスタンティヌスだけが諸王の王である神を、尋常でない敬神の念をもって敬いました。彼だけがすべての者にキリストの御言葉を臆することなく宣《の》べ伝えられました。歴史がはじまって以来登場した支配者の中で、他の誰でもなく、ただ彼だけが、そのお方の教会に栄光を帰されたのです。彼だけが多神教の迷妄すべてを打ち壊し、あらゆる形態の偶像崇拝を摘出してみせました。……彼のような人物は、全歴史がはじまって以来わたしたちの時代に至るまで、記憶に残されていないからです。

（『コンスタンティヌスの生涯』4巻75章）

政教一致の弊害——権力の硬直化、反ユダヤ主義

コンスタンティヌスが実施したキリスト教政策は、歴史的に見れば、古代から中世への転換を画する革命的なものでした。また、エウセビオス個人にとっても、迫害や殉教を覚悟しながら信仰を続けるという状態から解放されることになったわけですから、彼がそこに天恵を認め、手放しで礼賛したとしても、一概にそれを非難することはできないでしょう。

とはいえ、ローマ帝国の公認を受けたことが、キリスト教界にとって全面的に良いことであったかと問われれば、必ずしもそうは言い切れない。キリスト教は、世俗権力と癒着することにより、ときにその世界の論理に妥協せざるを得なくなった。また、厳しい環境のなかで自己のあり方を問い直し続けるという、精神的な緊張感を失ってしまった。さらには、「迫害される側」から「迫害する側」に回ることにより、初心から外れた歪《いびつ》な権力欲を身に帯びるようになった——。以降のキリスト教史においては、こうした弊害がしばしば現出するのです。

コンスタンティヌスの治世に示された、キリスト教とローマ帝国の協力関係、すなわち「キリスト教ローマ帝国」の理念は、後の東ローマ帝国（ビザンツ帝国）に直接的に継承され、「皇帝教皇主義（Caesaropapism）」[16]と呼ばれる体制として結実しました。そこにおいては、皇帝がキリスト教の聖職者たちの上位に君臨し、政治と宗教にまたがる専制的な権力を振るったのです。これによって東ローマ帝国は、一千年以上の存続を可能とするような安定性を手にしましたが、他方でそこに、停滞と腐敗の空気が漂っていたことも否定し得ないでしょう。

そして東ローマ帝国においては、政治にとって障害になると見なされた宗教や宗派に対する迫害がしばしば行われました。例えば、『ローマ法大全』を編纂したことで有名なユスティニアヌス帝（在位：五二七－五六五）は、異教徒に対する弾圧を積極的に推進したことでも知られています。ユダヤ教徒の強制改宗やシナゴーグの破壊、ギリシャ哲学の学統を維持してきた「アカデメイア」や「リュケイオン」の閉鎖などです。

翻《ひるがえ》って西ヨーロッパ世界においては、5世紀に西ローマ帝国が滅亡したため、単純な政教一致の体制が形成されることはありませんでした。次講以下でお話しするように、そこに残されたカトリック教会は、政治と宗教の関係性を巡り、極めて複雑な試行錯誤を繰り返してゆくことになります。

とはいえそのなかでも、政治と宗教の方向性が一致し、両者が限りなく接近するという事態が、何度か起こりました。一例を挙げれば、十字軍の時代、イベリア半島の再征服《レコンキスタ》を達成した時代、さらには、近代であるためやや背景が異なりますが、ナチズムの時代などです。(17) そしてそのような状況が成立した際、必ずと言って良いほど付随して現出したのが、反ユダヤ主義の興隆という事態でした。聖俗の権力が癒着すると、両者は結託して、内部に潜む「異物」を排除しようとする。それによって、権力の一体性や自己同一性を確認・強化しようとする。その「異物」に選ばれるのが、ヨーロッパの歴史においては、もっぱらユダヤ人であったわけです。

このように反ユダヤ主義は、ヨーロッパの歴史のなかで繰り返し姿を見せるのですが、その原型が形作られたのは、コンスタンティヌスの時代に現出した「キリスト教ローマ帝国」の体制においてであったように思われます。そのときにキリスト教は、自らが本来、ユダヤ教を母胎として誕生した宗教であることを否認しようとした。またローマ帝国は、ナザレのイエスを処刑したのがユダヤ人ではなく、自分たちであったことを忘却しようとした。キリスト教が本格的な発展を開始した際に明確化された反ユダヤ主義という要素は、現在もなお、世界に暗い影を落とし続けています。

3　アウグスティヌスの神国論

アウグスティヌスの略歴

続いて、エウセビオスから約一世紀後を生きたキリスト教神学者、ヒッポのアウグスティヌスの思想を見てゆきましょう。アウグスティヌスはエウセビオスとは異なり、ローマ帝国が急速に没落する時期に人生を送りました。彼はそうした厳しい状況のなかで、古代を総決算するような思索を積み重ね、中世の礎《いしずえ》となるキリスト教神学の体系を組み上げていったのです。

アウグスティヌスは極めて多くの書物や論文を著しましたが、一般に主著と見なされているのは、彼がキリスト教に回心するまでの半生を具《つぶさ》に語った『告白』と、キリスト教の歴史観を詳細に描き出した『神の国』の二作品です。まずは『告白』の内容に手短に触れながら、彼の経歴を押さえておくことにしましょう。

アウグスティヌスは三五四年、北アフリカのタガステという町で、異教徒の父親とキリスト教徒の母親のあいだに生まれました。『告白』における重要な登場人物の一人が、母親のモニカです。若い頃のアウグスティヌスは、かなり素行の悪さが目立つ人物でした。彼は元々、怠慢・好奇心・性欲からさまざまな悪事に手を染めてしまうような、平凡な人間に過ぎなかったのです。モニカはそのような我が子を常に心配し、キリスト教信仰に目覚めて正しい人間になってくれることを願っていたのですが、彼はその思いを裏切り続ける。しかし最後には、母の真意を理解して回心を遂げる。こうした筋立てが、『告白』全体の枠組みとなっています。

16歳になったアウグスティヌスは、修辞学を習得するため、北アフリカの大都市であるカルタゴでの生活を始めました。ところが彼は、学業に打ち込むよりもむしろ、感傷を掻き立てる悲劇の観覧に足繁く通うようになる。また、ある女性と恋に落ち、未婚のまま一子を儲けてしまう。さらには、当時流行していた新興宗教の一つであるマニ教に興味を覚えて入信し、九年間をマニ教徒として過ごしています[18]。若き日のアウグスティヌスにとってマニ教は、混沌とした世界の構造をクリアに解き明かすもののように思われたのです。

アウグスティヌスは29歳のとき、ローマに渡って修辞学を教えますが、その頃には徐々に、マニ教の教えに疑問を抱くようになっていました。そして翌年ミラノに移り、カトリックの高名な司教アンブロシウス（三三九頃－三九七）に出会います。アンブロシウスは「プラトン主義的キリスト教[19]」という思想を代表する教父の一人であり、アウグスティヌスは彼から教えを受けることによって、マニ教とは異なる形而上学的世界観に目覚めていったのです。

とはいえ、その頃もアウグスティヌスは、性欲の横溢を抑えることができず、苦悩し続けていました。ところがあるとき、無花果《いちじく》の木の下で悲嘆に暮れていると、どこからか「取れ、読め、取れ、読め」という言葉が聞こえてきた。その際に目にした聖書の一節が決定的な転機となり、彼はついにキリスト教への回心を遂げます[20]。そして33歳のとき、アンブロシウスの手によって洗礼を受け、母のモニカと共に故郷のタガステに戻ることになったのです。

しかしモニカは、年来の思いが叶って安堵《あんど》したのか、旅の途中で訪れた港町のオスティアで、熱病に罹《かか》って倒れてしまいます。アウグスティヌスは、病床の母に寄り添いながら信仰について語り合い、そのまま二人は天に上昇して、神の姿を垣間見るのです。こうした神秘体験が、『告白』のクライマックスを形成しています[21]。

母の死を看取った後、アウグスティヌスは北アフリカに戻り、三九一年にヒッポの司祭、三九六年には司教になりました。そして彼は、かつて自らも信仰していたマニ教のほか、ドナトゥス派、ペラギウス派といった諸異端との論争を繰り返しながら、教会や修道院の基本原則を模索してゆきます。この時期に、『告白』や『三位一体論』を含む数多くの著作が執筆されました。

しかし当時は、ローマ帝国の衰退が一段と深まっており、アウグスティヌスの晩年もまた、極めて多難なものとなりました。西ゴート族の王アラリックが四一〇年にローマに侵入したことを切っ掛けに、アウグスティヌスは『神の国』の執筆を開始し、四二六年にそれを完成させる。ところがその頃は、北アフリカにもヴァンダル族が侵入し、アウグスティヌスが暮らすヒッポの街も、彼らに包囲されました。こうした状況のなかでアウグスティヌスは、四三〇年に76歳で生涯を閉じたのです。

『神の国』の構成

『告白』が優れて個人的・内省的な著作であるのに対して、もう一つの主著である『神の国』は、理論的・俯瞰的な視点から書かれた作品です。全二二巻にも及ぶ分量があり、直線的な筋立ての著作というよりも、ローマ帝国末期の社会や思想の状況、キリスト教の歴史観にまつわる数多くのトピックについて、網羅的に記述した書物と捉えた方が適切かもしれない。

先に述べたように、同書は元々、アラリックがローマに侵入して略奪を行ったという事件を切っ掛けに執筆され始めた、時事的な著作でした。略奪自体は数日間で終わったものの、この事件は、それまで異民族の侵入を許さず、「永遠の都」と称《たた》えられていた同地の威信を根底から突き崩してしまった。そしてローマの荒廃を嘆く人々は、その原因を、古来の神々を捨て去り、キリスト教を国教としたことにあると考えたのです[22]。

これに対してアウグスティヌスは、ローマの宗教・習俗・道徳が、キリスト教を国教化する以前からすでに内部的に腐敗し、不正が横行していたということを指摘します（前半）。さらには、キリスト教徒が待望する「神の国」とはどのような存在なのか、それはローマ帝国を含む「地の国」といかなる関係にあるのかということを、聖書の歴史観を踏まえながら詳細に論じるのです（後半）。こうして『神の国』は次第に、古代のキリスト教神学

『神の国』の構成

＊前半（第1～10巻）―― 異教徒への反論

（一）第1～5巻＝ 社会の繁栄には多くの神々が必要であり、それが禁止されたために災厄が起こった、と主張する人々への反論

（二）第6～10巻＝死後の生のために多くの神々への礼拝が必要である、と主張する人々への反論

＊後半（第11～22巻）――「神の国」と「地の国」の関係性

（一）第11～14巻＝二つの国の起源

（二）第15～18巻＝二つの国の発展

を集大成する著作にまで成長してゆきました。全体の構成は、上の通りです[23]。

残念ながら本講では、同書を細部まで詳しく扱う余裕はありません。主に後半部の記述を参照しながら、アウグスティヌスが描き出そうとするキリスト教的歴史観の大枠を把握することにしましょう。

ローマの宗教と国家に対する批判

まず前半部では、ローマ社会への全面的な批判が行われます。その論点は多岐にわたりますが、宗教と国家に関する批判は、以下の通りです。

ローマには古くから、多神教の信仰が存在してきた。それらの神々は、人間に対して、贅沢な捧げ物や淫猥な祭礼によって自分たちを讃えることを要求した。そして人間も、神々を崇拝する見返りとして、現世的な豊かさや快楽を求めた。国家が安定して存立し、物質

的に満たされ、戦勝によって名声が上がりさえすれば十分であって、それ以上のことをローマ人が神々に求めることはなかった。しかし、こうした物質的繁栄が永遠に続くということは、原理的にあり得ない。ローマが衰退を続けるのは、キリスト教を国教化したことが原因なのではなく、現世の幸福を求め続けた必然的な帰結なのだ――。アウグスティヌスは、そのように批判するのです[24]。

またアウグスティヌスは、ローマの哲学者キケロ（前一〇六－前四三）の議論を援用しながら、国家批判を展開しています。かつてキケロは『国家論』において、国家とは本来的に人民のものであり、それが存在すると言えるのは、正義に基づく統治が行われているときのみである、と述べた。そしてアウグスティヌスは、現在のローマは正義のあり方を完全に見失っており、キケロの規定に従うならば、もはや国家とさえ呼べないだろう、と論難しています[25]。

人類の原罪と死の支配

以上のように、『神の国』の前半部においては、現在のローマが虚偽的な宗教と国家の状態に陥っていること、真実の宗教と国家はそれとはまったく別次元にあることが論じられます。そして後半部では、聖書の記述に照らしながら、世界には「地の国」と「神の国」という二種類の国家が存在すること、両者は歴史的に一定の相関関係に置かれてきたことが論じられるのです。以下では、その概要を見てゆきましょう。

まずアウグスティヌスは、神が人間を創造した際、他の動物のように複数の個体を一挙に作ったのではなく、「一人の人間」を創造したことに注意を促しています。すなわち、最初の人間としてアダムが創造され、次に、彼の肋骨《ろっこつ》から女性のエヴァが創造された。その後、アダムとエヴァというカップルを起点として、人類は増殖していったのです。

アウグスティヌスの考えによればそれは、人類が血の繋がりで結ばれることにより、「共同の生の一体性」や「和合一致の絆《きずな》」を強く意識するようになるためでした。人類はみな本質的に「アダムの末裔」であり、それに基づく親近性と平等性を有しているのです。

そして人間は本来、神に対して敬虔な心で服従し、その命令を遵守することにより、天使たちと共に「死が介入してくることもない終りなき至福の不死性を確保する」[26]はずでした。

ところが、『創世記』3章に描かれているように、アダムとエヴァは、神への不服従という罪を犯してしまう。エデンの園の中央には「知恵の木」が生えており、神はその実を食べることを禁じていたのですが、両者は蛇に唆《そそのか》され、知恵の実を口にしてしまうのです。

その結果、アダムとエヴァに自意識が芽生え、神とのあいだの原初的な一体性が失われる。そして彼らはエデンの園から追放され、それ以降の人類は、「死の支配」に身を委ねることになります。すなわち、性欲・嫉妬・憎悪といった情欲に駆り立てられ、地上で徒《いたずら》に数を増やしては、相互に敵対し、殺害し合うようにさえなったのです。

アウグスティヌスは、人類が知恵を獲得して神から離反したこと、「原罪」を背負ったことを重視し、その境遇を「第一の死」と呼んでいます。エデンの園には、「知恵の木」のほかに「生命の木」が生えており、その実を食べれば永遠の生命を得られるはずだったのですが、人間は「知恵の実」を選ぶことによってそうした機会を失い、肉体の死に晒されることになったわけです。

とはいえアウグスティヌスによれば、人類の行く末には、それよりも遥かに恐ろしい「第二の死」が待ち受けている。生きているあいだに神の恩恵を受けられず、世界の終末に行われる審判において「永遠の罰」を言い渡されると、人間は魂の死に見舞われるというのです。

人間の二重性と二つの国

このように、地上における人類の歴史は、全体として見れば、原罪から生じた「第一の死」と、最後の審判で下される「第二の死」によって取り囲まれている。アウグスティヌスは人類のこうした状況について、次のように述べています。

死の支配は、人間のうちにつよい制圧力をふるうまでになったため、もしも神が、人間にとってはうけるに値しない恩恵により、ある者たちを解き放ってくださるのでなかったら、死は、当然うけるべき罰として、すべての者を、もはや終りのない「第二の死」のなかへとまっさかさまに突き落すことになったであろう。まさにこのことからして、全世界にかくも多くの民族が存在し、それぞれ宗教的習慣や習俗を異にしつつ生き、……さまざまに区別せられるのであるが、それにもかかわらず、人間の社会については二種類のもの以上を数えることがないということになるのである。わたしたちはそれを、わたしたちの書〔聖書〕にしたがって、正当に「二つの国」と呼ぶことができるのである。

（『神の国』14巻1章）

地上で生を送るすべての人間は、神の恩恵に引き上げられて永遠の生命に至ろうとする傾向性〔霊〕と、肉欲に溺れて永遠の死に堕《お》ちようとする傾向性〔肉〕の二つに引き裂かれている。そしてこうした二つの傾向性から、二種類の国家が形作られることになる。つまりそれが、「神の国」と「地の国」です。

アウグスティヌスの思想を根底で規定しているのは、人間が相反《あいはん》する二重の性質を身に帯びている、という考え方です。人間が二重の存在であることは、プラトン主義を始めとするギリシャ哲学、あるいはマニ教の教義においても指摘されていることですが、アウグスティヌスはそれらの理論を不十分なものとして退けつつ、主にパウロに依拠しながら、人間における「霊」と「肉」の性質について考察しています。そして前者を「神に従って歩くこと」、後者を「人間に従って歩くこと」と規定するのです[27]。

神の国と地の国はそれぞれ、人間の霊と肉という二重性から派生することになります。そしてアウグスティヌスは、「二種の愛」が二つの国を作った、すなわち、地の国を作ったのは、神を侮蔑するまでに膨れ上がった自己への愛であり、神の国を作ったのは、自己本位を超脱した神への愛である、と論じるのです[28]。

「地の国」を旅する「神の国」の民

それでは人類の歴史において、神の国と地の国は、相互にどのような関係にあるのでしょうか。アウグスティヌスはそれを、次のように説明します。

人類全体においても、これら二つの国が、出生と死の連続をとおして進行しはじめたとき、まずはじめに生れたのはこの世〔地の国〕の民であって、そのあとで、神の国に属する者でありながらこの世を旅する者が現れたのであった。この者こそは、恩寵によって予定され、恩寵によって選ばれ、恩寵によって地上を旅し、恩寵によって天上の民なのである。……

聖徒たちの国〔神の国〕は、その民をこの地上で得るのではあるけれども、天にある……。その国は王国の時〔終末〕が到来するまではその民において旅をつづけるのであって、その時には、その身体において復活せしめられたすべての者を集めるであろう。……かれらはその王国において、かれらの君主である「万世の王」〔キリスト〕と共にいかなる時間の終局もなく支配するであろう。

（『神の国』15巻1章）

いささか難解な文章であるため、少し補足を加えながら説明してみましょう。

エデンの園を追われ、地上での生活を始めたアダムとエヴァが最初に生んだのは、カインとアベルという兄弟でした。このなかで「神の国の民」であったのは、弟のアベルであり、それゆえに彼は、神から愛された。翻《ひるがえ》って兄のカインは「地の国の民」であり、神の愛を受けることができなかった。そのためカインはアベルを激しく嫉妬し、暴力を振るって彼を殺害してしまいます。それからカインはエデンの東に逃れ、地上における最初の町を建設したのです[29]。

アウグスティヌスは、アベルとカインの物語に、「神の国の民」と「地の国の民」の関係性の原型を見出しています。まず前者は、神を愛し、平和を希求する。それに対して後者は、自己を愛し、己の欲望を満たそうとする。ゆえに「地の国の民」は「神の国の民」を迫害し、力によって覇権を手にしようとする。しかしながら、そうして獲得した繁栄が永続することはありません。欲望と力によって奪取したものは、いずれ別の勢力の欲望と力によって奪い去られてしまうからです。地上の歴史において、繁栄を謳歌する「地の国」は常に移りゆき、そして世界の終末が到来すると、すべての「地の国」が消え去ることを運命づけられています。

他方で「神の国の民」は、現世においては往々にして虐《しいた》げられ、蔑《さげす》まれ、疎外される。彼らは、自己の欲望を満たすために力に訴えることがなく、また、地上に自らの祖国を見出すこともない。先の引用に見られるように、アウグスティヌスは彼らの境遇を、「地上を旅する天上の民」と表現しています。「神の国の民」は地上を彷徨《さまよ》い続け、過酷な運命を強いられることになる。しかし彼らは、困難な旅のなかで聖霊による導きを受け、自己の精神を陶冶《とうや》してゆくのです。(30)

このように「神の国の民」は、地上においては基本的に寄る辺なき存在ですが、イエス・キリストが到来し、その死と復活によって「キリストの体」としての教会が形成されて以降は、実った麦が刈り取られて倉に収められるように、教会へと集められてゆきます。とはいえ教会は、あくまで地上に存在する共同体の一つであり、それが純粋な「神の国」を体現するというわけではない。そこではなお、豊かに実った「良い小麦」と、悪しき「毒麦」が混在している。[31] しかし両者は、終末において天使たちによって選《え》り分けられ、後者は火で燃やされる。そして、最後の審判において正しさを認められた人々は、天から降りてくる「新しいイスラエル」、すなわち「神の国」に入り、永遠の生命を享受することになるのです。[32]

『神の国』の歴史観

古代末期という時代に生まれ合わせ、ローマ帝国の衰退という事態に直面したアウグスティヌスは、聖書の記述に基づきながら、人類史を整合的に理解することを試みました。『神の国』に示された歴史観は詳細かつ複雑なものですが、単純化の誹《そし》りを恐れず、あえてその大枠を図式化するなら、次頁のようになるでしょう。

アウグスティヌスは、この記念碑的大著によって、キリスト教神学の体系を精緻に組み上げました。その歴史観・世界観は、現代の世俗的感覚からすれば、依然として多分に幻想的であるように思われるかもしれません。とはいえこれにより、「神の国」という観点

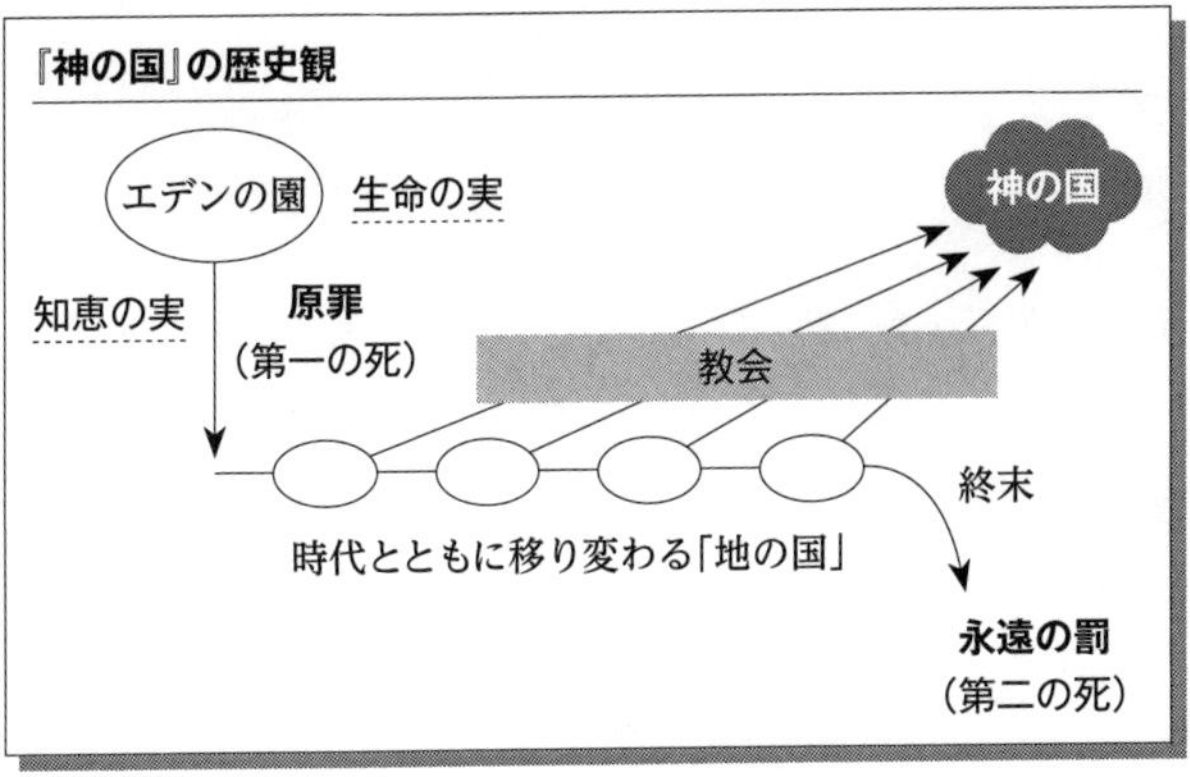

から、「地の国」の諸権力を相対的・批判的に捉えることが可能になりました。また同時に、ローマ帝国なき後の西ヨーロッパ社会において、教会という共同体が中心的な役割を果たしてゆくための礎石が据えられたのです。本講の前半で見たエウセビオスが、「政教一致」的な宗教観を示し、東ヨーロッパにおける正教会の基礎を作り上げたのに対して、アウグスティヌスは「政教分離」的な宗教観を示し、西ヨーロッパのカトリック教会、さらには、後のプロテスタント諸派にも大きな影響を及ぼしていったと見ることができます。

註

(1)『エウセビオス「教会史」』上巻に収録された、秦剛平の解題「エウセビオスの生涯について」を参照。
(2)『生涯』1巻27章3節。
(3)『生涯』3巻42－47章。
(4)後世の伝説によれば、ヘレナはエルサレムで、イエスの磔刑の際の十字架や聖槍を発見した。それを切っ掛けとして「聖遺物」全般への関心が喚起され、いわゆる「聖遺物崇敬」の動きが起こったとされる。ヘレナはその功績により、カトリック教会や正教会において聖人に認定されている。
(5)『エウセビオス「教会史」』下巻289－292頁に、寛容令の全文が掲載されている。
(6)ラテン語では concilium oecumenicum と表記し、直訳すれば「世界会議」となる。
(7)『生涯』3巻10章2－3節。
(8)半田元夫＋今野國雄『キリスト教史Ⅰ』193－195頁を参照。
(9)第4講上130頁を参照。
(10)『生涯』3巻5章2節。
(11)ゲルマン神話の春の女神「エオストレ」に由来する。復活祭は春に行われるため、後にゲルマン民族の春の祭典と習合し、イースターと呼ばれるようになった。
(12)『生涯』3巻48章1－2節。

(13)『生涯』４巻26章２－４節によれば、神への奉仕として独身を守った者の権利を保護するために、このような法改正が行われた。
(14)『生涯』４巻27章１節。
(15)コンスタンティヌスの逝去については、『生涯』４巻61－64章を参照。
(16)政治の最高権力者が、教会の最高権力をも掌握している体制を指す。とはいえ、厳密には皇帝が教皇を兼ねるわけではないため、「皇帝教皇主義」という用語は、不正確なものとして批判されることも多い。正教会はそれに代えて、「ビザンチン・ハーモニー」という表現を提案している。高橋保行『ギリシャ正教』87頁以下を参照。
(17)二〇世紀には、「ナチスの桂冠学者」と呼ばれたカトリックの法学者カール・シュミットを中心に、「政治神学」論争が起こった。近代的主権の根底に宗教的オーラが潜んでいることを指摘するシュミットに対して、神学者のエリク・ペテルゾンはそれを、エウセビオス的な政治神学の再来として批判している。詳しくは、カール・シュミット『政治神学』『政治神学再論』を参照。
(18)マニ教とは、イラン人のマニ（二一六－二七七）が創始した宗教。ペルシャ古来のゾロアスター教と、キリスト教の異端であるグノーシス主義を折衷し、精緻な二元論的世界観を作り上げた。後にアウグスティヌスは、マニ教の教えを徹底して批判している。『アウグスティヌス著作集７　マニ教駁論集』を参照。
(19)プラトン主義の形而上学と、キリスト教の一神教を融合させようとする思想潮流。ユダヤ教の哲学者であるアレクサンドリアのフィロン（前二五頃－後四五頃）が、聖書の『創世記』とプラトンの『ティマイオス』を折衷して解釈したことから、こうした思想が始まり、多くのキリスト教教父がその流れを継承した。

(20)『告白』8巻12章。その際に読んだ箇所は、『ローマの信徒への手紙』13：13－14「馬鹿騒ぎや泥酔、淫乱や放蕩、争いや妬みを捨て、主イエス・キリストを着なさい。欲望を満足させようとして、肉に心を向けてはなりません」であった。

(21)『告白』9巻10－13章。

(22) 金子晴勇編『アウグスティヌスを学ぶ人のために』53頁を参照。

(23) 金子晴勇編『アウグスティヌスを学ぶ人のために』54頁を参照。

(24)『神の国』2巻20章。

(25)『神の国』2巻21章。

(26)『神の国』12巻22章。

(27)『神の国』14巻4章。

(28)『神の国』14巻28章。

(29)『創世記』4：16－17。

(30)『神の国』15巻6章。

(31)『マタイによる福音書』13：24－30。

(32)『神の国』20巻9章。

第6講　西ヨーロッパのキリスト教化
――教皇制と修道制の形成、カール大帝の宗教政策

アウグスティヌスの『神の国』は、濃厚な終末意識を背景として生み出された著作でした。当時のヨーロッパは、ゲルマン系諸族の侵入が相次ぎ、「永遠の都」としてのローマの威信が毀損《きそん》され、「キリスト教ローマ帝国」の理念が早くも瓦解《がかい》しつつあった。そしてアウグスティヌスが司教を務めるヒッポの街にも、ヴァンダル族の脅威が迫りつつあった。いよいよ終末が近いという切迫感のなかで、能《あた》う限りの冷静さを保ちながら、豊富な学識を駆使し、キリスト教の教義と歴史観を再構築しようとする――。過酷な社会状況のなかで、自らの思想を懸命に鍛え上げようとするその姿勢こそが、『神の国』を不朽の著作たらしめている要因の一つであるように思われます。

アウグスティヌスの死後もローマ帝国の衰退は進行し、四七六年には、ゲルマン人の傭兵隊長オドアケルが、まだ幼い西の皇帝ロムルス・アウグストゥルスを退位させました。

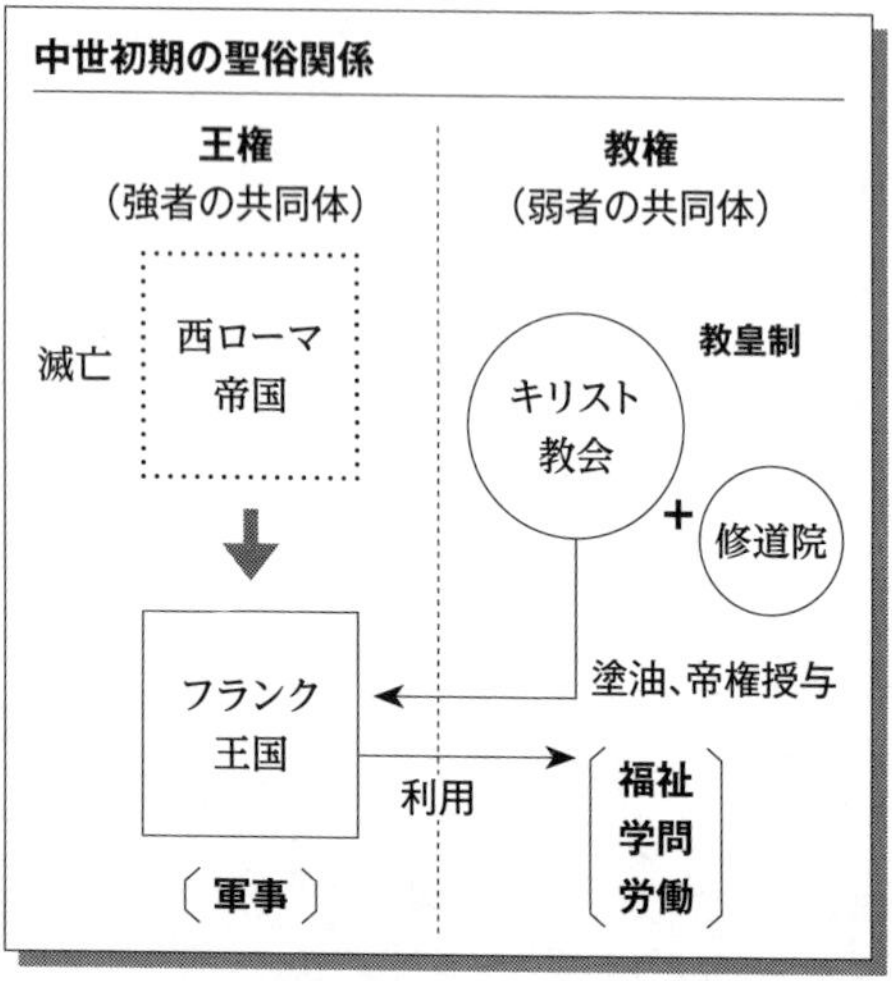

一般にはこれが、「西ローマ帝国の滅亡」を示す出来事と見なされています。

とはいえ、言うまでもなくそれは、「世界の終わり」を意味したわけではありません。ゲルマン系の諸族、なかでもフランク族と呼ばれる人々が、西ヨーロッパ世界における新たな支配者の地位を獲得し、次なる歴史を紡いでいったからです。

それと並行してカトリック教会の側では、あたかもローマ帝国の体制を継承・模倣したかのようなシステムである「教皇制」が作り上げられてゆきました。そして教会の長である教皇は、キリスト教界の頂点に立つ存在であるのみならず、世俗権力の正統性を証し立てる者、さらには「帝権の授与者」として振る舞ったのです。

その一方、キリスト教界の内部では、俗世を離れて神に献身しようとする人々も数多く現れ、彼らは出家修行者の共同体として「修道院」を形成しました。修道院においては、祈り・労働・学問が重視され、その共同体は次第に、中世社会の重要な基盤となってゆきます。そして世俗権力もその働きに目を留め、修道院を自らの権力を強化するために利用しようとしたのです。

中世の聖俗関係は、容易な理解を許さないほど複雑なものですが、その基本的な構造を簡略的に図式化すれば、前頁のようになると考えられます。本講では、こうした関係が形成される経緯を見てゆくことにしましょう。

1　教皇制の成立

「ペトロの後継者」としての教皇

21世紀の今日もなお、教皇制は存続しており、ローマ教皇は約一三億人のカトリック信徒の長として、大きな存在感を放っています。それでは、こうした制度は、最初にどのような仕方で創始されたのでしょうか。

本来ローマ教会は、幾つかの大教会のなかの一つに過ぎませんでした。ローマ帝政の末期においては、ローマのほか、コンスタンティノープル、アンティオキア、エルサレム、アレクサンドリアといった教会が各地域における中心的な位置を占め、「総大司教座」に定められていたのです。

とはいえある時期から、ローマ教会とその司教は、自分こそが「ペトロの後継者」であり、「使徒の権威」を直接的に継承する存在である、ということを強く主張するようになりました。それではペトロという人物は、キリスト教においてそもそもどのような存在なのでしょうか。簡単に確認しておきましょう。

ペトロの本名は「シモン」と言い、元々はガリラヤ湖で漁師をしていました。そして福音の宣教を始めたばかりのイエスから、「私に付いて来なさい。人間をとる漁師にしよう」[1]と声を掛けられ、彼の最初の弟子となる。福音書においては、朴訥《ぼくとつ》で実直な人物として描かれ、イエスによって「岩」（ギリシャ語でペトロス）という綽名《あだな》を付けられています。命名の由来となるエピソードは、以下の通りです。

あるときイエスの一行は、「イエスとは本質的に何者か」ということを語り合った。そして弟子たちが、人々はエリヤの再来、預言者の一人と噂している、と話したのに対して、ペトロは「あなたはメシア、生ける神の子です」と答えたのです。これを聞いたイエスは、彼を祝福します。

バルヨナ・シモン、あなたは幸いだ。あなたにこのことを現したのは、人間ではなく、天におられる私の父である。……あなたはペトロ。私はこの岩の上に私の教会を建てよう。陰府《よみ》の門もこれに打ち勝つことはない。私はあなたに天の国の鍵を授ける。あなたが地上で結ぶことは、天でも結ばれ、地上で解くことは、天でも解かれる。

（『マタイによる福音書』16：17－19）

このようにペトロは、イエスの本質を正確に捉えたことにより、教会の礎石としての役割を与えられます。彼は十二使徒の筆頭に位置づけられ、特にイエス昇天後の教団においては、福音宣教の牽引《けんいん》役を務めました。四八年頃にエルサレムで行われた「使徒会議」では、その主催者となり、異邦人伝道を巡る議論の紛糾を調停しています(2)。一連の伝道に従事した後、彼がどのような最期を遂げたのか、正確な事実は分かっていません。しかし一般には、パウロと同じくローマで活動し、ネロ帝の迫害を受けて殉教したと考えられています(3)。

このように、ペトロの墓はローマに存在しており、コンスタンティヌス帝は三二六年、その上に「聖ペトロ大聖堂」を建設しました[4]。そして4世紀後半のローマ司教ダマスス1世（在位：三六六－三八四）は、ローマ教会の首位性を表現するために、初めて「使徒座（Sedes apostolica）」という名称を用いています[5]。すなわち、聖ペトロに代表される「使徒の権威」を継承する場所、という意味です。さらに、次の司教のシリキウス（在位：三八四－三九九）は、教令を発する際に「パパ」という称号を用いました。日本語ではこれが「教皇」や「法王」と訳されています。

以上のように、「使徒ペトロの後継者」にして「天の国の鍵」を預かる者、そして何より、信徒たちを導く信仰上の「父《パパ》」というのが、教皇の立場なのです。

レオ1世がアッティラのローマ侵入を退ける

前講で述べたように、コンスタンティヌス帝は三三〇年、東方に新都コンスタンティノープルを築きました。その結果、ローマに皇帝が不在となる期間が増加すると、ローマ教会とその司教は次第に、西方世界の精神的中心としての役割を果たすようになります。現在のカトリック教会は、使徒ペトロを「初代教皇」に位置づけ、教皇制の伝統が1世紀から存在したと主張していますが[6]、実際にそれが明確な輪郭を取り始めたのは、遷都後の4世紀後半から5世紀に掛けてのことであったと見るのが妥当でしょう。

その時期に大きな存在感を示した教皇が、レオ1世（在位：四四〇－四六一）でした。彼は四五一年のカルケドン公会議において、キリスト論の正統教義を確立するのに力を注いだ。また、多くの教書や説教のなかで、ローマ司教座が「首位権」を保持すべきことを大胆に主張した。彼は教皇制の事実上の確立者と言って良く、カトリックの伝統では「大(Magnus)」の称号を冠して「聖大レオ1世」と称されています。

レオ1世のもう一つの大きな功績は、フン族の王アッティラがローマに侵入しようとしていたのに対し、彼と会談してそれを中止させたことです。フン族は中央アジアの勇猛な遊牧騎馬民族であり、アッティラもまた武勇をもって知られ、「天の怒りの鞭」と呼ばれていました。そして四五二年、アッティラは北イタリアを蹂躙《じゅうりん》し、ローマをも侵略しようとしましたが、レオ1世は彼に会い、それを思い留まるよう説得したのです。

結果としてアッティラは、踵《きびす》を返してイタリアから去って行きました。会談の記録が残されているわけではないため、その具体的な経緯は明らかではありませんが、殺人や略奪が宗教的に大きな罪になること、ローマ略奪がヨーロッパの強い反発を招くことなどを説いたと思われます。

実はアッティラの軍勢は、前年の四五一年、ローマ・ゲルマン連合軍に敗れており、その勢いはすでに衰えていました。ゆえに北イタリアでアッティラが軍を退いたのは、レオ

1世の説得のみが有効に働いたというわけではなかったでしょう。とはいえこの出来事は、今や教皇こそがローマの代表者・守護者であることを印象づけるものとなったのです。[7]

2 フランク王国とカール大帝

クローヴィスの受洗

西ローマ帝国が四七六年に滅亡した後、ヨーロッパの次なる支配者として台頭したのは、ゲルマン系の諸部族でした。彼らのなかには、ゲルマン固有の信仰や慣習を守ろうとする人々と、キリスト教の信仰を受容しようとする人々がいましたが、着実に勢力を伸ばしていったのは、後者の方でした。取り分けフランク王クローヴィスのキリスト教改宗は、大きな画期を形成してゆきます。

クローヴィスは四六六年頃、フランク族のメロビング家に生まれ、四八一年頃にトゥールネー（現在のベルギー南西部）の小王国を相続しました。そして、ローマ人やゲルマン人の諸勢力を次々と打ち破り、ガリア（現在のフランス）一帯を支配下に収めたのです。

当時のフランク族は、ゲルマン古来の部族信仰を守り続けており、クローヴィスもその慣習から、一夫多妻の生活を送っていました。ところが、妻の一人のクロティルドという女性がカトリックの信者であり、クローヴィスにも熱心に改宗を勧めたため、彼はそれを受け入れ、ランスで洗礼を施されたのです。

当時のゲルマン人は、キリスト教のなかでも、公会議で異端とされたアリウス派の信仰を持つ者が多かったのですが、⑧クローヴィスの権勢が広がるにつれて、カトリックへの改宗者が増加しました。こうしてフランク族とカトリック教会のあいだには、親密な関係が築き上げられていった。クローヴィスは、五〇八年に都をパリに移し、五一一年にオルレアンで教会会議を主催しています。彼は同年死去し、その遺骸は、パリ郊外のサン゠ドニ大聖堂に埋葬されました。⑨

メロビング朝からカロリング朝へ

このようにクローヴィスは、現在のベルギーからフランスに至る地域に、メロビング朝フランク王国を作り上げました。ところがフランク族では、先代の財産を長子が単独で相続するのではなく、すべての息子たちに分割して相続させるという慣習があったため、クローヴィスの領土は彼の死後、四つに分割されてしまいます。以降も王族同士の領土争いが続き、メロビング朝は弱体化しました。

こうした状況のなかで実力を高めていったのは、「宮宰《きゅうさい》(Major Domus)」を務めるカール・マルテル(六八八頃–七四一)という人物でした。彼はヨーロッパ各地への遠征を行うほか、七三二年のトゥール・ポワティエの戦いにおいて、ヨーロッパに攻め込んできたウマイヤ朝のイスラム軍を破り、その権勢を一層強固なものとしたのです。

カール・マルテルが死去し、息子のピピン(七一四–七六八)が宮宰の職を継いだ頃には、メロビング王家はさらに衰退していました。そのためピピンは、自ら王に即位することを画策します。しかし言うまでもなく、彼はメロビング家の血統を引いておらず、周囲から王として認められるための正統性を欠いていた。そこでピピンは、時のローマ教皇ザカリアスに使節を送り、彼の承認を受け、マインツ大司教から頭に油を注いでもらったのです。第2講で見たように、塗油とは本来、神に祝福された聖なる王を選ぶために行われる、ユダヤ教の儀礼でした。ローマ教皇はそれを、フランク族の新たな王を聖別するための儀礼として転用したわけです。

カトリック教会の後ろ盾を得ることによって、宗教的威光を身に帯びることができたピピンは、七五一年に王として即位し、カロリング朝を開きました。またその見返りとして、イタリア半島に遠征してランゴバルト人を打ち破り、奪った領土を教皇に寄進した。これによって、いわゆる「教皇領」が形成されました。それは、面積の増減や一時的消滅を繰り返しながらも、現在の「バチカン市国」に至るまで、長く存続することになります。

カール大帝とカロリング・ルネサンス

七六八年にピピンが死去すると、息子のカール（七四二－八一四）が王位を継承しました。彼は、イタリアのランゴバルト王国、北ドイツ一帯を支配していたザクセン族、イベリア半島のイスラム軍などに対して積極的に遠征を行い、[10]領土を広げていったのです。

フランク王国の統治を安定させるために、カールもまた、キリスト教との結びつきを強めました。彼のアドバイザーとして活躍した聖職者として、アルクイン（七三五頃－八〇四）という人物がいます。彼は、イングランド北部のノーサンブリア王国に生まれ、ヨークの司教座聖堂付属学校で教育を受けました。七八一年にアルクインと面会したカールは、その才能と学識に惚れ込み、自らの宮廷に招聘します。カールのキリスト教政策は、文教面と政治面に大別されるのですが、アルクインはその双方において指導的な役割を果たしたのです。

まずは文教面の施策から見ておきましょう。カールは、アルクインのほかにも多数の文人や学者を宮廷に招き、学問の振興に取り組みました。彼が創設した宮廷学校においては、文法・修辞学・弁証法の三学と、算術・幾何学・音楽・天文学の四科から成る、いわゆる「自由七科（自由学芸《リベラル・アーツ》）」の教育が推進された。また、それを模範としながら、各地の司教座や修道院に付属学校が開設され、後に見るように、ラテン語の正確な読み書きの訓練が行われた。こうした教育を通して、フランク王国の公文書を取り扱う官僚たちが養成されていったのです。

その頃の学問観は、アルクインが残した諸文書に良く表れています。彼は、神を求めるキリスト教の信仰に、ギリシャの哲学やローマの修辞学・文法学を融合させるべきことを説きました。例えば『文法学』という文書では、旧約聖書の『箴言』9：1「知恵は自らの家を建て　七本の柱を刻んだ」という言葉を引きながら、「知恵は自由諸学芸の七本の柱によって支えられている。そして、これら七本の柱によるか、あるいは七つの段階によって高められるのでなければ、いかなる方法によっても完全な知識にいたることはない」と論じています。(11) アルクインは、キリスト教信仰と自由学芸を融合させようとしたその発想から、後の「スコラ学」の源流とも位置づけられているのです。

カールと取り巻きの学者たちによって主導された学芸復興の運動は、今日「カロリング・ルネサンス」と称されています。ルネサンスと言えば、ミケランジェロやレオナルド・ダ・ヴィンチの芸術に代表される「イタリア・ルネサンス」が最も有名ですが、現在の歴史学においては、ヨーロッパにおける文芸復興は、左のような三つの段階を経ながら徐々に達成されたと考えられています。

このなかでカロリング・ルネサンスは、その初発となる小規模な運動でした。とはいえそれによって、ゲルマン化されたヨーロッパ世界に新たな学問の種子が蒔《ま》かれていったわけですから、決してその意義を過小評価することはできないでしょう。

三段階のルネサンス

カロリング・ルネサンス	(8〜9世紀)
十二世紀ルネサンス	(12世紀)
イタリア・ルネサンス	(14〜16世紀)

教皇レオ3世がカールに帝冠を授与する

それでは次に、政治面の施策を見てゆきましょう。当時の西ヨーロッパでは、多種多様な部族的な信仰・慣習・言語が混在していました。こうした状況に対してカールは、キリスト教を積極的に受容することにより、共通の信仰・法・言語を定め、統治の根幹に据えようとしたのです。

キリスト教政策に関する彼の基本理念は、七八九年に発せられた『一般訓令』という文書に示されています[12]。その序文でカールは自らを、旧約聖書に登場するユダ王国のヨシヤ王に擬《なぞら》えている。ヨシヤ王が王国存亡の危機にあって、「心を尽くし、魂を尽くし、力を尽くしてあなたの神、主を愛しなさい」という精神に立脚しつつ、宗教改革を志したように、⑬カールもまた、キリスト教信仰に基づく改革をヨーロッパ世界にもたらすことを企図しました。そして『一般訓令』においては、旧来の部族法や慣習法を墨守《ぼくしゅ》することを止め、教会法に依拠すべきこと、また後に詳しく見るように、ラテン語の正しい読み書きを普及させるべきことを主張しています。

その一方、カトリック教会の側でも、自らの後ろ盾となる新たな政治権力を必要としていました。というのは、残存したローマ帝国であるビザンツ帝国は、西のゲルマン勢力、東のイスラム勢力に挟撃されることによって徐々に弱体化し、カトリック教会は、その保護を受けることが難しくなっていたからです。また7世紀には、ビザンツ帝国の公用語がラテン語からギリシャ語に変更されたため、言語的・文化的な違いも拡大していました。

加えて、カトリック教会とビザンツ帝国の亀裂を決定的なものとしたのは、8世紀に起こった「聖画像論争」でした。ビザンツ皇帝レオ3世（在位：七一七－七四一）は当時、ウマイヤ朝のイスラム軍の侵略に抗戦していたのですが、その過程で、イスラム教において偶像崇拝の禁止が厳格に守られていることを知り、キリスト教世界にもそれを導入すべきと考えました。こうして発せられたのが、七二六年の「聖像禁止令」です。

とはいえ、言語の壁に阻まれながらゲルマン系諸族への布教を進めていたカトリック教会からすれば、聖画像の使用を禁止するということは、とても受け入れられるものではなかった。結果的に聖像禁止令は、七八七年の第二ニカイア公会議において撤回されたのですが、それまでのあいだに東西の教会は激しい論争を繰り返し、関係を悪化させてしまいます。

こうした状況を受け、カトリック教会は、ビザンツ帝国との協調に見切りを付け、フランク王国のカールを西ヨーロッパ世界の新たな「皇帝」に仕立て上げることを画策しました。カトリック教会とフランク王国の仲介役となっていたアルクインもまた、カールに書簡を送り、「キリスト教帝国」の統治者・守護者の地位に就くべきであると進言しています[14]。そして八〇〇年、クリスマスの時期にローマを訪れていたカールは、聖ペトロ大聖堂において、教皇レオ3世（在位：七九五―八一六）から帝冠を授与されたのです。カトリック教会の権威と意向に基づき、新しい「ローマ皇帝」が誕生したということになります。

コンスタンティヌスの寄進状

カールの戴冠によってカトリック教会は、かつてのコンスタンティヌス帝の時代に現出したような、教権と王権の親和的な関係を再び手にしました。とはいえ、ローマ教皇が新たな皇帝を任命し得るとは、そもそもどのような根拠に基づくものだったのでしょうか。

そこで持ち出されたのが、いわゆる「コンスタンティヌスの寄進状」でした（以下「寄進状」と略す）。その内容は、コンスタンティヌス帝が西ヨーロッパの統治権を教皇に委譲した、というものであり、実にそれは、中世の政教関係を根本的に規定するような効力を発揮したのです。しかし、その重要性にもかかわらず、一般にはあまり内容が知られていません。ゆえにここで、同文書の概略を紹介しておくことにしましょう。[15]

「寄進状」によれば、あるときコンスタンティヌスは、癩《らい》病を患《わずら》ってしまった。そこでカピトリウム神殿の祭司たちを呼び出し、手当てを依頼したところ、彼らは無垢な子供たちを犠牲に捧げ、その血によって病を癒やそうとした。こうした行為の罪深さに震撼したコンスタンティヌスは、それを中断させ、子供たちを解放します。

するとその夜、コンスタンティヌスの枕元に使徒ペトロとパウロが現れた。彼らによれば、コンスタンティヌスの病は、子供の血によってではなく、洗礼の水によって癒やされるという。そこで翌日、コンスタンティヌスは教皇シルウェステルを呼び、癩病について相談したところ、キリスト教の信仰を教えられ、洗礼を施された。[16]それによって彼の病は、直ちに快癒したのです。

こうしてコンスタンティヌスは、教皇が「使徒ペトロの後継者」であり、「天国の鍵」を預けられた存在であること、またそれゆえに、皇帝を超越した権力の保持者であることを承認しました。そこで教皇に、皇帝の権威を象徴する帝冠と、ローマ以西の支配権を譲渡した上で、「司祭たちの君主にしてキリスト教の指導者が天の皇帝によって任命された場所で、地上の皇帝が権力を保持するのは正しくない」という理由から、自身は東方の新都コンスタンティノープルに移住することを宣言したのです。

後の講義で見るように、「寄進状」は、イタリア・ルネサンス期の文献学者ロレンツォ・ヴァッラによって最初に真正性が疑われ、やがては「中世最大の偽書」と見なされるようになります[17]。現在では、ピピンの寄進によって教皇領が成立した際、ビザンツ帝国に対してその正当性を主張するために作られた文書であろう、と推測されています[18]。

コンスタンティヌスの事跡を強引な仕方で捏造することによって、カトリック教会は、西ヨーロッパに再び「キリスト教帝国」を現出させることを企図しました。そればかりか、教皇権を、皇帝権を超越した地上の最高権力＝主権に位置づけようとしたのです。教皇レオ3世によってカールへの帝冠授与が行われた背景には、すでにこうした理念が伏在していたと思われます。

中世において教権は、王権との複雑な関係を取り結びながら、その過程で巧みに自らの権威を伸張させ、結果的に「教皇主権」という体制を作り上げてゆきます。このようにして中世のヨーロッパ社会は、「キリスト教共同体」として造形されていったのです。ところが、文献学の発達によって「寄進状」の嘘が暴かれたとき、その体制はガラガラと音を立てて崩れてしまう――。私たちは後に、そうした経緯を見ることになるでしょう。

3 修道制の発展

アントニオス――独住修道制

ここで視点を変え、中世ヨーロッパ社会を支えるもう一つの重要な柱となった、修道制の歴史について見てゆくことにしましょう。そのためには再び、4世紀まで時間を遡らなければなりません。

すでに指摘したように、コンスタンティヌス帝が4世期にキリスト教を公認したことは、歴史の大きな転換を画するものでした。それによりキリスト教は、世俗権力との密接な関係を手にし、本格的な発展への道を歩み始めたからです。

とはいえちょうどその頃、キリスト教の内部では、まったく別方向への動きが芽生え始めてもいました。すなわち、可能な限り世俗の世界から遠ざかり、神に近づくことを志す人々が現れたのです。こうした運動から、修道院という「脱俗的共同体」が生み出されることになります。

修道制の創始者に位置づけられるのは、アントニオス（二五一頃－三五六頃）という人物です。彼は自分では著作を書き残しませんでしたが、その生涯や思想については、アレクサンドリアのアタナシオスが著した『アントニオス伝』という文書に詳しく記されています[19]。一種の英雄伝と見なし得る、興味深い内容の作品です。

それによればアントニオスは、エジプトの裕福な家庭に生まれました。幼少期から教会に通い、平穏な生活を送っていましたが、彼が20歳の頃、両親が相次いで亡くなってしまう。二人を弔った後、この先どうやって生きてゆこうかと思い悩んでいると、教会から聖書の一節が聞こえてきた。それは、「もし完全になりたいのなら、行って持ち物を売り、貧しい人々に与えなさい。そうすれば、天に宝を積むことになる[20]。それから、私に従いなさい」というイエスの言葉でした。

人生の指針が示されたことを直観したアントニオスは、両親から相続した財産のすべてを貧しい人々に施します。そして町を離れて荒野に移り住み、一心不乱に神に祈りを捧げ始めたのです。また、自分の生活のために最低限の労働に従事し、余った物は貧者に分け与えた。このようにして、「祈りと労働」の日々を過ごしました。

修道士とは、ギリシャ語で「モナコス」と言い、本来は「独りで生きる人」を意味します。修道制は後に大規模な共同体を形成するようになりますが、元々は一人きりで修行に励むというのがそのスタイルでした。こうした原初的な修道生活は、現在では「独住《どくじゅう》修道制」と呼ばれ、その実践者は「隠修士《いんしゅうし》」と称されます。(21)

『アントニオス伝』の多くの箇所では、アントニオスが悪霊や悪魔と戦う場面が描かれています。禁欲的な修行によって神に見《まみ》えようとするアントニオスに対し、悪魔たちがさまざまな仕方で接近し、その意志を挫《くじ》こうとする。魅力的な女性の姿に変身して誘惑する、贅沢な料理を食べさせようとする、恐ろしい猛獣や怪物の姿で脅迫する、といった方法です。

「荒野の誘惑」というテーマ自体は、福音書におけるイエスのエピソードとしても語られているものなのですが、(22)『アントニオス伝』におけるその描写は、遥かに具体的で生々しい。こうしたことから同書は、ヨーロッパの幻想文学・幻想芸術の源流としての位置を占めています。

「アントニオスの誘惑」という主題のもと、ヨーロッパではこれまで、数々の作品が生み出されてきました。次頁の絵は、15世紀のドイツの画家、マルティン・ショーンガウアーのものです。その他にも、ヒエロニムス・ボッシュ、マティアス・グリューネヴァルト、サルバドール・ダリの絵画、19世紀のフランスの小説家ギュスターヴ・フローベールによる戯曲『聖アントワヌの誘惑』などが良く知られています。

こうした主題は、修道士の「禁欲的」性格を表すと同時に、その「戦闘的」性格をも示していることに注目しておくべきでしょう。修道士とは基本的に、俗世を離れて祈りに身を捧げる人々ですので、一般には優れて平和的な存在と考えられています。その理解が間違っているわけではないのですが、しかし、必ずしも常にそうであるとは限らない。アントニオスのケースにも見られるように、修道士とは、過酷な環境のなかに身を置き、悪霊や悪魔との精神的闘争を繰り広げる存在なのです。修道士に備わるこうした「戦闘的」性格は、歴史のさまざまな場面で顔を覗かせることになります[23]。

聖アントニウスの誘惑［マルティン・ショーンガウアー作（15世紀）］

パコミオス——共住修道制

アントニオスの活動は周囲の注目を集め、4世紀のエジプトでは、彼に倣って砂漠での修行に励むキリスト者が増加してゆきました。

とはいえ、こうした流れが一種の社会現象になると、さまざまな弊害も目立ってくる。長期にわたる孤独や過度の禁欲によって精神のバランスを崩す、生活の乱れによって信仰から脱落する、といったケースが現れたのです。

そのため、修行生活もやはり、必要に応じて協力しながら共同で営むべきではないか、という反省が生じました。こうした方向性を明確化したのが、パコミオス（二九二頃－三四八）という人物でした。

パコミオスもまたエジプトに生まれ、若い頃はローマで兵役に従事しました。彼が軍人になったのは、ローマ帝国の衰退という状況から不可避的に強いられたものであり、自ら進んで選択したわけではありませんでした。しかしながら軍隊生活の経験は、パコミオスの考え方に大きな影響を与えたと推測されます。というのは、彼が著した『修道規則』のなかには、共同生活の重要性や秩序維持の方法に関して、軍隊式の訓育を思わせる箇所が見受けられるからです[24]。

退役後に洗礼を受け、キリスト教徒になったパコミオスは、七年間の単独修行に身を投じました。しかし、その過程で彼は、修道士にも共同体的な規律が不可欠であると考えるようになる。砂漠での孤独な修行を恙《つつが》なく遂行できるのは、アントニオスのような特別な人格の持ち主のみであり、多くの人間には難しかったからです。

そこでパコミオスは、礼拝堂を備えた修道院を建設し、他の修道士たちと共に食事を取り、典礼を行いました。こうした生活形態は、「共住《きょうじゅう》修道制」と呼ばれます。さらに彼は、自らの修道院のために、一九四の規則から成る『修道規則』を執筆しました。そこにおいては、修道院のすべての財産を共有とし、節制と禁欲に努めること、共同体の規律を維持するために、上長の指示には必ず従うことなどが定められています[25]。

パコミオス以降も、修道院のためのさまざまな会則が著されました。代表例の一つとしては、カエサレアのバシレイオス（三三〇頃－三七九）による『修道士大規定』が挙げられます。この文書は問答形式で執筆されており、バシレイオスはそのなかで、共住修道制の利点を列挙している。すなわち、①物質的に自足した人間は誰もおらず、必要なものを互いに分け合ってこそ、キリストの愛の教えを実践し得る、②他の修行者から、自分では気づかない欠点を指摘されることにより、行動を正すことができる、③神の命令は、多数の人間が協力・分担することによってこそ成し遂げられる、といった事柄です。また彼は、修道院における共同性の理念を、次のように表現しています。

私たち全員は、召命への一つの希望において一致し、キリストを頭《かしら》と戴く一つの体である以上、……一人ひとりが独居生活を選ぶならば、神を満足させるべく共通の利益のための配慮に奉仕するのではなく、個人的な自己満足のための情熱を満たしていることになる。……なぜなら、離れて暮らしているために、たぶん各人は隣人の身に起こる出来事について知ることはできないので、尊ばれている人と共に喜ぶことも、苦しむ人と共に苦しむことも不可能だからである。（バシレイオス『修道士大規定』第七問）[26]

バシレイオスは、深い学識と実地経験に基づきながら、修道院の会則を体系化してゆきました。彼によればその共同体は、全体の利益に配慮する寛容な指導者、上長の指示に忠実に従う成員たちによって構成され、彼らは、神に向けた専心的な祈りと、民衆の福祉のための労働や医療に従事しなければならない。[27]『修道士大規定』は、東方修道制が形成される際の模範的な位置を占めたのです。[28]

ベネディクトゥス──祈りと労働

同じく西方のラテン世界においても、修道制が発展しました。東方と西方の修道制を大まかに比較すると、前者が次第に瞑想的・静寂《せいじゃく》主義的な傾向を深めていったのに対して、後者では労働や学問などの実践活動が重視された、という特徴を指摘することができます。

前講で見たアウグスティヌスも、西方修道制の形成に大きく寄与した人物の一人でした。[29]

彼は自ら修道院の会則を起草したほか、[30]『修道士の労働』という文書を著し、[31]修道生活における労働の重要性を強調した。当時の北アフリカでは、「自分の命のことで何を食べようか何を飲もうかと、また体のことで何を着ようかと思い煩《わずら》うな。……空の鳥を見なさい。種も蒔かず、刈り入れもせず、倉に納めもしない。……野の花がどのように育つのか、よく学びなさい。働きもせず、紡ぎもしない[32]」というイエスの言葉を引き合いに出し、労働を忌避する修道士たちが数多く現れていました。これに対してアウグスティヌスは、「働かざる者食うべからず[33]」というパウロの言葉を重視し、共同体への愛を具体的に示すためには、労働が必要不可欠であることを訴えたのです。

西方修道制の基本形式を確立したのは、ヌルシアのベネディクトゥス（四八〇頃－五四七）という人物でした。彼はイタリア中部の名家に生まれ、若い頃は自由学芸を学ぶために、ローマを訪れた。ところが当時のローマはすでに著しく荒廃しており、俗界の栄光の儚《はかな》さを痛感した彼は、立身のための学問と家産の相続を放棄し、修道士になる道を選んだのです。

ベネディクトゥスはまず、ローマ近郊のスビアコで、三年間の孤独な修行を実践しました。彼は高い人徳を備えていたため、その周囲には自然と多くの修道士たちが集まるようになった。そこでベネディクトゥスは五二九年頃、モンテ・カッシーノという岩山の上に新たな修道院を創設し、その発展に努めたのです。五三四年頃には『聖ベネディクトの戒律』と呼ばれる会則を執筆し、修道会の組織構成や運営方法、聖務日課や労働管理についてのルールを明確化しました。こうしてモンテ・カッシーノ修道院は、西方修道制のモデルとしての役割を果たしていったのです。

『聖ベネディクトの戒律』は、73章から構成されます。そこに見られる大きな特色は、修道士の一日の生活が厳密にスケジュール化されていることです。例えば第8章から第20章においては、聖務日課、すなわち、祈りや聖書の朗読に当てられる時間が、季節ごとに細かく定められている。そして第48章では、日々の労働に関する次のような規定が見られます。

怠慢は霊魂の敵です。そこで修友は一定の時間を労働に当て、さらにほかの一定の時間を聖なる読書に割くものとします。……復活祭から十月一日までは、朝一時課を終えた後、第四時頃まで必要な労働に従事し、第四時から六時課を唱える時刻までは、読書のために時間を当てます。……もし地域の事情あるいは貧困が原因で収穫作業に自ら当たらなければならないとしても、そのために心を痛めてはなりません。わたしたちの師父《しふ》と使徒たちがそうでしたが、己の身を労して働いて、初めて真の修道士なのです。

（『聖ベネディクトの戒律』第48章）

一日の過ごし方を時間割によって管理するということは、現代を生きる私たちにとっても、大変馴染み深い方法です。幼少期に小学校に入学した途端、鳴り響くチャイムの音によって行動を規制されるようになり、その方式が大学まで続く。また会社においても、時間管理こそが各種の「マネージメント」の根幹に位置づけられる——。歴史的に見れば、こうした規律訓練の様式は、実に6世紀の修道院で創始され、それ以降脈々と継承されてきたものなのです。

社会学者のマックス・ヴェーバーが著した有名な論文に、『プロテスタンティズムの倫理と資本主義の精神』（一九二〇）があります。彼はこの論文で、近代の資本主義を生み出す基盤となった「職業倫理」の起源を探求している。「時は金なり」というベンジャミン・フランクリンの言葉に代表されるように、資本主義においては、生活を計画的に組み立て、一瞬の時間も無駄にしないということが重要視されますが、ヴェーバーはその起源を、中世の修道制に見られる「時間管理」の様式に求めたのです。

加えて修道制では、「労働の神聖視」という特色も存在しました。古代社会において労働は、奴隷が担うべき卑屈な作業と見なされましたが、上述のようにキリスト教の修道院では、隣人愛の実践を意味する神聖な行為と捉えられ、献身的にそれに従事することが要求された。こうして修道院においては、「時間管理」と「労働の神聖視」といった考え方が融合し、高度に合理的な職業倫理が涵養《かんよう》されたのです。ヴェーバーはそれを「世俗外禁欲」と呼んでいます。

その意識がさらに、ルターやカルヴァンの宗教改革を通して、聖職者のみならず一般信徒にまで広まり、「世俗内禁欲」が成立した。そしてこのエートスこそが、近代の資本主義を支えるベースとなっていった——。簡単に言えばヴェーバーは、職業倫理のこうした歴史的系譜を描き出そうとするのです。いささか荒削りな図式であることは否めませんが、そこには興味深い発想が幾つも示されていますので、是非一度読んでみて下さい。

カール大帝の文教政策——書字法や文法の統一

修道院は、労働の組織化を推進すると同時に、学問・教育を担う機関としても発展しました。こうした方向性に大きな影響を与えたのが、カール大帝による文教政策です。

すでに本講で見たように、カールは七八九年の『一般訓令』において、「キリスト教帝国」の理念を示すとともに、すべての修道院に付属学校を設立することを指示しました。また、それに先立つ七八四年、全司教区と修道院に向けて『学問振興に関する書簡』を送り、学問の改革を要請したのです。その一節は、次の通りです。

司教区および修道院は、秩序ある修道生活、聖なる信仰の交わりのほかに、主の恵みにより学ぶことのできる人たちに対し、それぞれの人の能力に応じて教える努力を払わなければならない。……正しく生きることによって神に嘉《よみ》せられようと欲する人たちは、正しく話すことによっても神に嘉せられることを怠ってはならない。「あなたは自分の言葉によって義とされ、また自分の言葉によって罪ある者とされる」(34)と書かれているからである。

（カール大帝『書簡集』(35)）

この書簡のなかでカールは、修道士たちのあいだでさえ文字の書き方が区々《まちまち》であり、それが原因で、しばしば意思疎通に齟齬を来していることを指摘しています。そして先述のように、福音書のイエスの言葉を引用しながら、正しい信仰を表現するためには、正しい言葉遣いを身に付けなければならない、と訴えたのです。

カールのこうした提言に基づき、修道院では、ラテン語の文法やアルファベットの書字法の統一が進められました。なかでも良く知られているのは、「カロリング小文字体」の考案です。それ以前の時代においては、多様な書体が乱立していたばかりか、各文字を繋

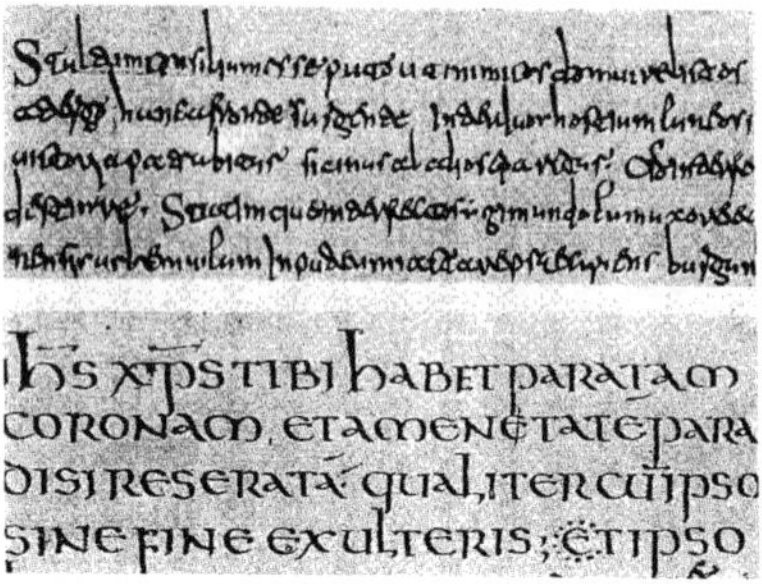

メロビング時代の書体（上）とカロリング小文字体（下）
［半田元夫他『キリスト教史Ｉ』330 頁より］

げて書く方法が一般的でした。一例として、上にメロビング時代の書体を掲載しましたが、やはり極めて読みづらい。それに対してカロリング小文字体では、各文字を間隔を空けながら明瞭に書き記すことが徹底されています。この字体は、後の印刷術においても代表的な書体として採用され、現在でもなお、コンピュータのフォントとして用いられ続けているのです。

カロリング・ルネサンスにおいては、誰でも読める文字や文章を書くという最も基礎的なレベルから、学問の改革が進められました。こうして修道院は、読み書きを訓練する学校の役割を果たすと同時に、図書館や写字室を併設することにより、知的伝統の保護者としても機能するようになったのです。

教会や修道院を中心として、学問の水準を高めることは、カールを含め、世俗の王侯貴族にとっても大きなメリットがありました。今や広大となった王国を統一的に支配するためには、基礎的な識字能力を備えた官僚機構が必要不可欠なものとなっており、キリスト教の聖職者たちがその役割を担ったからです。また貴族たちも、土地の権利書や一族の家系図を作成する際、修道士の能力に頼るようになってゆきました。

クリュニー修道院による改革運動

こうして、教会や修道院といったキリスト教の共同体は、王侯貴族の目から見ても、非常に「利用価値」の高い存在へと変貌してゆきました。自らの領地に教会を建設すると、自然に文化度が向上して治安が改善すると同時に、「十分の一税」[36]をも徴収することができた。また、修道院を建設すると、修道士たちは献身的に労働に従事し、森林や荒野を農地に変えていった。そのため王侯貴族は、教会や修道院を積極的に建設し、その聖職者に自身の近親者を任命して、あたかも私有財産の一つであるかのように扱い始めたのです[37]。しかし多くの場合、そうした聖職者は真摯な信仰心や深い学識を備えていなかったため、教会や修道院の精神的堕落が進むことになりました。

キリスト教の施設が王侯貴族の「財テクのツール」のように扱われるという事態は、後に第9講で見るように、11世紀になって「叙任権闘争」という深刻な争いを引き起こします。聖職者の叙任権をどちらが掌握するかという問題を焦点として、聖俗の世界のあいだに激しい対立が生じたのです。とはいえ、その前提となるキリスト教内部の改革運動は、すでに10世紀初頭から始まっていました。それを推進したのが、クリュニー修道院です。

クリュニー修道院は、ブルゴーニュ領主のアキテーヌ公ギヨームによって、九一〇年に創建されました。ギヨームは、自分が死んだ後に魂を救済する祈り（代禱《だいとう》）を捧げてもらうために、土地と財産を寄進し、新たな修道院を作ることにした。そこで、改革派の聖職者として名高かったベルノーという人物を院長に招き、クリュニー荘園内に壮麗な修道院を建設したのです。

フランスのブルゴーニュ地方と言えば、現在ではワインの名産地として知られていますが、実はこうしたことも、修道院の歴史と深い関係があります。修道院においてワインは、聖餐式で使用される神聖な存在であり、また、修道士が日常的に嗜《たしな》む主要な飲料でした。そのため修道士たちは、ブドウの栽培に力を入れ、良質なワインの製造に努めたのです。ブルゴーニュ地方には、ベネディクト会、クリュニー会、シトー会といった有力な修道院が次々に建設されたことから、ワインの名産地としても成長してゆきました(38)。

クリュニー修道院長に就任したベルノーは、抜本的な改革に着手しました。彼は『聖ベネディクトの戒律』の精神に立ち帰ることを第一のモットーに掲げ、修道士たちの行動を厳密にスケジュール管理した。そして修道院の所領全体は、「使徒ペトロとパウロに寄進」される、具体的には、使徒の権威の継承者であるローマ教皇に帰属する、ということを定めた。貴族のギヨームが寄進したからといって、同修道院が彼の私有財産として扱われるわけではなく、あくまで教皇権に属することが宣言されたのです[39]。さらに第2代院長のオドー（在位：九二六－九四二）の時代になると、俗界からの影響を排し、修道院内の自由な選挙によって院長職を決定することも確立されました。

クリュニー修道院は、以降も優れた院長を輩出し、キリスト教改革を周囲に波及させてゆきます。その動きは、第6代院長ユーグ（在位：一〇四九－一一〇九）の時代に最盛期を迎え、そのとき傘下の修道院数は、ヨーロッパ全体で約一千にも及んだのです。こうした体制は今日、「霊的クリュニー帝国」とさえ称されています。

少し話を先取りすることになりますが、ユーグの時代には、叙任権闘争が本格化していました。そしてその背景には、クリュニー修道院を起点とする改革運動がヨーロッパ全体に波及するという大きな変化が存在していたわけです。ユーグは「カノッサの屈辱」という有名な事件にも登場しますので、それまで彼の名前を覚えておいて下さい。

中世における修道制の意義

以上、簡単ではありますが、4世紀から11世紀に掛けての修道院の歴史を概観しました。このように修道士とは、純粋な信仰を追い求め、可能な限り俗界から離脱するという、やや極端な道を選択した人々でした。ところが彼らの働きによって、労働や学問のセンターとなる新たな共同体が生み出され、逆に世俗の世界の形を根本的に変えていったわけですから、これは大いに興味深い現象と言わざるを得ません。修道院は、現代の会社や大学の原型に当たる組織であり、ヨーロッパにおいて他の地域に先駆けて近代化が進展したのは、修道院が長い時間を掛けて作り上げてきた文化的インフラが存在したためではないか、とさえ考えられるのです。

修道院の伝統は、宗教改革期の批判や市民革命期の破壊によって深く断絶しており、現在ではその意義を理解することが容易ではありません。しかし私たちは、その歴史的役割が極めて巨大であったことを正確に認識しておく必要があるでしょう。

註

（1）『マタイによる福音書』4：19。
（2）『使徒言行録』15章。
（3）ペトロの殉教については、新約聖書外典『ペテロ行伝』35－38章に詳しい。ペトロが迫害を避けてローマを去ろうとするものの、イエスに出会って殉教の決意を固めたこと、原罪以降の人間が倒錯していることを示すために、逆立ちの状態で磔《はりつけ》にされたことは有名である。またこうしたエピソードを題材とした小説として、ヘンリク・シェンキェヴィチ『クオ・ワディス』（一八九六）がある。

（4）ローマ司教座は長らく、コンスタンティヌス帝が寄進したサン・ジョバンニ・イン・ラテラノ大聖堂に置かれていたが、アヴィニョン捕囚後の14世紀に、聖ペトロ大聖堂が教皇の座所に定められた。同聖堂はイタリア・ルネサンス期に大規模な改修が行われ、名実共にカトリックの総本山の地位を確立した。

（5）フランチェスコ・シオヴァロ＋ジェラール・ベシエール『ローマ教皇』37頁を参照。

（6）三五四年に作成された「リベリウス表」において、ペトロを初代とする教皇の系譜が示された。

（7）半田元夫＋今野國雄『キリスト教史Ⅰ』209－210頁を参照。

（8）アリウス派については、第5講上175頁を参照。

（9）サン＝ドニ大聖堂は、クローヴィスからルイ16世に至るまで、歴代フランス王の墓所となっている。

（10）とはいえ、七七八年に行われたイスラム教徒との戦いは、フランク王国の敗北に終わった。その物語は、11世紀に成立した武勲詩『ローランの歌』に描かれている。

（11）『中世思想原典集成6』129頁。

（12）五十嵐修『地上の夢キリスト教帝国』98－104頁を参照。

（13）第3講上89頁を参照。

（14）五十嵐修『地上の夢キリスト教帝国』158－160頁を参照。

(15)「コンスタンティヌスの寄進状」は、ロレンツォ・ヴァッラ『「コンスタンティヌスの寄進状」を論ず』（高橋薫訳）に邦訳が掲載されている。

(16)とはいえ、コンスタンティヌスが洗礼を受けたのは、一般に死の間際と見なされており、エウセビオス『コンスタンティヌスの生涯』4巻62章にもそのように記されている。この点でも「寄進状」の記述は疑わしいと言わざるを得ない。

(17)第11講下71頁を参照。

(18)松本宣郎編『キリスト教の歴史1』129頁を参照。

(19)『中世思想原典集成1』所収。

(20)『マタイによる福音書』19：21。

(21)隠修士は、ラテン語でeremitaと言い、「砂漠に住む者」を意味する。

(22)『マタイによる福音書』4：1–11等。

(23)修道制における精神的戦争に関する研究として、キャサリン・アレン・スミス『中世の戦争と修道院文化の形成』がある。

(24)後の修道院においても、軍隊に類似した強力な統率方式が採用されているのがしばしば見受けられる。代表例としては、十字軍の時代に出現した騎士修道会や、元軍人のイグナチオ・デ・ロヨラによって創始されたイエズス会が挙げられよう。

(25)朝倉文市『修道院』46–52頁を参照。

(26)『中世思想原典集成2』204–205頁。

(27) 医療行為については、『修道士大規定』第五五問を参照。実に修道院は、会社や大学のみならず、病院の原型をも形成した。
(28) 杉崎泰一郎『修道院の歴史』26－30頁を参照。
(29) 『告白』8巻6章には、決定的な回心を遂げる直前のアウグスティヌスが、『アントニオス伝』を読んで深く感銘を受ける様子が描かれている。
(30) 山口正美『ヒッポの司教　聖アウグスチノの会則』に邦訳が収録されている。
(31) 『アウグスティヌス著作集27　倫理論集』所収。
(32) 『マタイによる福音書』6：25－28。
(33) 『テサロニケの信徒への手紙二』3：10。
(34) 『マタイによる福音書』12：37。
(35) 『中世思想原典集成6』148頁。
(36) ユダヤ教の時代から存在する宗教的な税制度。旧約聖書の『レビ記』27：30「地の作物であれ、木の実であれ、大地の産物の十分の一は主のものである。それは主の聖なるものとなる」に基づく。第2講上57頁で述べた族長ヤコブのエピソードも参照。
(37) 修道院経営が世俗領主にとっても大きな利点があったことについては、松本宣郎編『キリスト教の歴史1』138頁をも参照。
(38) こうした主題については、デズモンド・スアード『ワインと修道院』に詳しい。
(39) 朝倉文市『修道院』121－122頁を参照。

第7講　イスラム教の歴史①
――ムハンマドの生涯と思想

本講義ではこれまで、ユダヤ教とキリスト教の歴史を中心に話を進めてきました。今回と次回の講義では、もう一つの巨大な一神教であるイスラム教について概観することにしたいと思います。

イントロダクションでも述べたように、私自身は、宗教史を全体として理解するためには、西洋におけるキリスト教の歴史を基軸に据える必要があると考えています。しかし、言うまでもなくそれは、イスラム教の重要性を否定することを意味するわけではありません。西洋史やキリスト教史を理解しようとする際にも、イスラム教がそこに及ぼした影響を無視するわけにはゆかないからです。イスラム教が創始された7世紀から今日に至るまで、中東を中心にイスラム教の文明圏が存在し続けたことは、世界史を構成する大きな要素の一つとなっており、それに関しては、今後の講義でもしばしば触れることになるでしょう。

また、現代（二〇二〇年時）の宗教人口において、キリスト教徒は約二四億人、イスラム教徒は約一九億人となっています。今のところ、世界最大の宗教は依然としてキリスト教であり、イスラム教はそれに続く二番手に位置している。とはいえ、キリスト教人口の伸びが鈍化《どんか》しているのに対して、イスラム教人口は急速に増加しているため、今世紀の後半には、両者の立場が逆転すると予測されています。そうなると、イスラム主義と近代主義の対立を始め、世界にさまざまな影響が波及するであろうことは想像に難くありません。そうした点からも、私たちは今以上に、イスラム教についての知見を深めてゆく必要があるのです。

イスラム教に関しては私自身も、数年前から勉強を始めたばかりであり、十分にこれを理解しているとは到底言えません。ともあれ、これまでと同じく、神・共同体・法のあり方に特に焦点を当てながら、その歴史を辿ってみたいと思います。今回はまず、預言者ムハンマドの生涯とその思想について概観しましょう。

1　ムハンマドの生涯

孤児として過ごした幼年期

ムハンマドは五七〇年頃、アラビア半島中西部の都市メッカで、クライシュ族のハーシム家に生まれました。ムハンマドとはアラビア語で、「こよなく讃えられる者」を意味します。クライシュ族はメッカを支配していた有力部族であり、彼はその一員として生を受けたのです。

とはいえ、ムハンマドの幼年期は平穏なものとはならず、生まれた直後から大きな困難に直面しました。母のアーミナがムハンマドを身籠もっていたとき、父のアブドッラーはヤスリブ（後のメディナ）に旅行に出掛けたのですが、その地で客死《かくし》してしまったのです。そのためムハンマドは、父親の顔を一度も見ることがありませんでした。さらにはムハンマドが6歳の頃、母アーミナもまたヤスリブに出掛けた際、急病に襲われて命を落としてしまいます。

孤児となったムハンマドは、祖父のアブドル・ムッタリブに引き取られました。ところが、彼はその二年後、老齢のため死去してしまう。次にムハンマドは、叔父のアブー・ターリブに引き取られました。彼はクライシュ族のなかではそれほど裕福な人物ではありませんでしたが、ムハンマドを実の子と同じように大切に育てたのです。

ムハンマドは、自らの生い立ちについてほとんど語ることがなかったため、幼少期の彼がどのような心情を抱いていたのか、具体的に知る術《すべ》はありません。とはいえ、『コーラン』のなかに孤児や寡婦《かふ》を大切にするよう促す言葉が数多く見られることから考えれば、やはり少なからず、寂しさや心細さ、周囲への遠慮を感じながら生活していたのだろうと推察されます。

また、後にも見るように、当時のクライシュ族は、全体として経済的繁栄を謳歌《おうか》しながらも、部族内の格差が広がるという問題を抱えていました。当時のクライシュ族のなかで隆盛を誇り、メッカの支配権を掌握していたのは、カアバ神殿を管理するウマイヤ家、軍を統括するマフズーム家などであり、ムハンマドの属するハーシム家は、元々は一族の名門でしたが、すでに主流から外れていたのです①。ムハンマドを養育したアブー・ターリブもまた、ハーシム家の当主の地位にありながら、経済的には困窮していました。

同じクライシュ族に属していても、どの一家に生まれるかによって、大きく境遇が異なってしまう。また、ビジネスライクな価値観が浸透し、すぐには労働力にならない孤児の養育などには、誰も目を向けたがらない――。ムハンマドは、クライシュ族に内在するこうした問題を肌身に感じながら、幼年期を過ごしたものと思われます。

ハディージャとの結婚

成年に達したムハンマドは、メッカにおける多くの人々と同じく、商業で身を立てるようになりました。その際の彼の態度は優れて誠実であり、周囲から「信頼できる人《アル＝アミーン》」という通称を付けられています。

こうした生活のなかで、重要なビジネス・パートナーとして現れたのが、裕福な商人であるハディージャという女性でした。ムハンマドは25歳のとき、彼女が出資した隊商を率い、シリアまで商用旅行に出向いた。その仕事ぶりに感銘を受けたハディージャは、彼に結婚を申し込み、ムハンマドもこれを喜んで受け入れたのです。

ムハンマドと結婚したとき、ハディージャはすでに40歳になっていましたが、夫婦仲は大変良好であり、その後、二男四女の子宝に恵まれました。ところがこのなかで、二人の息子たちは幼くして世を去ってしまう。彼らが無事に成長していれば、ムハンマドの死後、後継者選びに迷うことはなかったのかもしれませんが、こうした不幸のためにイスラム教は、「預言者の正当な後継者をどのように選定するか」という問題を抱え続けることになります。それについては、次講で詳しく見ることになるでしょう。

天使ジブリールを介し、神の啓示を受ける

　このように若い頃のムハンマドは、商売や育児で多忙な生活を送ったものと思われます。しかし40歳になってそれらが一段落すると、メッカの喧噪《けんそう》を離れて近郊にあるヒラー山に籠もり、瞑想に耽《ふけ》ることが多くなりました。前回の講義で、キリスト教における修道制の創始者であるアントニオスが、荒野で禁欲生活を行ったことに触れましたが、当時のアラビア半島にも、そのような修行者たちが少なからず存在していました。ムハンマドもまた、それらの人々に加わっていったのです。

　そして、六一〇年のラマダーン月のある夜、[2]ムハンマドがヒラー山の洞窟で眠り込んでいると、彼の前に突如として天使が出現しました。その天使は「文字の書かれた錦の布」を持参しており、いきなりムハンマドに「誦《よ》め」と迫った。当惑したムハンマドが「何を誦むのか」と答えると、天使は錦の布で彼の首を締め上げたので、ムハンマドは死にそうになった。天使は布を緩め、再び「誦め」と迫り、ムハンマドが「何を誦むのか」と答えると、天使は錦の布で彼の首を締め上げたので、ムハンマドは死にそうになった……。こうした行為が幾度か繰り返された後、ムハンマドはついに「誦む」ことを受け入れたのです。[3]

　ムハンマドの前に現れたのは、「神意の伝達者」と呼ばれる天使のジブリール（ガブリエ

ル）でした。第4講で見たように、聖母マリアに処女懐胎を告知したのも、この天使です。
ムハンマドが啓示を受け入れる場面は、同じような遣《や》り取《と》りが三度も繰り返されるため、読んでいるとややコミカルな印象を受けます。とはいえそこには、イスラム教の本質が如実に示されている。すなわち、イスラム教の基本はまず第一に、「誦む」ことに置かれます。イスラム教の聖典である『コーラン』の名称は、アラビア語で「読誦《どくしょう》すべきもの」を意味する。文章を静かに一人で黙読するのではなく、声に出して音読し、神の言葉を朗々と世界に響き渡らせなければならない。さらには、その精神を人々と共有しなければならないのです。

またジブリールは、「文字の書かれた錦の布」を持参しており、それでムハンマドの首を締め上げながら、「誦め」と迫りました。ジブリールが持っていた文書は、『コーラン』の原文であったと想定されます。イスラム教の世界観においては、神の言葉は「天の書」としてすでに完成しており、そして『コーラン』は、約二〇年の時間を掛けてその内容が預言者ムハンマドに下されたものと考えられているのです。[4]

さらに注目すべき点は、多少の逡巡はあったにせよ、結果的にムハンマドが「誦む」ことを受け入れ、神に「身を委ねた」ということです。先に見たようにムハンマドは当初、どうして私のような学識に乏しい者を選ぶのか、もっと相応しい人間は他に幾らでもいるだろうに、とジブリールの命令を拒むのですが、最後にはそれを受諾し、神の言葉を誦み始める。「イスラーム」とは、身を委ねること、服従すること、帰依することを意味し、ムハンマドの読誦は、その範例的な姿を示していると見ることができるでしょう。
では、最初に誦まれた神の言葉とは、どのようなものだったのか。それは、神の創造の業《わざ》の偉大さ、啓示の恵み深さを讃える、次の一節でした。

誦め、「創造主《つくりぬし》なる主《しゅ》の御名において。いとも小さい凝血から人間をば創りなし給う。」誦め、「汝の主はこよなく有難いお方。筆もつすべを教え給う。人間に未知なることを教え給う」と。
（『コーラン』96：1－5）(5)

預言者かマジュヌーンか

最初の啓示を受けたムハンマドは、激しく動揺しながら家路に就《つ》きました。これに対して妻のハディージャは、落ち着いた優しい態度で彼を出迎えた。その後、ムハンマドの啓示に立ち会った彼女は、ジブリールが悪魔ではなく天使であることを認め、夫が預言者となったことを素直に喜んだのです(6)。こうしてハディージャは、イスラム教の最初の信者となりました。

とはいえ、周囲のメッカの人々は、直ちにムハンマドを預言者とは認めませんでした。そのときに囁《ささや》かれた一般的な世評は、彼は「ジン」に取り憑かれた、というものでした。ジンとは、アラビアの民間伝承にしばしば登場するキャラクターであり、日本語では「精霊」や「悪鬼」と訳されます。その性格は気まぐれであり、自由に姿を変え、人間を助けることもあれば、手酷い悪戯《いたずら》を仕掛けることもある。『アラジン』という有名な物語において、ランプに住む魔神が登場しますが、あれもジンの一種です。

ジンは優れて両義的な存在であり、それと関わった人間は、人並み外れた才能を与えられることもあれば、「狂人《マジュヌーン》」の状態に陥ってしまうこともある。そしてメッカの人々は、ムハンマドはジンに取り憑かれて「マジュヌーン」になってしまった、と噂したのです。

最初の啓示を受けた後、しばらくは静穏な期間が続いたため、ムハンマドもまた、やはりあれはジンの悪戯だったのだろうか、と思い直します。しかしそれを見越したかのように、早急な立教を促す第二の啓示が降る。(7) これを契機としてムハンマドは、真の創造主を明らかにし、偶像を退けるための活動を開始するのです。

初期の宣教と「開端《かいたん》」章

ムハンマドが最初にどのような教えを説いたのか、正確に分かっているわけではありません。とはいえそれは、大枠として次のようなものであったと推測されています。[8]すなわち、唯一神アッラーを世界の創造者と認め、その恩恵に感謝すること、偶像崇拝を退けること、喜捨を始めとする善行を積み、最後の審判における救済を待ち望むこと、自分を正式な預言者として扱うこと、といった内容です。

その頃の預言の一つであり、『コーラン』全体のなかでも最も重要と見なされているのが、第1章に掲げられた「開端」という章句です。[9]イスラム教徒は一日に五回行われる礼拝において、必ずこれを唱えます。その全文は次の通りです。

慈悲ふかく慈愛あまねきアッラーの御名《みな》において……
讃えあれ、アッラー、万世《よろずよ》の主、慈悲ふかく慈愛あまねき御神《おんかみ》、審《さば》きの日の主宰者《しゅさいしゃ》。
汝《なんじ》をこそ我らはあがめまつる、汝にこそ救いを求めまつる。
願わくば我らを導いて正しき道を辿《たど》らしめ給え、
汝の御怒りを蒙《こうむ》る人々や、踏みまよう人々の道ではなく、
汝の嘉《よみ》し給う人々の道を歩《あゆ》ましめ給え。

（『コーラン』1：1－7）

七つの節から構成される極めて短い章ですが、ここには『コーラン』のエッセンスのす

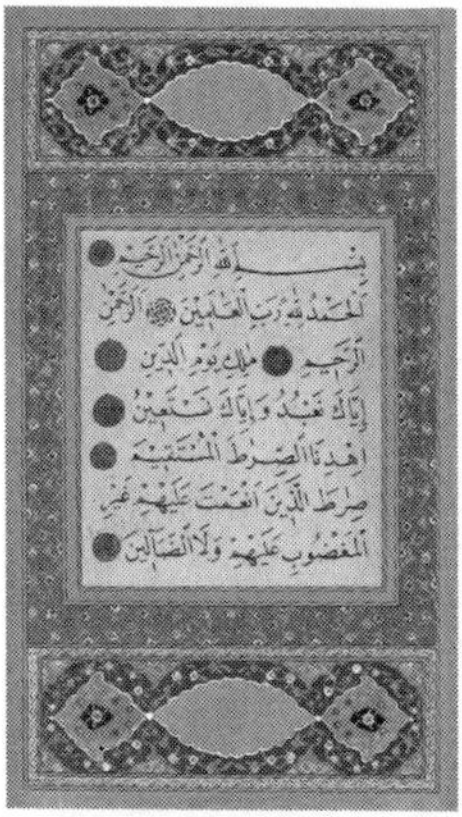
開端の章の例

べてが凝縮されていると考えられています。ちなみにイスラム教においては、偶像崇拝が厳格に禁じられているため、礼拝所であるモスクにおいても、何らかの神像や聖画が掲げられているわけではありません。その代わりに一種の象徴物として、開端の章を始めとする『コーラン』の言葉が、「イスラムの書法」と呼ばれる流麗な文字によって壁に記されていることが多いようです。

同章の内容について、簡単に説明しておきましょう。[10] まず注目すべきは、冒頭の「慈悲ふかく慈愛あまねきアッラーの御名において」という部分です。『コーラン』は全体で114章から構成されるのですが、この文言は、ほぼすべての章の冒頭に置かれています。[11] それほどまでに重要な言葉なのです。

神《アッラー》が「慈悲ふかく慈愛あまねき」存在であるという考え方は、イスラム教の根幹に据えられています。私たち人間も、さまざまな対象に慈悲や慈愛の念を抱きますが、それは必ず何らかの仕方で偏向を帯び、完全に普遍的になるということがない。これとは違って神の慈悲は、世界全体に対して、そしてすべての人間に対して、偏ることなく等しく降り注ぐ。万物の創造主である唯一の神の前で、すべての人間が平等であるというシンプルな原理を、イスラム教は徹底して貫こうとするのです。

また、世界の終わりを知るのは、世界の創造主たる神のみであり、その際に神は、すべての人間に対して公平な裁きを下す。ゆえに人間は一心に神に帰依し、救済を求める必要があります。

そして、最後の節は一般に、ユダヤ教とキリスト教に対するイスラム教の優位性・正統性を表現したものと解されています。ユダヤ教とキリスト教もまた、イスラム教と同じく一神教の伝統に連なる宗教であり、「唯一神の前にすべての人間は平等」という原理を共有しているはずである。ところが、イスラム教から見れば両宗教は、それを十分に体現していない。まずユダヤ教は、ユダヤ人のみが神に選ばれていると考え、神とのあいだに幾度も契約を結んだが、それらを守ることができず、神から「御怒り」を被ってしまった。次にキリスト教は、三位一体論を始めとする諸教義、教会や修道院の位階秩序など、複雑な信仰形態を作り出し、それによって「踏みまよ」ってしまった。これに対してイスラム教は、最も純粋な一神教であり、神を崇拝するための「正しき道」である。その教えに従って神に仕えれば、神は私たちに深い慈悲を真っ直ぐにお与え下さるだろう——。こうした考え方が、イスラム教の自己理解となっているのです。

クライシュ族の反発

ムハンマドの預言を信じ、最初にイスラム教徒となったのは、先述の通り、妻のハディージャでした。二番目に回心したのは、ムハンマドを養育したアブー・ターリブの息子である、アリー（六〇〇頃―六六一）という人物です。アリーはムハンマドの従兄弟に当たりますが、アブー・ターリブの一家が経済的に困窮したため、ムハンマドとハディージャの家に引き取られ、養子として育てられました。ムハンマドとは取り分け結びつきが強く、後に第４代カリフに就任する人物ですので、名前を覚えておいて下さい。

三番目の回心者は、ハディージャに仕えていた解放奴隷のザイド、四番目は、堅実な商人のアブー・バクル（五七三頃―六三四）でした[12]。アブー・バクルは、献身的な信徒としてムハンマドの活動を支え続け、後に初代カリフに選出されます。彼もまた、イスラム教史における最重要人物の一人です。

このようにムハンマドの宣教は、まず身近な親族から始まり、続いてその周囲の人々へと広がってゆきました。なかでも彼の話に積極的に耳を傾けたのは、メッカの社会において周縁部に置かれ、そこに内在する矛盾に苦しんでいた、貧者・女性・若者たちでした。彼らにとってムハンマドの教えは、部族内のさまざまな軋轢《あつれき》を克服し、貧しい人間や虐げられた人間に慈悲をもたらす、新たな神の存在を告知しているように思われたのです。

こうした動きを察知したクライシュ族は、ムハンマドを盛んに非難するようになりました。当時のクライシュ族が信仰していたのは、部族的支配や商業的繁栄を保障する種類の多神教であり、ムハンマドの説く「すべての人間に対して平等な唯一の神」という存在は、彼らが許容し得るものではなかったからです。

『コーラン』のなかには、ムハンマドの預言を認めず、彼を罵倒する人々の言葉が数多く記されています。曰く、「なんだ、これは君たちとおなじただの人間ではないか。立派に目が見えておりながら、君たち、妖術《ようじゅつ》にやられる法はあるまい」「愚にもつかない夢のごたまぜ」「どうせあの男のでっち上げ」「あの男は詩人だ」「昔の使徒のように、一つお徴《しるし》（奇蹟）でもやって見せたらいいに」といった具合です。(13)

クライシュ族の人々は、ムハンマドを「詩人《シャーイル》」「巫者《カーヒン》」「狂人《マジュヌーン》」と呼んで蔑み、その姿を見掛けると、石を投げつける、殴る蹴るといった暴行さえ働くようになりました。新しい宗教を起こした少数派が、圧倒的な多数派の手によって袋叩きにされているという状況です。

これに対してムハンマドは、不信仰者に遠からず神の裁きが下ることを警告し、終末論を先鋭化させてゆきました。この時期のムハンマドの教えには、かなり強烈な終末思想が見られるのですが、それについては、改めて後に論じることにしましょう。

メッカ宣教の挫折と夜行旅

クライシュ族による攻撃の対象は、やがてムハンマドの属するハーシム家全体にまで広がりました。啓示から七年が経過した六一七年頃、クライシュ族の主流派は部族会合を開き、婚姻や商売の禁止など、ハーシム家との絶交を決議したのです。

制裁措置は数年にわたって続き、ハーシム家の人々は粘り強く抵抗したものの、徐々に衰弱しました。そして六一九年頃、妻のハディージャと育ての親であった叔父のアブー・ターリブが、相次いで病死してしまう。これにはムハンマドも激しく落胆し、メッカでの宣教を続けるべきかどうか、再考を余儀なくされます。

このときムハンマドに、象徴的かつ神秘的な出来事が起こりました。すなわち、「夜行旅」と呼ばれるものです[14]。

ラマダーン月のある夜、ムハンマドは、天使ジブリールに連れ出され、天馬ブラークに乗り、メッカからエルサレムへと旅をしました。エルサレムに到着したムハンマドは、「最遠のモスク」に入って礼拝を行い、その後、「聖なる岩」から天に昇ったのです。聖なる岩とは、かつてアブラハムが息子を燔祭に捧げようとしたと伝えられる場所でした。

天界は七層から構成されており、ムハンマドはそれらの各層で、一神教の伝統に連なる人々と出会いました[15]。そして最後の第七層では、信仰の祖に位置づけられるアブラハムと面会し、天上の楽園の光景を目にしたのです。そこでムハンマドは、神に賛美を捧げ、一日に五回の礼拝を行うことを約束しました。[16]

ハディージャとアブー・バクルの死により、メッカ宣教の行き詰まりが明確になったときに起こった「夜行旅」は、ムハンマドにとって、一神教の根源について改めて内省するという意味合いがあったように思われます。それにより、信仰の源流がアブラハムにあること、そしてエルサレムは、ユダヤ教やキリスト教と同じく、イスラム教にとっても聖地の一つであることが再認識されました。現在のエルサレムには、ムハンマドが昇天の足掛かりとした「聖なる岩」の上に、黄金色の「岩のドーム」が建てられています。

メディナへの聖遷《ヒジュラ》

ムハンマドはその後、メッカからの移住を模索するようになりました。次第に彼と関係が深くなっていったのは、メッカの北方約三四〇キロにある、ヤスリブという町です。同地は、ムハンマドの父母が亡くなる際に訪れた場所でしたから、彼自身も何らかの縁を感じていたのかもしれません。後にヤスリブは、「預言者《ナビー》の町《メディナ》」という意味から「メディナ」と呼ばれるようになりますので、ここでもその名称を使うことにしましょう。

当時のメディナは、アラブ系の諸部族のほか、ユダヤ人も多数居住し、内紛が絶えない状況にありました。そこで同地の人々はムハンマドに、調停役を務めてほしいと要望した。両者はメッカ郊外のアカバという場所で会合を重ね、六二一年と六二二年に「アカバ誓約」を結びます。その内容は、アッラーが唯一の神であり、ムハンマドがその預言者であると認めること、窃盗・姦淫・子殺しの禁止といった道徳を遵守すること、信仰の防衛のために命を懸けて戦うこと、などでした[17]。

こうした合意を経た上で、ムハンマドとその支持者たちは、六二二年にメッカを脱出し、メディナへと「移住《ヒジュラ》」しました。一般に日本語では「聖遷《せいせん》」と訳され、イスラムの暦である「ヒジュラ暦」においては、その年が紀元元年に位置づけられています。

ウンマの形成とメディナ憲章の制定

メディナに移ったムハンマドが最初に手掛けたのは、信仰の拠点となるモスクを建設することでした。それは「預言者のモスク」と呼ばれ、現在では、メッカのカアバ神殿に次ぐイスラム教の第二の聖地と見なされています。同モスクは、ムハンマドの自宅として使用されるほか、礼拝所・会議場・法廷・救貧院といった機能をも果たしました。

メッカにおいて少数派であったムハンマドの立場は、メディナにおいて一変し、彼は社会秩序の根幹を担うようになりました。当時のイスラム教徒は、メッカ時代からの古参の信徒である「移住者《ムハージルーン》」と、メディナで新たに改宗した「援助者《アンサール》」から構成されましたが、ムハンマドは彼らに擬制的な兄弟関係を結ばせ、対等の存在として扱いました。当初は一五〇名程度に過ぎなかった信者数は、その後に急速に増加し、本格的な共同体が作り上げられたのです。イスラム教の共同体は、アラビア語で「ウンマ」と称されます。

こうしてメディナでは、イスラム教徒が主流派となりましたが、しかしそれでも、居住者のすべてが信者になったわけではありませんでした。依然としてそこには、多神教徒やユダヤ教徒たちも生活を共にしていたからです。

メディナ憲章の基本的内容

- 信仰に基づき、一つのウンマを構成する
- 信仰者は互いに助け合い、他の信仰者に不利になるような行動を取らない
- 外部からの攻撃には、共同で防衛に当たる
- ユダヤ教徒も、ムスリムの権威に従う限り、「神の安全」が保障される
- 意見の相違が生じた場合には、神とムハンマドの採決に従う

そこでムハンマドは、63章から成る「メディナ憲章」を制定し、ウンマの結束を図ると同時に、異教徒との関わり方を取り決めました。そこに見られる基本的な内容は、上の通りです[18]。旧来の血縁の原理に縛られず、対等な立場で協力し合うこと、ユダヤ教の信仰をも許容すること、戦費を公平に負担すること、神と預言者がウンマの主権者であること、などがその根幹です。ウンマ発足

からまだ間がないにもかかわらず、合理的な仕方で共同体の規則が定められていることが見て取れます。

私が幼い頃は、イスラム教とは「剣かコーランか」の宗教である、と教えられていました。イスラム教を信仰しなければ攻撃する、といった暴力的なイメージです。とはいえ、メディナ憲章からも読み取れるように、実際のイスラム教には、商業的感覚をベースとした合理的思考法が随所に見られ、現在ではその特色を、「コーランか貢納か剣か」と表現することが多くなりました。[19] 剣という最終手段に訴える前に、イスラム教の信仰を受け入れられるか、必要な税金を支払えるかを問い質《ただ》し、融和の道を探るわけです。こうした発想は後のイスラム帝国においても、異教徒に対する「人頭税《ジズヤ》」の制度として継承されることになります。[20]

ちなみに、メディナへの「聖遷」のエピソードは、イスラム教の歴史における重要な事件の一つなのですが、それはユダヤ教の歴史における「出エジプト」のエピソードと類似しているように思われます。まずユダヤ教の場合、モーセが主導してエジプトから脱出し、シナイ山で「十戒」が授けられ、その法に基づいて、イスラエルの共同体が築き上げられていった。これに対してイスラム教の場合には、ムハンマドとその一行がメッカを脱出し、「メディナ憲章」において法の基本精神が示され、イスラム教の共同体が確立されていったのです。両者には、古い世界からの脱出と、新たな法・共同体の確立という共通性を見て取ることができます。

聖戦《ジハード》の始まり――クライシュ族との戦争

メディナの統治者となったムハンマドは、改めて故郷のメッカに向き合うことを余儀なくされました。メッカのクライシュ族は、イスラム教徒に対する迫害を依然として続けており、またメッカとメディナのあいだには、主要な隊商路を奪い合うという問題が発生していたからです。こうしてイスラム教徒たちは、信仰のための戦い、いわゆる「聖戦《ジハード》」に踏み出してゆきます。

後の講義でも述べるように、イスラム教においては現在もなお、「ジハードとは何か」という問題を巡って激しい論争が交わされており、容易に客観的な定義を下すことができません。ここでは、その概略のみを説明しておきましょう[21]。

まずジハードとは、アラビア語で「奮闘」や「努力」を意味する言葉であり、直接的に「戦争」を意味するわけではありません。より具体的には、「敵に対する抵抗において努力すること」がその原義です。そして、この場合の「敵」とは、①ムスリムと交戦する異教徒、②悪魔、③自我、の三種に大別されます。

現在の穏健的なジハード論においては、③の「自我との戦い」を最も重視し、個々の信徒の内面において確固とした信仰を確立することを「大ジハード」、異教徒の攻撃からウンマを防衛することを「小ジハード」と称し、ジハードの戦闘的性格を強調しないようにする傾向が見られます[22]。一理ある見解ですが、とはいえ、一般にジハードという言葉でイメージされるのが、実際の戦闘行為であることも否定できないでしょう。そしてムハンマドもまた、メッカのクライシュ族に対して戦闘に踏み切ることを躊躇しなかったのです。

イスラム教史における最初の聖戦は、六二四年のラマダーン月に行われた「バドルの戦い」でした。当時メッカとメディナのあいだでは、シリアへの隊商路を巡って小競り合いが生じており、それが本格的な戦いにまで発展したのです。ムハンマドはこのとき、約三百名の軍勢を引き連れて出陣し、最高司令官として指揮を執りました。メッカの軍勢はその三倍ほどの人数でしたので、極めて厳しい情勢でしたが、予想に反してメディナ軍は奮闘し、勝利を収めることができました[23]。その勝因は、神が千の天使を援軍として派遣したためである、と言い伝えられています。

バドルの戦いについては、『コーラン』8章「戦利品」に詳しく記述されています。そこでは、ジハードの基本精神について述べられるとともに、勝利を自分たちだけの功績とは考えず、神に感謝すべきこと、戦利品を困窮者に分け与えるべきことが論じられている。

次の通りです。

反逆行為がなくなるまで、そして宗教がすべてアッラーに帰一するまで、彼らと戦い続けよ。……汝らによく心得ておいてもらいたいのはどんな戦利品を獲《え》ても、その五分の一だけは、アッラーのもの、そして使徒〔ムハンマド〕のもの、それから近親者、孤児、貧民、旅人のものであるということ、もし汝ら、アッラーを信じ、また我ら（アッラー）が、あの救済の日すなわち両軍がぶつかったあの日に、我らの僕《しもべ》〔ムハンマド〕に啓示したことを信じているならば。

（『コーラン』8：39－41）

メッカとの戦いは、その後も激しさを増してゆきました。翌年の「ウフドの戦い」においては、事態を重く見たメッカ軍が反転攻勢に出たため、メディナ軍は苦戦を強いられ、ムハンマドも負傷してしまいます。そして六二七年、メッカ側は一万の大軍を率い、メディナを襲いました。ウンマはまさに風前の灯火となったわけですが、ムハンマドは、守備の手薄な部分に塹壕を掘るという奇策を講じ、メディナを防衛しました。そのためこの戦いは、「塹壕《ハンダク》の戦い」と称されています。

翌年、ムハンマドは逆に、千五百名の軍勢を率いてメッカに向かいました。イスラム教徒たちが固い信仰によって結束し、日に日に勢力を増すのを見たメッカ側は、もはや彼らを完全に打ち負かすことは不可能であると悟るようになった。そこで両者は和平交渉に乗り出し、十年間の休戦と、イスラム教徒のメッカ巡礼の許可を取り決めたのです。こうして、メッカとメディナの戦いは終わりました。

メッカ入城と別離の巡礼

以上のように両者の戦いは、当初はメッカ側が優勢でしたが、メディナのイスラム教徒は苦しい戦いを乗り越えるたびに結束を強め、形勢を逆転させてゆきました。そして六三〇年、ムハンマドはついに一万の軍勢を引き連れてメッカに押し寄せたのです。その頃のクライシュ族はすでに戦意を喪失しており、ムハンマドはメッカへの無血入城を果たしました。

メッカに入ったムハンマドが最初に行ったのは、カアバ神殿を清めることでした。当時のカアバ神殿は、多神教崇拝の中心地であり、その周囲には三六〇余りの偶像が配置されていたのですが、ムハンマドはそれらをすべて打ち壊した。そして次のように、時代の転換を画する宣言を発したのです。

唯一にして並ぶ者のない神《アッラー》のほかに神はない。神は約束を果たし、僕《しもべ》を援助し、一人で諸族連合を敗北させた。見よ、いまや、申し立てられている先祖代々の栄誉、血、財産は、すべてこの私の両足の下にある（無効となった）。……クライシュ族の諸君、君たちが抱いているジャーヒリーヤの矜持《きょうじ》と祖先崇拝は、神が取り去った。すべての人間はアダムから、アダムは土から［創られた］。

（イブン・イスハーク『預言者ムハンマド伝』22章45節）

「ジャーヒリーヤ」とは、アラビア語で「無知」を意味しますが、イスラム教においては特に「神を信仰するための正しい道が見失われた状態」を指し、日本語では「無明《むみょう》（時代）」と訳されます。ムハンマドは、部族的な血縁主義と多神教に覆われたそれまでの社会をジャーヒリーヤと称し、そうした時代が終わりを告げ、一なる神のもとにすべての人間が「アダムの末裔」として等しく扱われる社会が到来したことを宣言したのです。イスラム教信仰のあり方を簡潔に表現した、明晰な言葉です。

ムハンマドがメディナに続いてメッカをも掌握したことを見たアラビア半島の諸部族は、次々と彼に恭順を申し出ました。ムハンマドもこれに寛容に応え、礼拝・納税・喜捨を行うことを条件に、彼らを受け入れた。そしてユダヤ教徒やキリスト教徒に対しては、同じ

「啓典の民《アフル・アル＝キターブ》」としてその信仰を認め、納税と喜捨のみを求めたのです。
六三二年にムハンマドは、多くのイスラム教徒を引き連れ、メッカへの巡礼を行いました。それは彼の生涯において、最初で最後となる正式な巡礼であり、「別離の巡礼」と呼ばれています。こうしてムハンマドにより、巡礼の際に踏むべき諸形式が明示されました。その具体的な内容については、本講の末尾で見ることにしましょう。
巡礼の途中、ムハンマドは説教を行い、共にこの場所を訪れるのは最後になると告げました。そして、自分の死後に信徒たちが迷わないよう、アッラーの聖典として『コーラン』を残すこと、信仰告白・礼拝・斎戒・喜捨・巡礼を守れば天国に入れることを約束したのです。(24) ムハンマドの最後の預言は、「宗教の完成」を意味する次のような言葉であったと言われています。

今日、ここにわしは汝らのために宗教を建立し終った。わしは汝らの上にわが恩寵をそそぎ尽し、かつ汝らのための宗教としてイスラームを認承した。

（『コーラン』5：5）

別離の巡礼を終えると、ムハンマドは体調を崩し、頭痛や高熱に苛《さいな》まれるようになりました。最初の妻のハディージャを失った後、ムハンマドは十人以上の妻を迎えたのですが[25]、彼の最期を看取ったのは、アブー・バクルの娘であり、9歳でムハンマドの妻となったアーイシャという女性でした。ムハンマドは天を凝視しながら、「アッラーよ。私を赦《ゆる》し、慈悲をかけ、至高の友と一緒にさせ給え」[26]と言い残し、この世を去ったと伝えられています。

一神教の純化、権力の一元化

ムハンマドの生涯は、概略として以上の通りです。全体を見渡して感じられるのは、彼が極めて優秀な人物であり、多彩な才能の持ち主であったということです。幼年期を孤児として過ごした後、青年となったムハンマドは、まず誠実な商人として身を立てる。その点をハディージャに見初《みそ》められて結婚し、良き夫として家業や育児に尽力する。天使ジブリールを介して啓示を受け始めてからは、忠実な預言者として神に身を捧げる。メディナではウンマの指導者となり、優れた政治家・裁判官としての手腕を発揮する。メッカとのあいだで戦争が始まると、勇敢な軍事指導者として采配を振るう——。このようにムハンマドは、ほとんど万能と言っても過言ではないほど、高い能力を備えた人物でした。

彼に関する伝承が多分に理想化されているということを差し引いてみても、一代にしてアラビア世界に新たな宗教を打ち立てたことを鑑みれば、いずれにせよ相当な才覚の持ち主であったことに疑いはありません。ムハンマドは、ユダヤ教やキリスト教の伝統を可能な限り旺盛に摂取し、それらを磨き上げながら、一神教の純化を成し遂げていったのです。

とはいえ、長期的な視点から見れば、ムハンマドやイスラム教のこうした「成功」は、良い効果だけをもたらしたわけではなかったのかもしれない。歴史において文明が発展してゆくためには、政治的・宗教的・社会的諸機能が適切に分化することが必要なのですが、イスラム教はそうした流れに抗して、シンプルな一元性にどこまでも回帰しようとする傾向を見せるからです。

イスラム教は、一神教としてあまりにも完成した形態を整えてしまったために、キリスト教に見られるような、後の発展を可能とする「隙間」がほとんどない。また、ムハンマドは政治家としても宗教家としても優秀であったため、彼の口からは、イエスのような「皇帝のものは皇帝に、神のものは神に」という言葉は絶対に出てこない。ムハンマドの後継者であるカリフもまた必然的に、彼に近いレベルの万能性を求められることになる。こうした特質が、イスラム教の制度的な難点となったようにも思われます。

2　教説の特色①——メッカ期

さて、ムハンマドの生涯を踏まえた上で、イスラム教の教えの特色について、改めて整理しておきましょう。

ムハンマドの活動は全体として、前半の「メッカ期」と後半の「メディナ期」に大別されます。まずメッカ期は、六一〇年の立教から六二二年の聖遷《ヒジュラ》まで、そしてメディナ期は、聖遷から六三二年のムハンマド逝去までです。

メッカ期とメディナ期

メッカ期においてムハンマドは、唯一神への信仰の重要性を説き、多神教を偶像崇拝と見なして批判したため、自らの出身部族であるクライシュ族と激しく対立しました。そして、一神教の道から外れた人々に対しては、終末の際に厳しい裁きが下されることを警告したのです。

メッカ期と比較すると、後半のメディナ期においては、より柔軟に教義を作り上げる姿勢が顕著となります。メディナは多くのユダヤ教徒が居住する都市でもあったため、ムハンマドは彼らと論争を繰り返しながら一神教の知識を深め、そのあり方を再考してゆきました。そしてそこから、信仰の祖である「アブラハムの宗教」への回帰という基本線が明確化された。さらには、イスラム共同体であるウンマをどのような法によって統治するか、という方針が定められていったのです。二つの時期を簡潔に対比すると、次のようになるでしょう。

	対立関係	主な論点	思想傾向
メッカ期	クライシュ族との対立	多神教・偶像崇拝批判	終末論の強調
メディナ期	ユダヤ教徒との対立	アブラハムの信仰に回帰	共同体の法の確立

クライシュ族の歴史——商業的繁栄がもたらす矛盾

それではまず、メッカ期における教説の特色から見てゆきましょう。すでに述べたようにムハンマドは、クライシュ族の出身者でありながら、彼らと敵対しました。当時のクライシュ族は、どのような歴史を歩んでいたのでしょうか。

クライシュ族とは、ムハンマドから一一代前の祖先に当たる、クライシュという人物を始祖として掲げる一族のことです。彼らは元々、アラビア半島で遊牧を営む部族の一つでした。クライシュもまた4世紀頃、家畜を引き連れてオアシスを渡り歩く生活を送っていたと考えられています。

クライシュ族にとって大きな転機となったのは、5世紀後半、ムハンマドから五代前の祖先クサイイがカアバ神殿の管理権を獲得し、一族をメッカに定住させ始めたことです。その頃のメッカは交易の中継地として発展しつつあり、クライシュ族もまた徐々に遊牧生活から脱却し、商業生活に入ってゆきました。そしてカアバ神殿は、さまざまな商業民が訪れる場所として成長を遂げたのです(27)。

ムハンマドから三代前の祖先であるハーシムの時代になると、クライシュ族は組織的な遠隔地交易を手掛け、大きな富を獲得しました。そして6世紀には、ビザンツ帝国とペルシャ帝国の抗争が始まったことにより、多くの隊商路がアラビア半島まで南下したため、メッカの重要性が一層高まりました。結果として当時のカアバ神殿には、交易によって関係が生まれた諸部族の神々が祀られるようになり、その数は三六〇にまで達したと言われています(28)。

とはいえこうした繁栄は、クライシュ族に良い影響のみをもたらしたわけではありませんでした。一昔前の遊牧民の時代には、部族の成員たちは皆貧しかったが、しかしそれゆえにこそ互いを思いやり、助け合って暮らしていた。ところが、メッカに定住し、商業に従事するようになると、ビジネスに成功して過剰な富を蓄える者と、商機に恵まれず貧困に窮する者が現れた。そして同じ部族のなかでも、豊かな人間は貧しい人間に見向きもしなくなっていったのです。

先に述べたように、ムハンマドが誕生したときのクライシュ族は、ウマイヤ家やマフズーム家を中心とする主流派と、その他の傍流に分裂していました。そしてムハンマドは、傍流に位置するハーシム家の孤児として幼年期を送り、やがては、クライシュ族やメッカ社会に内在する諸矛盾に直面してゆきます。

タウヒード——神の唯一性

クライシュ族の歴史を辿ってみると、それが古代ユダヤ民族の歴史とかなり類似していることに気づかされます。ユダヤ民族もまた原初においては、質朴な遊牧生活を送っていました。しかしある時期からカナンに定住し、農業や交易を通して繁栄を手にし始める。ところがそうなると、貧富の差や身分の差が生じ、民族の一体感が失われる。それと同時に、多神教の影響によって、従来の宗教的アイデンティティを脅かされるようになる。そしてユダヤ教では、こうした状況のなかで預言者たちが現れ、「私のほかに神はいない[29]」というヤハウェの言葉を伝えながら、唯一神の信仰に立ち帰ることを訴えたのです。

ムハンマドが宣教の最初期から強調し、ひいてはイスラム教全体の根幹となっていったのも、同じく「神の唯一性」という考え方でした。それは、アラビア語で「一つにする」「一つと認める」ことを意味する、「タウヒード」という言葉で表現されます。『コーラン』16章の冒頭では、イスラム教の最も重要な教えが、アッラーの唯一性に対する信仰にあることを述べた上で、神の創造の恵みについて次のように論じています。

天と地を真実《まこと》もて創り給うたお方《かた》。……人間を一滴の精液から創り給うたお方。……それに家畜類、これは特にお前たちのために創り給うたもの。それでお前たち温《ぬく》くもできれば、いろいろに使《つか》い途《みち》があり、食用にもする。夕べ、小屋に連れ戻すにつけ、朝《あした》、牧場に連れ出すにつけ、その美しさが目をうばう。その上、お前たちのために重い荷を負って、ひどく苦しい思いをしなくては行きつけないような（遠い）国まで運んでくれもする。考えて見れば、神様は、まことに気のおやさしい、慈悲ぶかいお方。

（『コーラン』16：3－7）

神は唯一にして至高の超越者であり、万物の創造者である。また、神は憐れみ深い存在であり、人間たちが生きてゆくのに適した形で、この世界を設《しつら》えていった。ゆえに人間は、神の恵みに目を向け、感謝を捧げなければならない――。そのように『コーラン』は説くのです。イスラム教におけるタウヒードの観念とは、「唯一神の前ではすべての人間は平等であり、人間は神の恵みに感謝しながら助け合って生きるべきである」と要約し得るように思われます。

さまざまな恵みのなかでも特に重視されているのが、家畜という存在です。クライシュ族は、遊牧から商業へと生活スタイルを大きく変えましたが、それでもなお、家畜こそが生命の源であり、生活の基盤であるという感覚は、根強く息づいていました。ムハンマドもまた、実感に満ちた言葉でその有り難さについて述べています。神が創造して下さった世界を偏りなく眺めてみれば、人間を分け隔てせずに生かしめてくれる恵みに満ちていることに気づくはずだ——。このようにムハンマドは、神の唯一性の観念と、遊牧民時代以来の共通感覚に訴えることによって、人々の一体性を取り戻そうとするのです。

終末論——天国と地獄

メッカ期の教説に見られるもう一つの特徴は、終末論が苛烈な仕方で説かれていることです。クライシュ族を始めとするメッカの人々は、自らが伝える預言に耳を貸さず、唯一神を蔑《ないがし》ろにしている。しかし、彼らが油断しているまさにそのとき、突如として終末が訪れ、各人に対する厳正な裁きが下されることになるだろう——。こういった内容が、典型的なパターンです。そして終末の光景は、次のように描写されます。

太陽が（暗黒で）ぐるぐる巻きにされる時、星々が落ちる時、山々が飛び散る時、産み月近い駱駝を見かえる人もなくなる時、[30]野獣ら続々と集い来る時、海洋《わたつみ》ふつふつと煮えたぎる時、魂ことごとく組み合わされる時、生埋《いきうめ》の嬰児《みどりご》が、なんの罪あって殺された、と訊かれる時、[31]帳簿がさっと開かれる時、天がめりめり剝ぎ取られる時、地獄がかっかと焚かれる時、天国がぐっと近づく時、（その時こそ）どの魂も己が所業の（結末を）知る。

（『コーラン』81：1－14）

『ヨハネの黙示録』に描かれたようなキリスト教の終末論と比較すると、『コーラン』に見られる終末の姿は、極めて簡潔です。その際には、各人の行状が記録された「帳簿」が開かれ、それに基づいて審判が下される。[32]そして、悪事を重ねた者たちは地獄に落とされ、敬虔な者たちは天国に迎えられる。年度末の決算において赤字と黒字が判明するような、商人的な明瞭さです。

また、地獄と天国の様子も、非常に分かりやすい。『コーラン』において地獄は「ジャハンナム[33]」と呼ばれ、劫火が燃え盛る場所とされています。罪人はひたすら火で焼かれるというのが、イスラム教における地獄のイメージです。

これに対して天国は、快楽に溢れた場所として描かれています。曰く、天国に入った人々は、金糸まばゆい寝台の上に横たわり、ゆっくりと手足を伸ばす。すると若い小姓たちがお酌に回り、いくら飲んでも酔うことがない不思議なお酒を飲ませてくれる。果物や鳥の肉などは望み放題。見目麗しい処女妻たちの美しさは、あたかも隠れた真珠のよう。そこでは罪深い言葉は一切聞かれず、耳に入るのは、「平安あれ」のただ一言——。(34)

オアシスのような風光明媚な場所で、若く美しい男女に傅《かしず》かれ、極上の料理と美酒で歓待される、といった趣きでしょうか。アラビア半島は取り分け自然環境が過酷な土地柄ですので、こうした描写が人々の心に魅力的に響いたことは想像に難くありません。キリスト教における「神の国」が、実際にはなかなか具体的なイメージを結ばないことと比較すると、この点でもイスラム教の世界観の明瞭さは際立っています。

3　教説の特色②――メディナ期

続いて、メディナ期の教えの特色を見ましょう。ムハンマドたちが移り住んだ都市メディナは、さまざまなアラブ系の部族のほか、多くのユダヤ教徒たちが暮らす場所でもありました。そしてムハンマドは当初、ユダヤ教徒と融和的な関係を結ぶことを望んでいた。彼らは同じ一神教徒であり、そうした信仰上の先達から、新たな「神の使徒」として認められることを期待していたからです。移住後に間もなく制定されたメディナ憲章を見ても、ムハンマドがユダヤ教徒に少なからず配慮している様子が窺えます。

ユダヤ教徒との争い

とはいえ、ムハンマドに対するユダヤ教徒側の評価は、決して芳《かんば》しいものではありませんでした。一神教や聖書に関する当時のムハンマドの知識は、かなり雑駁《ざっぱく》なものでしたので、ユダヤ教徒からすればイスラム教は、怪しげな新興宗教の一つに映ったでしょう。また、当時のユダヤ教はすでに、タルムードを始めとする高度な宗教法の体系を完成させており、そうした点から見ても、イスラム教はあまりに単純素朴であると感じられたかもしれません。

ユダヤ教のラビたちは、ムハンマドの預言を受け入れず、しばしば彼の信仰を嘲笑したため、両者の関係は急速に悪化しました。ユダヤ教徒たちがムハンマドの無知をあげつらう一方、ムハンマドの側でも、ユダヤ教の教えに潜む不合理な部分を容赦なく追及していった。その結果、同じ一神教徒であるからこそむしろ、妥協し得ない点が数多く存在することが明らかになった。そしてメディナの支配権を掌握したムハンマドは、反抗を続けるユダヤ教徒に対して、追放や粛清といった厳しい処置を取るようになったのです(35)。

アブラハムの宗教

とはいえ、同時にムハンマドは、ユダヤ教徒との論争という機会を通して多くを学び、一神教のあり方を根本的に再考してゆきました。結果として彼が到達したのは、イスラム教は「アブラハムの宗教」である、という考え方です。ムハンマドは、ユダヤ教・キリスト教・イスラム教と預言者の関係について、以下のように位置づけています。

まずユダヤ教は、モーセを中心とし、彼が記した「律法」を啓典とする。次にキリスト教は、イエスを中心とし、彼の言行を記録した「福音書」を啓典とする。そして言うまでもなく、ユダヤ教もキリスト教も、イスラム教と比べると遥かに長い歴史を有しているわけです。

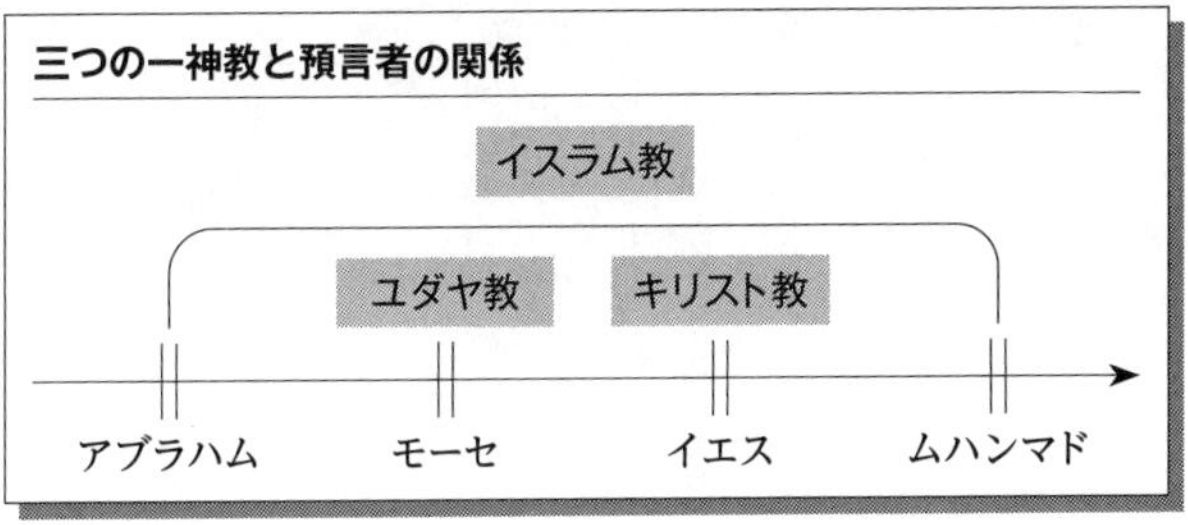

ところが、これに対してムハンマドは、イスラム教の伝統がアブラハムにまで遡ることを強調しました。アブラハムは、神に対する純粋な帰依《イスラム》のあり方を示した最初の人物であり、そしてムハンマドは、歴史における最後の預言者である。このようにイスラム教は、神との関わりにおいて「最初」と「最後」を立脚点としているために、最も完全な一神教である――。こうした構図を考案したのです[36]。

それでは、『コーラン』において、アブラハム〔アラビア語でイブラーヒーム〕はどのような存在と見なされているのでしょうか。代表的な記述は、次の通りです。

> 主がイブラーヒームを試練《こころみ》に逢わせようとて或る言葉〔息子の奉献〕を出され、彼がそれを果した時のこと。「わしは汝を挙げて人々の導師となそう」と主は言い給うた。
>
> ……
>
> また我ら〔アッラー〕が聖殿〔カアバ〕を万人の還り来る

場所と定め、安全地域に定めた時のこと。「汝ら、イブラーヒームの立処《たちどころ》を祈禱の場所とせよ」と（我らは命じた）。それから我らはイブラーヒームおよびイスマイールと契約を結び、「汝ら両人、このわしの聖殿を清掃して、ここにおめぐりに来る人たちや、お籠《こも》りの人たちや、また跪《ひざまず》きひれ伏してお祈りしに来る人たちのためにつかえるのじゃ」と（言い渡した）。

（『コーラン』2：124－125）

引用の冒頭部分に、主が「試練」を与えたという記述がありますが、これは旧約聖書の『創世記』において、アブラハムが自らの息子を燔祭として神に捧げようとした、というエピソードを指しています。[37] すなわち神は、アブラハムの信仰がどこまで徹底しているかを試し、彼は見事にそれに応えたのです。イスラム教においてアブラハムとその息子は、神への「帰依《イスラム》」のあり方の範例を示した人物として捉えられています。

そして『コーラン』によれば、その後にアブラハムと息子のイシュマエル（アラビア語でイスマーイール）は、カアバ神殿の建設を手掛けました。現在のカアバ神殿には、「アブラハムの立処」と呼ばれる足跡が残されており、その場所から礼拝を行うことが、最も正式な方法であると見なされています。

ムハンマドはメッカ期においては、エルサレムに向かって礼拝するよう信徒たちを指導していたのですが、メディナ期になると、その方角をメッカのカアバ神殿に変更しました。ユダヤ教徒たちとの論争を通じて、彼らとは容易に信仰を共有できないことが判明したため、アブラハムにまつわる物語を再構築することにより、エルサレムではなくカアバ神殿こそがイスラム信仰の中心点であることを、改めて定めたものと思われます。

ちなみにカアバとは、アラビア語で「立方体」を意味します。一切の装飾を排し、黒い布で全体を覆った立方体の神殿であり、その壁には聖物として、上のような「黒石」が埋め込まれている。その正体は明らかではありませんが、イスラム教においては以下のように伝承されています。

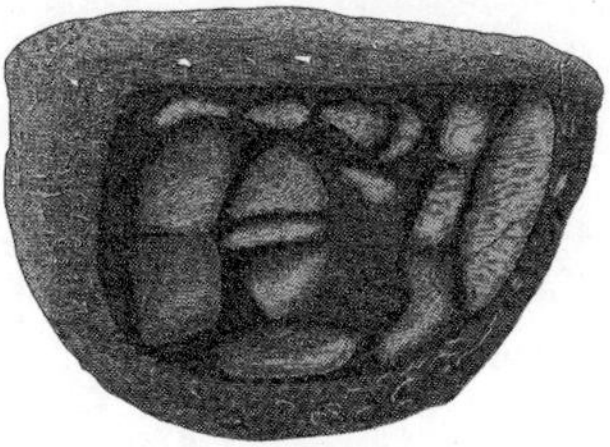
カアバ神殿の黒石

アッラーは、楽園を追われたアダムとエヴァに対し、神に犠牲を捧げる際の正式な場所を示すため、天から地上へと黒石を落とした。そしてアブラハムとイシュマエルが、その場所にカアバ神殿を建設した。黒石は最終的に、ムハンマドの指示によって、カアバ神殿内の壁に嵌《は》め込まれた。このように、カアバ神殿とその黒石は、イスラム教の信仰の中心に位置づけられています。

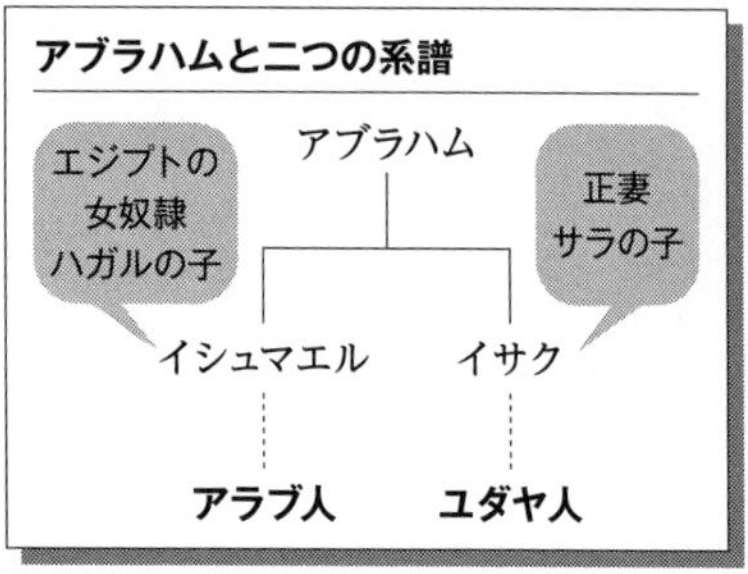

イシュマエルの系譜

ところで、これまでの話を聞いて、どこか違和感を覚えた人もいるのではないでしょうか。アブラハムの息子として燔祭に捧げられようとしたのは、確か「イサク」であったはず。「イシュマエル」とは一体誰なのだろうか、と。

第2講で見たようにイサクとは、アブラハムと正妻サラのあいだに生まれた最初の息子なのですが、『創世記』の記述によれば、実はそれ以前にアブラハムは、エジプト人の女奴隷であるハガルとのあいだに、イシュマエルという子供を儲《もう》けていました。自分が子宝に恵まれないことを案じたサラは、子孫を残す役割をハガルに託し、結果としてイシュマエルが生まれたのです。

ところがその後、高齢のサラが奇跡的にイサクを出産したため、ハガルとイシュマエルはアブラハムの一族から疎《うと》まれるようになり、やむなく荒野へと去って行った。こうした不遇の物語が記されているのです[38]。

このようにアブラハムからは、正嫡《せいちゃく》のイサクへと続く系譜と、女奴隷の子として生まれたイシュマエルに続く系譜という、二種類の系譜が延びています。そしてイスラム教は、イシュマエルこそが「アラブ人の祖」であり、さらには、正統な信仰の継承者であると捉えたのです。

ゆえに『コーラン』においては、先述のように、アブラハムが神に捧げようとしたのは、実は真の長男イシュマエルであり、二人は共にカアバ神殿を建設した、というエピソードが記されています。イシュマエルを中心に置いて『創世記』を読み直すというアクロバティックな解釈を行うことにより、イスラム教は、一神教の正しい伝統を受け継いでいるのはユダヤ教でもキリスト教でもなく、自分たちであることを示そうとしたわけです。

4　イスラム教の基本教義

六信五行

最後に、イスラム教の教義について、簡潔に整理しておきましょう。

イスラム教の主流派であるスンナ派の基本教義は、「六信五行」、すなわち、六種の存在

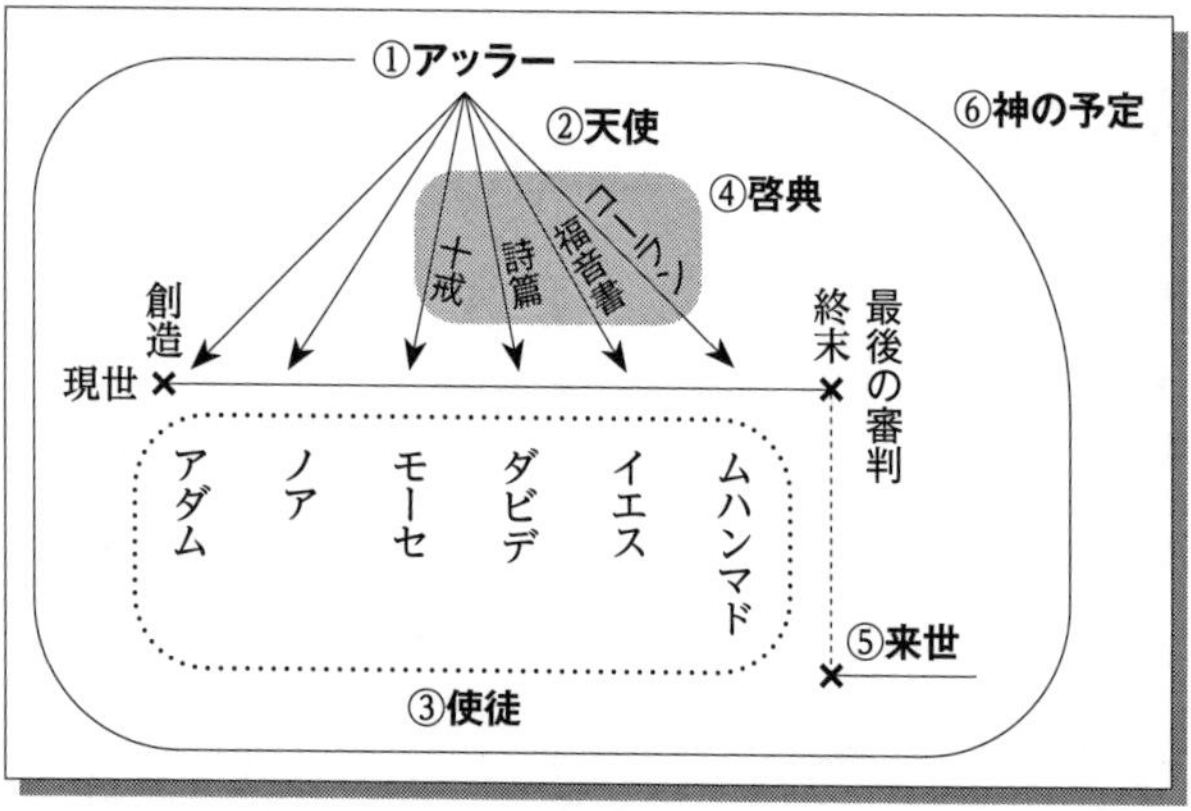

イスラム教の「六信」の関係［東長靖『イスラームのとらえ方』22 頁より］

に対する信仰と、五種の実践に置かれています。[39]その概要は、以下の通りです。

まず六信とは、

①神　……アッラーこそが唯一絶対の神であり、その他の神は偽りの偶像である。

②天使……神の助け手であり、人間とのあいだを仲介する。

③使徒……神は自らの意志を伝えるために、何人もの人間を使徒や預言者に任命した。[40]そしてムハンマドは、最後の使徒にして預言者である。

④啓典……神の言葉は、モーセの律法やイエスの福音などの啓典に記録されてきた。『コーラン』はそのなかで、最も完成された形態を示している。

⑤来世……終末においてはすべての人間が復活し、審判を受け、天国に入るか地獄に落ちるかが決定される。

⑥予定……世界におけるすべての出来事は、アッラーによって予《あらかじ》め定められている。への信仰を指します。それらの相互関係は、前頁のように図示されます。

次に五行とは、以下の通りです。

①信仰告白……「アッラーの他に神はなし。ムハンマドはアッラーの使徒なり」という宣誓。イスラム教への入信や、日々の礼拝の際に唱える。

②礼拝……一日に五回、メッカのカアバ神殿に向かって礼拝を行う。

③喜捨……「制度喜捨《ザカート》」と「自由喜捨《サダカ》」に大別される。前者は、所有する財産に応じて一定額を課される。後者は、自発的に行われる施しを指す。

④斎戒《さいかい》……ヒジュラ暦9月の「ラマダーン月」[41]に、断食や禁欲によって身を清める。特に日が出ているあいだは、一切の飲食が禁じられる。

⑤巡礼……ヒジュラ暦12月が「巡礼月」と定められ、8日から10日までの三日間、メッカとその周辺の聖地への巡礼が行われる。

巡礼の行程と犠牲祭

六信五行に関しては、これまでの説明を踏まえれば、理解するのはそれほど難しくないでしょう。巡礼がどのように行われるかについてだけ、補足的に説明しておくことにします。

先に述べたようにそれは、ムハンマドが晩年に行った「別離の巡礼」に倣って実施され、さらには、イスラム教が「アブラハムの宗教」であることを明示する内容となっています。三日間の行程は、以下の通りです。

1日目……巡礼を始めるに当たって、沐浴して身を清め、白い布で身を覆う。こうした服装は、イスラム教徒が、普段の身分の違いや貧富の差にかかわらず、本質的に平等であることを示している。カアバ神殿の周囲を反時計回りに七度巡回した後、神殿を囲むモスク内にある「サファー」と「マルワ」という二つの丘を七回往復する。これは、アブラハムの家を追われたハガルとイシュマエルが、水を求めて荒野を彷徨《さまよ》ったという故事に由来する。(42)

2日目……メッカ近郊のアラファト山に移動。そこはムハンマドが告別の説教を行った場所であり、信徒たちは、コーランの詠唱や法学者の説教に耳を傾けながら、悔い改めの祈りを捧げる。

3日目……ミナの谷に移動し、石柱に向かって石を投げる。これは、アブラハムがイシュマエルを犠牲にしようとした際、悪魔が現れて妨害したため、石を投げて追い払ったという故事に由来する。日没を迎えると、羊・山羊・ラクダなどを共食する「犠牲祭」が行われる。

イスラム教では、ヒジュラ暦に従って多くの儀式や祭典が催されますが、巡礼の最後を飾る犠牲祭は、それらのなかで最も重要なものです。そしてこの祭りもまた、アブラハムが息子イシュマエルを奉献しようとし、神が身代わりとして羊を与えたという故事に基づいています。ユダヤ教の過越祭、キリスト教の復活祭と同じく、イスラム教徒たちも犠牲祭において、大切な生命体を共食し、それによって神のもとに一つの共同体を形成していることを確認し合おうとするのです。

註

（1）クライシュ族の構成とその内部対立については、鈴木紘司『預言者ムハンマド』51－55頁、中村廣治郎『イスラム教入門』32頁を参照。

（2）ラマダーンは、ヒジュラ暦（イスラム教の暦）の9月に当たる。また、初めて啓示が下った夜は、「定めの夜《カドル》」と称される。『コーラン』97章を参照。
(3) イブン・イスハーク『預言者ムハンマド伝』6章6節。
(4) イスラム教の書物観については、大川玲子『聖典「クルアーン」の思想』163–188頁を参照。
(5) 訳文は、井筒俊彦訳『コーラン』を用いた。以下も同じ。
(6) イブン・イスハーク『預言者ムハンマド伝』6章8–9節。
(7) 『コーラン』74:1–5を参照。
(8) 中村廣治郎『イスラム教入門』35–36頁を参照。
(9) 「開扉《かいひ》」と訳されることもある。
(10) 日本におけるイスラム研究のパイオニアとして知られる井筒俊彦の著作『『コーラン』を読む』では、一書を費やして開端章の七節のみを徹底して読解するという試みが行われている。
(11) 『コーラン』9章「悔悟」の冒頭のみ、この文言が存在しない。
(12) 鈴木紘司『預言者ムハンマド』118頁を参照。とはいえ、二番目から四番目までの入信者については異説もある。小杉泰『ムハンマド』51–52頁をも参照。
(13) 『コーラン』21:1–5。
(14) この出来事については、「夜行」と名づけられた『コーラン』17章冒頭で簡潔に触れられている。
(15) 具体的には、①アダム、②イエス、③ヨセフ、④エノク、⑤アロン、⑥モーセ、⑦アブラハム。
(16) イブン・イスハーク『預言者ムハンマド伝』8章23節。

(17) 鈴木紘司『預言者ムハンマド』151頁、中村廣治郎『イスラム教入門』38－39頁を参照。
(18) 中村廣治郎『イスラム教入門』39－40頁を参照。メディナ憲章の原文は、イブン・イスハーク『預言者ムハンマド伝』11章50節に収録されている。
(19) 牟田口義郎『物語　中東の歴史』77頁を参照。
(20) とはいえこの制度が、あくまでイスラム教の優位性と異宗教の劣位性という観念に基づくものであったことも指摘しておかなければならない。飯山陽『イスラム2.0』201－209頁を参照。
(21) 松山洋平『イスラーム思想を読みとく』191－194頁を参照。
(22) 一例として、ジョン・L・エスポジト『イスラーム世界の基礎知識』198－200頁を参照。
(23)『コーラン』8：9。
(24) 鈴木紘司『預言者ムハンマド』269－271頁を参照。
(25)『コーラン』では、最大で四人の妻を迎えることをイスラム教徒に許しているが、預言者は例外とされた。アーイシャ以外の妻はいずれも寡婦であり、聖戦で命を落とした部下の妻を保護する、和平のために諸部族の指導者の娘を娶るというのが、ムハンマドの結婚の主な理由であった。
(26) 鈴木紘司『預言者ムハンマド』282頁。
(27) 中村廣治郎『イスラム教入門』31頁を参照。
(28) 嶋田襄平『イスラム教史』25－29頁を参照。
(29)『イザヤ書』44：6、45：5などを参照。

(30) 子供を宿したラクダは、アラブ人にとって何よりも貴重な財産と見なされていた。
(31) 旧来のアラブ社会では、女児が生まれると生き埋めにされることがあったが、イスラム教はこれに反対した。
(32) 帳簿に関しては、『コーラン』83章に詳細な記述がある。
(33) 「ヒンノムの谷」を意味するヘブライ語の「ゲヘナ」に由来する。同地はエルサレムの城壁の外にあり、動物や罪人の死体の焼却場が設けられていた。
(34) 『コーラン』56：11－26。
(35) 藤本勝次『マホメット』137頁以下を参照。
(36) 『コーラン』3：64－91を参照。
(37) 第2講上54頁を参照。
(38) 『創世記』16章・17章・21章を参照。
(39) イスラム教の第二の宗派であるシーア派においては、「五信十行」が立てられている。
(40) 『コーラン』においては、歴史全体で二五人が預言者として認められている。鈴木紘司『預言者ムハンマド』105－108頁を参照。
(41) ラマダーン月は、その期間にムハンマドへの最初の啓示が下されたことから、聖なる月と見なされている。その他にも、「イスラエルへの夜行旅」や「バドルの戦い」など、イスラム教にとって重要な出来事が起こった月として特別視される。そしてラマダーンの断食が明けた際には、「イド・アル＝フィトル」という盛大な祭りが開かれる。その詳しい内容については、八木久美子『慈悲深き神の食卓』127頁以下を参照。

(42) イブン・イスハーク『預言者ムハンマド伝』4章2節・4章43節。『創世記』21：14－21をも参照。

第8講　イスラム教の歴史②
——イスラム帝国の形成

イスラム教の信仰の中心に置かれているのは、端的に言えば、「タウヒード」という考え方です。前講で見たようにタウヒードとは、神の「唯一性」を意味し、イスラム教のさまざまな教義や制度は、それを立脚点として構築されています。すなわち、真実の神はアッラーのみであり、それ以外の神々は偽りの偶像であること、人間はすべて神の前に平等であること、強き者・富める者は弱き者・貧しき者を助けるべきこと……といった事柄です。

イスラム教はしばしば、「完成された一神教」と呼ばれます。ユダヤ教とキリスト教が、長い歴史のなかで複雑な教義や制度を身に帯びていった一方、後発の一神教であるイスラム教は、その原理を反省的に見直し、誰にでも理解と実践が可能な平明な体系を構築した。それを土台としてイスラム教は、7世紀の創始以降、爆発的な勢いで世界に広がっていったのです。

唯一神の前にすべての人間が平等に扱われ、信者たちが集って一つの「共同体《ウンマ》」を結成し、ムハンマドの後継者である「カリフ」がそれを率いる——。イスラム教の体制は本来、そのようなシンプルなものでした。こうした単純さは、確かにイスラム教の強みではあったのですが、しかし同時に、共同体の規模が拡大してゆくと、単純な原理で多様な問題に対応することが難しくなってくる。そのためイスラム教の共同体は、時代を経るに従って、入り組んだ宗派対立や民族対立を内部に抱え込むようになりました。本講では、正統カリフ時代、ウマイヤ朝時代、アッバース朝時代の歴史を概観することによって、そうした経緯を確認することにしましょう。

1　イスラム国家の発展①——正統カリフ時代

初代カリフ、アブー・バクル（在位：六三二－六三四）

生前のムハンマドは、自分が逝去した後、誰が後継者としてウンマを率いるべきかということについて、明確な指示を残しませんでした。彼は終末が間近に迫っていることを確信していましたので、特にその必要性を感じなかったのかもしれません。また、ムハンマドの息子たちはすべて幼年期に亡くなっており、そのこともムハンマドの後継者問題を迷走させる要因の一つとなりました。

六三二年にムハンマドが亡くなると、ウンマは方向性を見失って動揺し始めました。イスラム教徒は当時、メッカ期以来の古参の信者である「移住者《ムハージルーン》」と、メディナ期以降に改宗した「援助者《アンサール》」によって構成され、両者の協力によって団結が保たれていたのですが、ムハンマドの死後には「移住者」が幅を利かせ始めたため、「援助者」の不満が高まっていった。一時期は両勢力が別々の指導者を掲げるようになり、ウンマは分裂の危機に瀕したのです。

とはいえそれは、直前で回避されました。「援助者」たちが集会を開き、独自の指導者を選任しようとしていたところに、「移住者」の代表である三人の長老が訪れ、説得を試みたからです。彼らは改めて協議を行い、長老の一人であるアブー・バクルを「神の使徒の後継者《カリフ》」に選びました。『コーラン』42：38には、大切な物事については「協議《シューラー》」して決定しなければならないことが説かれているため、こうした原則も、カリフ選定に影響を与えたのかもしれません。(1)

そしてアブー・バクルは、カリフ就任に当たって、次のような演説を行いました。

> 諸君、私はあなたたちに指揮権を託された。あなたたちの中で最良の者でもないのに。だから、私がよいことをしたら協力し、悪いことをしたら正してほしい。誠実は信用を生み、虚偽は背信を生む。……神の道に戦う《ジハード》ことをおこたる人々は、みじめに神に打たれる。人々の間に不品行が広まれば、神はその人々をつらい目にあわせる。私が神とその使徒に従っているかぎり、私に従え。私が神とその使徒に背いたなら、私に従う必要はない。さあ、立って礼拝をせよ。あなたたちに神の慈悲があるように。
>
> （イブン・イスハーク『預言者ムハンマド伝』27章43節）

アブー・バクルは誠実な商人として知られ、最初期にイスラム教に入信した人物の一人でした[2]。その後は困難な時期にも屈することなく、常にムハンマドを支援し続けた。この演説文からも、彼の真面目で謙虚な人柄が伝わってくるようです。それによれば、カリフの地位と役割は、次頁の三点に集約されます。

先述のようにカリフとは、「神の使徒の後継者」を意味しますが、使徒自身とは異なり、新たな預言を発する権限を有するわけではありません。ムハンマドが最後の使徒・預言者

カリフの地位と役割

・すべてのイスラム教徒は平等であり、カリフはその第一人者にすぎない
・カリフもまた、神と使徒ムハンマドが立てた法に従う
・ウンマを防衛するために、ジハードの実践を躊躇してはならない

であり、イスラムの教えと法は、すでに彼によって完成されたと考えられているからです。ゆえに、イスラム法とカリフのどちらが上かと問われれば、明確にイスラム法が優位に位置づけられます[3]。

またアブー・バクルは、ジハードを躊躇してはならないことを強調しました。彼がカリフに就任した頃は、ウンマ分裂の危機が依然として続いており、それを抑えるための戦いを避けるわけにはゆかなかったからです。

ムハンマドの死後には、次代の預言者を自称する人物が各地に現れたため、アブー・バクルは、それら「偽預言者」の討伐に向かいました。さらには、ムハンマドと結んだ契約の無効を訴え、ウンマに反抗する勢力も後を絶たなかった。こうした一連の争いは「背教戦争《リッダ》」と呼ばれています。初代カリフに就任したアブー・バクルは、ウンマ再統一のためのジハードに明け暮れることになったのです。

第2代カリフ、ウマル（在位：六三四－六四四）

カリフ就任から二年後、アブー・バクルは高齢のため死去しました。彼の指名によって2代目のカリフに就任したのは、ウマルという人物です。

ウマルは元々、クライシュ族の軍人の一人であり、当初はイスラム教の運動を、一族の団結を損なうものとして激しく攻撃していました。ところがあるとき『コーラン』の詠唱を耳にして回心し、その後はムハンマドの強力な支援者の一人となった[4]。彼はその武勇を発揮して、イスラム教の勢力拡大に大きく貢献します。

第2代カリフに就任したウマルは、ウンマの防衛と発展のために、積極的にジハードを行いました。彼は六三六年八月の「ヤルムークの戦い」においてビザンツ帝国軍を撃破し、それを皮切りに、シリアやエジプトの領土を獲得していった。さらには六三六年一一月の「カーディシーヤの戦い」と六四二年の「ニハーヴァンドの戦い」でササン朝ペルシャ帝国軍を破り、同国を滅亡させ、イラクやイランをも征服しました。彼の力によってアラビア半島の完全な制圧が達成されると同時に、その周辺地域にまで領土が拡大したのです。こうしてイスラム教のウンマは、「イスラム帝国」と呼ばれるのに相応しい規模にまで成長しました。

このようにウマルは、軍事に秀でた指導者であったため、「カリフ」と並んで「信徒たちのアミール（アミール・アル＝ムーミニーン）」と称されました。「アミール」とは、総督や司令官を意味する言葉であり、ウマル以降、アッバース朝に至るまでの歴代カリフは、その称号を好んで用いるようになります。[5]

ちなみに、イスラム教の歴史においては、ウンマの長を示す称号としてカリフとは異なる用語が生まれ、やがては別の存在として独立してゆくという現象が見られます。ウンマが成長して支配領域が拡大するに従って、リーダーに位置する役職も、どうしても複数化せざるを得なかったと思われるのです。歴史のなかで現れたさまざまな称号を一覧にすると、上のようになります。イマーム、マリク、スルタンといった称号については、後に触れることになるでしょう。

イスラム教における長の称号

聖	カリフ（後継者）……	**スンナ派**
	イマーム（指導者）……	**シーア派**
俗	アミール（司令官）	
	マリク（俗権の王）	
	スルタン（権力者）	

ウマルの時代にウンマは大きく発展しましたが、同時にその際、以降も長く尾を引き続ける問題の一つが発生しました。すなわち、民族間の摩擦や対立です。

ムハンマドの時代には、ウンマの構成員はその大半がアラブ人でしたが、ウマルの時代になると、他のさまざまな民族がそこに加わりました。そのなかで一大勢力となったのは、ペルシャ人たちです。彼らは、中東世界の真の支配者は自分たちであるという誇りを持っていましたから、イスラム教を受け入れながらも、アラブ人に優位に立たれることを決して良しとはしなかった。このためウンマは、アラブ人とペルシャ人の対立という問題を抱え込むことになります。そしてウマルもまた、六四四年、彼の統治に恨みを抱いたペルシャ人の奴隷によって殺害されてしまいました。

第3代カリフ、ウスマーン（在位：六四四－六五六）

死に瀕したウマルは、次のカリフの候補者として六名を挙げました。その後に長老会議が開かれ、ウスマーンという人物が第3代カリフに選ばれます。

ウスマーンは、クライシュ族のウマイヤ家に属する裕福な商人の一人でした。前講で見たようにウマイヤ家は、クライシュ族の主流派を形成していた人々であり、彼らは本来、ハーシム家出身のムハンマドが始めたイスラム教の運動に反対していました。ところがウスマーンは、ムハンマドの娘に恋をしたことを切っ掛けに、早い時期からムハンマドと交流し、イスラム教に帰依していたため、カリフに適任であると見なされたのです。またウマイヤ家は、ウマルの時代にもさらに勢力を伸ばしていましたので、同家の隆盛がウスマーンのカリフ就任を後押ししたのかもしれません。

ウスマーンの治世の前半期には、ウンマの領土はなおも広がり続けました。そこで彼は、広大な領域を統治するために、官僚機構の整備、戦利品の適切な分配に努めた。加えてウスマーンは、『コーラン』の編集を手掛けたことでも知られています。それより以前、ムハンマドが残した預言は、さまざまな弟子たちが暗記したり、石や葉に刻まれたりすることによって伝承されていたのですが、ウスマーンはそれらを収集・編纂し、一冊の書物の形態に纏《まと》め上げたのです。こうした作業は、メッカやメディナから遠く離れた地域にまで教説を正しく伝えるために必要なものでした。このように彼の時代には、イスラム教的な統治の基本体制が整えられていったのです。

ところが、ウスマーンの治世の後半期には、大征服の時代は終わりを迎え、戦利品の収入も減少してしまいました。このときウスマーンは、官僚機構の主要な地位にもっぱらウマイヤ家の人々を据え、限られた収入を彼らに優先的に分配したため、それに対する不満が高まっていった。その結果ウスマーンは、数百名の下級兵士たちの反乱により、メディナのカリフ邸で殺害されたのです。

第4代カリフ、アリー（在位：六五六－六六一）

次のカリフに就任したのは、前講でも触れたアリーでした。アリーは、ムハンマドを大切に育てた叔父のアブー・ターリブの息子であり、ムハンマドの従兄弟に当たります。そしてアリーが5歳のとき、アブー・ターリブの一家が経済的に困窮したため、ムハンマドとハディージャに養子として引き取られた。さらに青年に達すると、ムハンマドの娘の一人と結婚しています。

このようにアリーは、ムハンマドと特に関係が深い人物であり、早くからカリフ就任を期待されていました。とはいえ、ムハンマドが死去した頃にはまだ30歳ほどの若さであったため、それが見送られていたのです。

結果としてアリーは、第3代カリフのウスマーンを殺害した兵士たちの推挙を受けることにより、第4代カリフに就任しました。当時のウンマでは、ウスマーンがウマイヤ家の人々を重用したことに対する不満が高まっていましたので、ムハンマドと同じハーシム家の出身者であるアリーをカリフに掲げることで、イスラム教の原点に戻ることが目指されたと思われます。

とはいえそれが、クライシュ族におけるハーシム家とウマイヤ家の対立を再燃させてしまう。シリア総督を務めていたウマイヤ家の有力者の一人ムアーウィヤは、アリーがウスマーンを殺害した兵士たちの支持を受けてカリフに就任したことに、激しく憤りました。イスラム教以前のアラブの部族社会においては、同族の者が殺されれば「血の復讐」を行

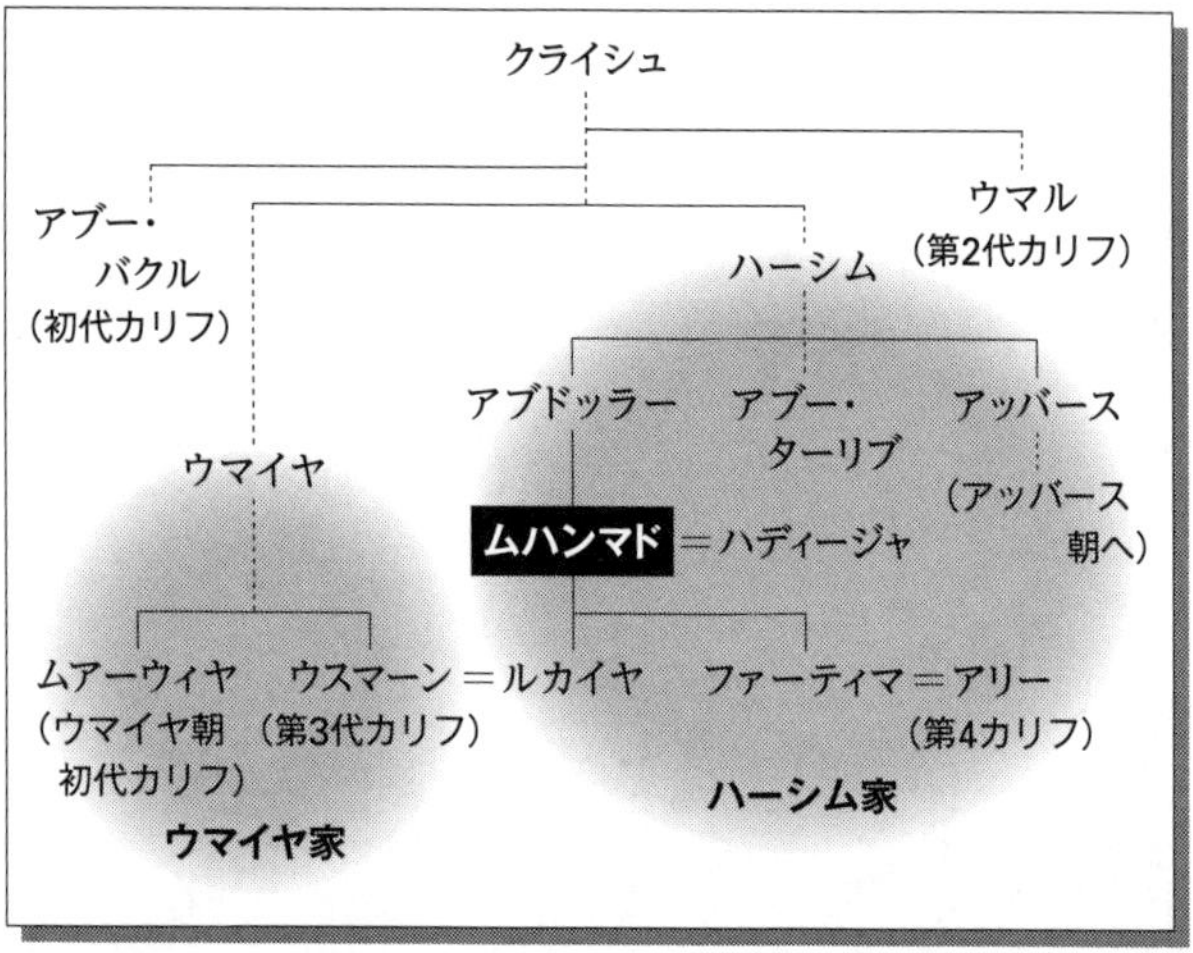

ハーシム家とウマイヤ家の系図

うことが義務づけられていましたので、その感覚からすれば、アリーがカリフに就任するまでの経緯は到底看過できなかったのでしょう。

アリーとムアーウィヤの対立は激化し、六五七年に「シッフィーンの戦い」が起こります。しかし戦闘では決着が付かなかったため、両者は会議を開いて調停を結ぼうとした。ところが、それでもなかなか妥協点が見つからなかった。するとある者たちは、長引く話し合いに痺《しび》れを切らし、そもそもこうした交渉自体が、「もし信者同士が二派に分れて喧嘩をはじめたら、……徹底的にその悪い方を攻めて、アッラーの御命《みこと》にたち還らせるよう」という『コーラン』49：9の規定に反するのではないか、

と主張し始めたのです。(6)

こうして約三千名がアリー軍を去り、イスラム教における最初の分派を形成しました。彼らは「離脱派《ハワーリジュ》」と呼ばれています。その後、アリー勢とハワーリジュ派の関係は急速に悪化し、六六一年にアリーは、同派の放った刺客によって殺害されてしまったのです。

ウンマに生じた分裂

以上、初代から4代までのカリフの経歴を、簡単に紹介しました。これらのカリフが統治した時代を、「正統カリフ時代」と称します。ムハンマドの直弟子であった「教友《サハーバ》」と呼ばれる人々からカリフが選ばれ、イスラム教の理念が正しく社会や政治に反映された時代、さらには、イスラム教徒たちが複数の宗派に分裂せずに一致していた時代、という意味です。

とはいえ、正統カリフ時代を過度に理想化するのは、事実に即していないようにも思われます。当時のウンマがすでに大きな問題を抱えていたということは、何より、四人のカリフのうち三人までが殺害されていることに如実に表れている。ムハンマドが死去し、カリフ制が始まった当初から、その内部には矛盾が生じていたのです。

ウンマに生じた分裂は、時代を経るに従って複雑化しましたが、根本的には二つの要因から派生したものと考えられます。まず一つ目は、クライシュ族内の勢力争いです。すでにムハンマドが直面していたこの問題は、カリフの時代になっても完全には払《ふっ》拭《しょく》されず、アラブ人を分裂させる原因となり続けました。それはアリー殺害の切っ掛けを生み、さらにはこれ以降、ウマイヤ家中心のウマイヤ朝、ハーシム家中心のアッバース朝という、二つのイスラム帝国を成立させることになります。

　そしてもう一つは、民族的な対立という要因です。先に触れたように、アラブ人とペルシャ人の関係は、必ずしも良好ではありませんでした。さらに後に見るように、アッバース朝期においては、新たな勢力としてトルコ人が現れ、民族対立が一層複雑化してゆく。そして、こうした対立関係を背景としながら、「スンナ派」と「シーア派」というイスラム教の二大宗派が成立していったのです。

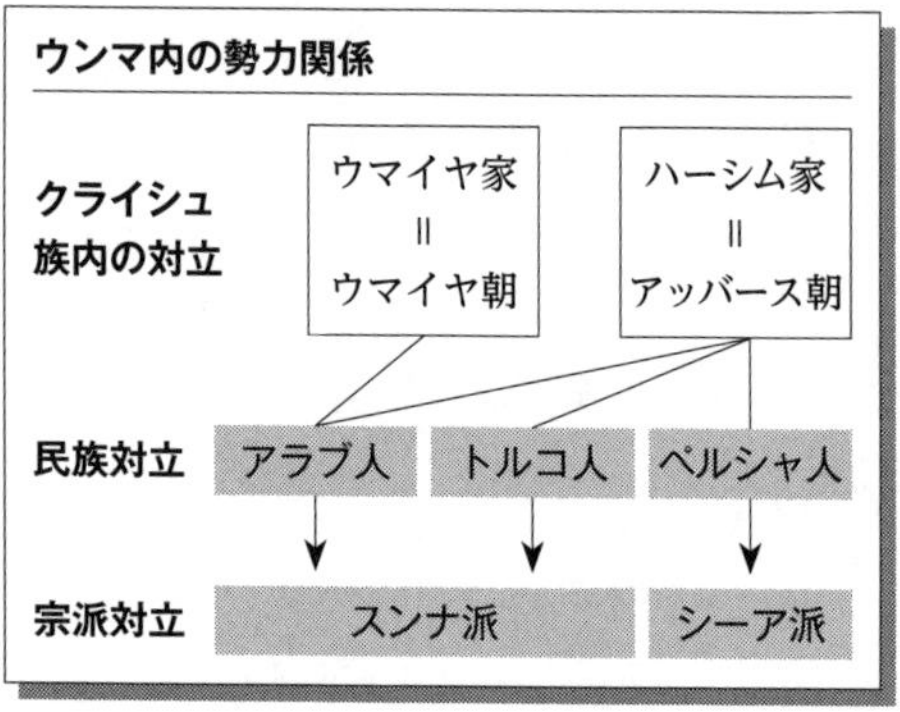

　以上の状況を簡潔に図式化すると、右のようになるでしょう。極めて大雑把な整理に過

ぎませんが、一つの見取り図としてご覧いただければ幸いです。

2　イスラム国家の発展②——ウマイヤ朝時代

ウマイヤ家によるカリフ独占

シリア総督であったムアーウィヤは、六六〇年、アリーに対抗し、自分こそが真のカリフであると宣言しました。そして翌年、アリーがハワーリジュ派によって暗殺されると、カリフの地位を確固たるものにします。さらにムアーウィヤは、カリフ位を自らの息子に世襲させせました。以降14代、約百年間にわたって、ウマイヤ家の出身者がカリフ位を独占する時代が続きます。すなわち、「ウマイヤ朝」と称される王朝です。

とはいえ、ウマイヤ家によるカリフ位の独占といった事態は、「協議《シューラー》」に基づいて高い宗教心と人格を備えた人物をカリフに選出するという、イスラム教本来の規則に即したものではありませんでした。ゆえにウマイヤ朝時代には、その統治に反対する勢力が絶えず現れ続けた。彼らは同朝のカリフを、蔑みの意味を込めてしばしば「マリク（俗権の王）」

と称したのです[7]。

シーア派の誕生

ウマイヤ朝に対する最も強烈な反発は、やはりアリーの支持者のなかから現れました。当然ながら彼らは、ムアーウィヤのカリフ就任を認めようとはしなかった。そして六八〇年、彼の息子のヤジードがカリフに就任すると、これに激昂し、アリーの息子のフサインこそが真のカリフであると主張したのです。

とはいえ、二〇年にわたって続いたムアーウィヤの統治期間に、ウマイヤ家を中心とする支配体制はすでに強力な基盤を獲得しており、その一方、アリー＝フサイン派は微弱な勢力に落ち込んでいました。フサインたちは蜂起を目指してメディナを出発したのですが、カルバラー（現在のイラク中部）でウマイヤ朝軍に包囲され、為す術もなく虐殺されてしまう。「カルバラーの悲劇」と呼ばれる事件です。

ハーシム家の出身者であり、ムハンマドの血を引く人間を、カリフの軍勢が一方的に殺害したという事実は、イスラム教徒全体に衝撃をもって受け止められました。特にフサインの支持層からは、彼を助けずに見殺しにしてしまったことを激しく後悔する人々が現れた。彼らは「悔悟者たち《タウワーブーン》」と呼ばれ、フサインの遺志の継承を心に刻むようになります。

こうした勢力を中心に、「アリーの党派《シーア》」＝「シーア派」が形成されていったのです。

国家機構の整備

他方でウマイヤ朝は、シリアのダマスカスに首都を移し、広域支配を可能とする国家体制を整えてゆきました。その際に重要な柱となったのは、行政を担当するためのさまざまな官庁（ディーワーン）を創設したことです。

主要な官庁としては、租税を徴収する税務庁、軍人に俸給を支給する軍務庁、中央政府の文書を管理する文書庁、カリフの印璽《いんじ》を扱う印璽庁などが存在しました。⑧また、ビザンツ帝国やササン朝ペルシャ帝国の制度に範を取りながら、「バリード」と呼ばれる通信網を整備していった。各都市を幹線道路で結び、早馬で情報を伝える駅逓《えきてい》のシステムです。さらに中期以降には、専門の裁判官（カーディー）が任命され、各地で法務に当たりました。⑨

以上のような制度面の整備を背景に、ウマイヤ朝は、正統カリフ時代以上に領土を広げました。特に西方においては、北アフリカ、イベリア半島をも征服し、一時は西ヨーロッパ世界を飲み込もうとする勢いを見せたのです。

しかし当時の西ヨーロッパでは、フランク王国の隆盛が始まっていました。第６講で触れたように、同国の宮宰カール・マルテルは、七三二年の「トゥール・ポワティエの戦い」においてウマイヤ朝軍を破り、イスラム教がピレネー山脈を越えてヨーロッパに進出することを食い止めています。とはいえ、フランク王国もイベリア半島を奪還することはできず、同地はその後七百年以上にわたり、イスラム教の支配下に置かれ続けたのです。

3 イスラム国家の発展③——アッバース朝時代

アッバース革命

ウマイヤ朝は、イスラム帝国を支えるための諸制度を整えましたが、その体制は依然としてアラブ人中心、ウマイヤ家中心でしたので、そこから疎外された人々の不満が鬱積《うっせき》してゆきました。すなわち、民族的にはペルシャ系、宗派的にはシーア派の人々を中核とする抵抗運動が生じたのです[10]。

反ウマイヤ勢力は、「ムハンマドの一族から、皆が満足する人を指導者に選ぼう」というスローガンを掲げ、七二〇年頃から結集を始めます[11]。そして新たな指導者として、ハーシム家のなかから、ムハンマドの叔父に当たるアッバースの一族を選びました。彼らは当時、政治に関与することなく、パレスチナ南部で静かに暮らしていたのですが、反ウマイヤ運動の旗頭として担ぎ出されたわけです。[12]

運動の盛り上がりを受け、七四七年には、アブー・ムスリムという人物が中央アジアで蜂起しました。彼の来歴については、ペルシャ人の奴隷出身であった、シーア派の一人であったと伝えられていますが、正確なことは分かっていません。ともあれ彼のもとには、ウマイヤ朝に不満を抱く人々が数多く集まったのです。

アブー・ムスリムの軍勢は急速に膨れ上がり、イラン東部を支配下に収めた後、七四九年にアブー・アッバースをカリフとして掲げる「忠誠の誓い」を行いました。彼らは七五〇年に首都ダマスカスを陥落させ、ウマイヤ朝の最後のカリフであるマルワーン2世を殺害した。[13]こうして新たに「アッバース朝」が立てられたのです。

このようにアブー・ムスリムは、アッバース革命を成功に導いた第一の功労者であり、その報奨として、ホラーサーンの総督に任じられました。ところが、支配者の地位を得たアッバース家の人々は、ペルシャ系の勢力が必要以上に強大化することを望んでいなかった。そのためアブー・ムスリムは、アッバース朝第2代カリフのマンスール（在位：七五四－七七五）によって、七五五年に暗殺されてしまいます。

国際都市バグダードの繁栄

　マンスールは約二〇年の統治のあいだに、アッバース朝の基礎を作り上げました。その最も大きな業績は、七六二年、チグリス川の畔《ほとり》に新都バグダードを建設したことです。同都の中心部は円形の壁で囲まれ、カリフの宮殿のほか、各種の官庁、親衛隊の駐屯所などが設けられました。また当時は、唐から製紙の技術が伝わっていたため、綿密な書類を作成し、広大な領土を合理的に統治することが可能となっていた。アッバース朝においては、高度な中央集権的官僚制が実現したのです。マンスールはバグダードを「平安の都《マディーナ・アッサラーム》」と称しました。

　バグダードは順調に発展し、第5代カリフのハールーン・アッラシード（在位：七八六－八〇九）の治世に最盛期を迎えました。彼はビザンツ帝国との戦いに勝利するほか、国内の反乱を鎮圧し、帝国の平和を実現した。またその上で、交易や学芸を積極的に振興した。こうしてバグダードは、東西の交易路の中心となり、商人の活動範囲は、東は中国・東南アジア・インドから、西はアフリカにまで及んだのです。

　ハールーン・アッラシードは、『千夜一夜物語』に登場するカリフとしても知られています。同書はアラブのみならず、ペルシャ・インド・中国などに由来するさまざまな説話を集成して編まれた文学作品であり、当時のバグダードの国際性を良く体現している。同都の人口は二百万人に達し、バグダードは唐の長安と並んで、世界的な文化の発信地になったのです。

知恵の館とアラビア・ルネサンス

ハールーン・アッラシードは、文化活動の一環として、「知恵の宝庫」という図書館を作りました。そして第7代カリフのマアムーン（在位：八一三－八三三）はそれを発展させ、八三〇年頃に「知恵の館」という名称の学術機関を創設します。そこには多くの学者たちが集まり、古代ギリシャの古典文献を積極的に翻訳しました。具体的には、プラトンの『国家』や『ティマイオス』、アリストテレスの『形而上学』や『自然学』、ポルピュリオスの『イサゴーゲー』⑭といった哲学書、ヒポクラテスやガレノスの医学書、プトレマイオスの天文学書や地理書、ユークリッドの幾何学書などです。

こうした翻訳活動が大きな知的刺激となり、バグダードにおいては、後に「アラビア・ルネサンス」⑮と称されるような高度な文化活動が展開されました。キリスト教神学がギリシャ哲学を積極的に吸収していったのと同じく、イスラム教神学もまた、ギリシャ哲学に由来する諸概念を用いて、自らの論理的体系化を進めていったのです。当代の著名な哲学者としては、キンディー（八〇一頃－八七三頃）やファーラービー（八七〇頃－九五〇頃）が挙げられます。また医学者のラージー（八六五頃－九二五頃）は、ガレノスを模範としながら臨床研究を積み上げるほか、実験に基づく錬金術の研究を手掛けました。さらにイブン・シーナー（九八〇－一〇三七）は、アリストテレスを継承しつつ、哲学・医学・自然科学といった諸学問を体系化していったのです。

古代ギリシャ文化から学んだ手法は、イスラム文化の見直しのためにも用いられました。すなわち、タバリー（八三八－九二三）やマスウーディー（八九六頃－九五六）といった学者たちは、イスラム世界の歴史や地理を実証的な仕方で調査するようになった。また後に見るように、ムハンマドの言行録である「ハディース」の編纂も進められ、イスラム法学の発展が推進されました。[16]

アラビア・ルネサンスの諸相

①ギリシャの学術文献の翻訳
②イスラム神学とギリシャ哲学の融合
③医学や自然科学（錬金術）の発展
④実証的な歴史書や地理書の執筆
⑤イスラム法学の発展（ハディースの編纂）

バグダードで開花したアラビア・ルネサンスの諸相は、上のように整理されます。こうした文芸復興の動きは、実に遠くヨーロッパにまで影響を及ぼし、「十二世紀ルネサンス」と呼ばれる現象を生みだしていったのですが、それについては第10講で論じる予定です。

アッバース朝の衰退とトルコ人の台頭

以上のようにアッバース朝は、ハーシム家のカリフとそれを補佐する官僚機構を基軸に据えながら、国際的な文化を作り上げました。とはいえその繁栄も、9世紀半ばには早くも陰りを見せ始める。同朝の中心からなおも遠ざけられたペルシャ系やシーア派の人々が、地方で独自の政権を樹立したり、カリフの権威に挑戦したりするようになっていったからです。

アッバース革命は、中央アジアやイランから始まりましたが、最大の功労者であったアブー・ムスリムが暗殺されたことに表れているように、それらの勢力は必ずしもアッバース朝によって厚遇されませんでした。そのため彼らは、武力的優位性を背景としながら、徐々にアッバース朝から独立するようになった。同地域では、ターヒル朝（八二一－八七三）、サッファール朝（八六七－九〇三）、サーマーン朝（八七五－九九九）といったペルシャ系の王朝が次々と成立したのです。

他方で北アフリカでは、シーア派の一派である「イスマーイール派」が独自のカリフを掲げ、新たにファーティマ朝（九〇九－一一七一）を興しました。さらにイラン・イラク地方では、シーア派の主流である「十二イマーム派」が興隆し、バグダードをも勢力下に置いて、ブワイフ朝（九三二－一〇六二）を創建します。同朝は「大アミール」の称号を認めさせ、アッバース朝のカリフを傀儡化したのです。こうして10世紀後半になると、イスラム世界は、さまざまな王朝がモザイク状に混在する状態と化しました。

こうした混乱のなか、着実に勢力を伸ばしていったのは、アラブ人でもペルシャ人でもなく、第三の勢力であるトルコ人でした。彼らは元々、中央アジアの平原に居住する遊牧騎馬民族であり、疾駆する馬の背中から合成弓を用いて正確に矢を射るなど、高い戦闘能力を誇っていた。トルコ人の存在は、商業網の拡大に伴って中東にも知られるようになり、アッバース朝を含む諸王朝は軍事力を補強するため、好んでトルコ人を登用したのです。

トルコ勢力は、当初は「マムルーク（所有された者）」と呼ばれ、軍人奴隷として扱われました。しかしそのなかには、顕著な武勲を挙げ、奴隷の身分から解放される者も現れた。それればかりか、さまざまな王朝が抗争を繰り返す過程において、彼らは陰の実力者として君臨するようになり、政治を自由に左右していったのです。アッバース朝においては、多くのトルコ人が将軍の地位を占め、カリフを完全に傀儡化しました。そのため、9世紀後半に登場した10代から14代までのカリフは、すべて彼らによって暗殺されています。

さらに10世紀末になると、セルジュク率いるトルコ系の集団が中央アジアで勃興し、周囲の諸王朝を飲み込みながら勢力を拡大しました。彼らは一〇三八年にイラン一帯を制圧、一〇五五年にはブワイフ朝を退けてバグダードを支配し、カリフに「スルタン（権力者）」

という称号を認めさせています。

こうして成立したセルジュク朝は、以降も軍事征服を繰り返し、11世紀末には中央アジアから中東に及ぶ広大な領域を支配しました。同朝はビザンツ帝国にも大きな脅威を及ぼしたため、その結果としてヨーロッパから十字軍を呼び寄せるのですが、それについては次講で見ることにしましょう。

その後もアッバース朝とカリフ制は存続しましたが、あくまで名目的な存在に過ぎず、実際の権力はスルタンが掌握しました。そしてアッバース朝は、中央アジアの別の遊牧騎馬民族であるモンゴル人のフラグ・ハンの襲来によって、一二五八年に滅ぼされてしまう。一二九九年には、トルコ人を中心としてオスマン帝国が樹立され、実に一九二二年までの六百年以上にわたって、スルタンを統治者とする多民族国家が存続することになったのです。

ムハンマドの逝去後、イスラム帝国が辿った歴史は、概略として以上の通りです。イスラム教は当初、すべての信徒が一つの共同体《ウンマ》に集い、ムハンマドの後継者たる唯一のカリフがそれを率いるという、極めてシンプルな体制を希求していました。とはいえ、そうした体制がかろうじて成立していたのは、正統カリフ時代の約三〇年間に過ぎず、ウマイヤ朝、アッバース朝へと時代が進むにつれ、次第に深刻な矛盾や綻《ほころ》びを見せていった。9世紀半ばにはカリフはすでに傀儡化されており、そして13世紀のアッバース朝の滅亡により、歴史の表舞台から姿を消してしまう。[17] その後もカリフ制は、実質的には再興されることがなかったのです。[18]

4 スンナ派におけるイスラム法学の発展

スンナ派とシーア派

以上のように、イスラム教とそのウンマは、急速に発展・拡大すると同時に、信仰形態の差異や民族間の対立によって、複数に分裂しました。本講では続いて、イスラム教の二大宗派であるスンナ派とシーア派の概要を見てゆくことにしましょう。

現在のイスラム教においてスンナ派は、圧倒的な多数派に位置しています。全信徒の約9割がスンナ派に属し、地理的にも主に、西はアフリカから東は東南アジアに至るまで、広範な地域に普及している。これに対してシーア派は、イスラム教全信徒の1割程度であり、かつてのペルシャ、すなわち、現在のイランとイラクを中心とする一帯に普及しています。

スンナ派とシーア派を大まかに比較してみると、前者が「イスラム法とカリフ制」を重視するのに対して、後者は信仰の中核に「アリーの血統」を置くという違いがあります。スンナ派では、指導者としてカリフを掲げますが、彼はその名の通り、預言者ムハンマドの「後継者」に過ぎず、カリフもまた、イスラム法に服従しなければならない。これに対して、スンナ派への反発から生まれたシーア派においては、指導者は一般に「イマーム」[19]と呼ばれ、その役職に就くことができるのは、ムハンマドの従兄弟であったアリーの血筋を引く者に限られます。そしてイマームは、預言者と同等、あるいはそれ以上の存在とさえ捉えられ、彼の行動や言葉は、新たな法源にもなり得るのです。

それではまず、スンナ派におけるイスラム法のあり方から見てみましょう。

コーランとハディースの編纂

生前のムハンマドは、宗教・政治・司法など、あらゆる分野における責任者であり、ウンマで生じるさまざまな問題は、彼に相談することで決せられていました。しかしムハンマドが死去すると、その後継者としてカリフを選定するほか、人々が準拠し得る規範や法を明確化することが必要になったのです。

そこで最初に行われたのは、『コーラン』の編纂でした。先に述べたように、その事業を手掛けたのは、第3代カリフのウスマーンです。彼はムハンマドの秘書を務めていたザイドという人物に、ムハンマドに下された預言を結集・編纂するように命じた。こうして『コーラン』の原本が作られたのです。

しかしそれにより、すべての問題が解決されたわけではありませんでした。『コーラン』は全体として、信仰や道徳の基本線を示すものではあっても、生活上の諸問題の具体的な裁定方法までをも明らかにするものではなかったからです。そのためイスラム教徒は、多くの教友たちから聞き取りを行い、生前のムハンマドがどのような言動を示していたか、なかでも、さまざまな問題にどのような裁定を下していたかということを、収集・記録してゆきました。それは、アラビア語で「伝承」を意味する「ハディース」と呼ばれます。一例として、拾得物の扱いに関する規定を見ましょう。

ザイド・ブン・ハーリド・アル・ジュハニーによると、或る男が預言者に拾い物について尋ねたとき、彼は「その包みをよく調べ、一年の間人々に公示し、その後で使ってよろしい。しかし持主が現われたら返しなさい」と答えた。次にその男が、迷った駱駝の場合はどうかと尋ねたとき、預言者は顔を真赤にして怒り、「お前とその駱駝と何のかかわりがあろう。駱駝には足があり水場もあるので、いつでも自分で水を飲み草を食《は》みに行ける。だから主人に出会うまで放っておきなさい」と言った。さらにその男が迷った羊について尋ねたところ、彼は「それはお前、或いはお前の兄弟、或いは狼のものだ」と答えた。

（『ハディース』「知識の書」28：2）[20]

ハディースは基本的に、ムハンマドの謦咳《けいがい》に触れたことのある教友からの聞き取りによって収集されました。とはいえその営みは、正統カリフ時代だけではなく、ウマイヤ朝期、アッバース朝期にも継続され、極めて膨大な量の語録が積み上げられていった。明らかに、出所の怪しいハディースが数多く紛れ込んだわけです。その主な原因としては、さまざまな宗派や権力者が自分に都合の良いハディースを捏造した、物語り師たちが民衆受けを狙って創作した、などの事態が想定されています[21]。

こうした問題に対処するため、ハディースを専門的に扱い、その真贋《しんがん》を精査する学者たちが登場しました。最も有名な人物は、ブハーリー（八一〇-八七〇）というハディース学者です。彼は諸地域を遍歴し、百万にも及ぶハディースを収集した。ブハーリーは驚異的な記憶力を有しており、そのなかの六〇万のハディースを暗記していたと伝えられています。そして少しでも疑わしい点のあるものをすべて廃棄し、残ったハディースを、内容の質や伝承経路の信頼性という観点から、「真正《サヒーフ》」「良好《ハサン》」「薄弱《ダイーフ》」という三つのランクに振り分けた。結果的に「真正」のハディースとして約七三〇〇が選ばれ、ブハーリーはそれらを九七部門に分類し、『真正集』として編纂したのです。同じく著名なハディース学者であるムスリム・イブン・アル＝ハッジャージュ（八二〇頃－八七五頃）もまた、約七四〇〇のハディースから成る『真正集』を編纂しており、スンナ派においては、この二者のハディースが特に正統的なものと認識されています[22]。

コーランがイスラム教の「第一聖典」であるのに対して、ハディースはしばしば「第二聖典」と称されます。先に述べたように、前者がイスラム法の基本精神を表すのに対して、後者はその具体的な運用方法を示している。やや水準の異なる話ではあるのですが、ユダヤ教においても、旧約聖書のモーセ五書という「成文律法」と、その具体的な解釈である「口伝律法[23]」が存在しており、イスラム教におけるコーランとハディースの関係も、それと類似しているように思います。

イスラム法の四つの法源

イスラム法は、アラビア語で「シャリーア」と呼ばれます。元々は「水場に至る道」という意味です。アラビア半島のような乾燥した環境においては、水場に到達できるかということは生死に関わる事柄ですので、「生命に至る道」「救いに至る道」という意味合いから、こうした名称が与えられているのです[24]。

イスラム法の法源としては一般に、左の四つが挙げられます。一番目のコーランについては、もはや説明は不要でしょう。二番目の「スンナ」はアラビア語で「慣行」を意味し、「スンナ派」の語源ともなった言葉です。具体的には、預言者の慣行を知るために、もっぱらハディースを参照するということになります。

三番目の「イジュマー」は、「合意」という意味です。ハディースの一つに、「わがウンマは迷妄（誤り）において一致することはない」というムハンマドの言葉があり、ウンマ全体で合意したことは法の根拠になり得る、と考えられています。理念的には、すべてのイスラム教徒の合意が求められることになりますが、それは現実的には難しいため、実際には、代表的な法学者たちがコーランやハディースに依拠しながら合意する、といった事態を指します[25]。

四番目の「キヤース」は、「類推」という意味です。すなわち、コーランやハディースに直接記載されていない問題が持ち上がってきた場合、法学者が、関連すると思われる章句から類推・敷衍《ふえん》することによって、裁定を下すのです。イスラム教においては原則的に、

四つの法源

①コーラン
②預言者のスンナ
③ウンマのイジュマー
④法学者のキヤース

時代に合わせて新たな法律を作ることができませんから、かなり応用的な法解釈が許容されています。

スンナ派公認の四法学派

イスラム法のあり方は、多くの学者たちが議論を繰り返すことによって、徐々に確立されました。そしてスンナ派においては、そうした過程で枝分かれした四つの法学派が公認されています。各派の特色を簡単に整理しておきましょう[26]。

①ハナフィー学派――判断重視

イラクの都市クーファで活動した、アブー・ハニーファ（六九九頃－七六七）を祖とする学派。当時のイラクでは、真正とは思われないハディースが多数出回っていた。そのためハナフィー学派では、法学者が自らの見解を示しながら、それらの真偽や合理性を慎重に判断することが推奨された。アッバース朝から保護を受け、シリアからインドに至る地域に広まり、その後もセルジュク朝やオスマン朝に支持された。

②マーリク学派――典拠重視

メディナで活動した、マーリク・ブン・アナス（七〇九頃－七九五）を祖とする学派。アブー・ハニーファが活動したイラクとは異なり、メディナでは信頼性の高いハディースが数多く伝承されていたため、マーリク学派では、過度に典拠を疑わず、その文言を尊重することが推奨された。アフリカの北部と西部やイベリア半島に広まった。

③シャーフィイー学派――対立の止揚《しよう》

シャーフィイー（七六七－八二〇）を祖とする学派。彼は、メッカで法学を修めた後にメディナへ移り、マーリク・ブン・アナスから教えを受けた。しかしマーリク学派には属さず、ハナフィー学派の判断重視、マーリク学派の典拠重視という対立を止揚し、イスラム法学の総合的な基盤を確立することに尽力した。シャーフィイー学派は、アイユーブ朝の保護を受けてエジプトで広まるほか、後には東南アジア一帯に普及した。

④ハンバル学派――厳格主義

イブン・ハンバル（七八〇－八五五）を祖とする学派。彼はシャーフィイーの弟子であったが、イスラム教徒のなかの不信仰者に対して厳しい処分を求めたため、師と袂《たもと》を分かったと言われる。その後もハンバル学派は、ギリシャ哲学に依拠する思弁神学や、スーフィズムに代表されるイスラム神秘主義を批判するなど、厳格な態度を打ち出した。14世紀のシリアで活動したイブン・タイミーヤ（一二六三－一三二八）が同派を再興し、18世紀には、彼の思想を継承するワッハーブ派が復古主義の運動を起こした。

スンナ派の四大法学派の概要は、以上の通りです。特にハンバル学派の動向は、「イスラム主義」と呼ばれる現代の潮流にも大きな影響を与えているため、後に再び取り上げることになるでしょう。(27)

カリフ位に関する法的規定

カリフをどのように規定するかということは、イスラム法における最重要のテーマの一つであり、特にアッバース朝期以降、本格的な議論が行われました。その代表例を見ましょう。

カリフの役割に関して最初に明確な見解を示したのは、ハナフィー学派に属する法学者、アブー・ユースフ（七三一－七九八）という人物でした。彼はアッバース朝第3代から第5代のカリフに仕え、大法官の地位に就任した。特に第5代カリフのハールーン・アッラシードのために、『租税の書』という書物を著しました。その序文では、カリフの役割が次のように規定されています。

高貴さと慈悲を備えた神は、［ウンマの］諸事を司る者を地上の代理人［カリフ］として任命し、彼に彼の臣民に降りかかる不正な事柄を照らし、彼らの義務のうちで不確かなものを明らかにする光を与える。……すなわち、罰を定め、根拠や明確な事柄によって所有者に権利を回復させ、敬虔な者によって始められたスンナを再興することである。そうしたスンナの再興は、消えることなく持続する善行の一つである。

（アブー・ユースフ『租税の書』[28]）

このようにカリフの責務は、スンナに基づいてイスラム法を施行し、それによって社会に光をもたらすこと、諸個人の権利を保護することにあると明記されています。また同書には、たとえカリフに就任しようとも、それで死後の救済が約束されるわけではなく、統治が成功したか、臣民の幸福を実現できたかということに応じて、厳しい審判を受けることになる、とも記されているのです。

古典的なカリフ制論の確立者と見なされているのは、シャーフィイー学派の法学者、アル＝マーワルディー（九七四－一〇五八）です。彼はペルシャに生まれ、各地で裁判官を務めた後にバグダードへ移り、アッバース朝第25代カリフのカーディル（在位：九九一－一〇三一）に仕えました。そして『統治の諸規則』という大部の書物を著し、イスラム教の政治制度論を詳述するとともに、カリフを選任する際の規則について明確化したのです。カーディルの時代には、すでにカリフ位は傀儡化されていたのですが、マーワルディーはそうした困難な状況にあって、「そもそもカリフとは何か」という問題を改めて考え直そうとしたわけです。

『統治の諸規則』の冒頭において、マーワルディーはカリフの性質を次のように規定しています。

> 至高なる力の持ち主である神は、ウンマのために預言者の地位を継ぐ指導者を定めて、信仰を基盤とする社会《ミッラ》を守り、政治を任せ給うた。神の定めに従ってまつりごとが行われ、遵守されるべき考え方に則ってすべての人々の意見を一致させるためである。
> ……ムスリムの社会の基礎を確立し、ウンマの繁栄を担う指導者にとって、イマーム制[29]は根本的な原則である。統治全般はすべてイマーム制に合致し、個別的な行政もイマーム制に基づいていなければならない。（アル゠マーワルディー『統治の諸規則』2頁）

マーワルディーはカリフを、ウンマにおいて「神の定め」＝イスラム法を貫徹させるための中心的存在に位置づけています。そして、ある人物が正統な方法でカリフに就任するためには、資格のある選挙人たちによって選ばれるか、前任のカリフによって後継者に指名される必要があること、さらには、本人が左のような七つの条件を備えていなければならないことを論じたのです(30)。

以上のように、スンナ派においてカリフは、イスラム法に基づく統治を保障するための要《かなめ》に位置する存在、また、一連の法的手続きに則して選定される存在と考えられるようになりました。

カリフになるための条件

①公正さ
②法的判断を下すことのできる知識
③視覚・聴覚・言語能力などの健全さ
④四肢の運動能力に欠陥がない
⑤公共福利の増進を促す意見を持つ
⑥敵と戦うための勇気と気概を備える
⑦クライシュ族の出身である

5　シーア派におけるイマーム崇拝

アリーの血統の神聖視

これに対してシーア派では、スンナ派とは大きく異なる「指導者《イマーム》」観が発達しました。シーア派によれば生前のムハンマドは、自身の後継者として明確な仕方でアリーを指名しており、そして以降のウンマの指導者は、アリーの血統を引く者のなかから選ばれなければならない、というのです。
先に述べたようにアリーは、ムハンマドの養子として育てられ、彼の娘ファーティマと結婚した、ムハンマドにとって取り分け親密な存在でした。またムハンマドは、「別離の巡礼」を終えた後の帰り道、ガディール・フンムという場所を訪れ、アリーを称える次のような説教を行ったと伝えられています。

ムハンマドは、……壇上に登り、アリーの腕を取って高く挙げて言った。「アリー・アビー・ターレブは、私の兄弟であり、私の代理人《カリフ》であり、イマームである。私の後、彼は私のすべての知識を獲得した。」さらに引き続いて次の有名な言葉を述べた、「私がその者のマウラー〔主人〕である者は誰でも、アリーがその者のマウラーである。神は、彼を愛する者を愛され、彼を憎む者を憎まれる。彼を援助する者を援助せよ。そして、彼に従う者に従え。」
（ガディール・フンムの説教[31]）

このような趣旨の説教が行われたこと自体は、スンナ派もシーア派も共通して認めています。とはいえ、果たしてそれが、アリーがムハンマドの後継者として選ばれたことを意味するのかという点で、両派の見解は食い違うのです。すなわちシーア派は、ムハンマドが死去した後、アリーこそが直ちにカリフに就任するべきだったのであり、初代から3代までのカリフは不当に権力を簒奪《さんだつ》した、と見なしています(32)。

そして先述したようにアリーは、4代目のカリフに就任したものの、刺客の手によって暗殺されました。また、彼の息子のフサインも、ウマイヤ朝によってカルバラーで虐殺されてしまったのです。

ところが、こうした悲劇を通して、アリーの支持者の結束は逆に強固なものとなり、それを基盤としてシーア派が誕生しました。なかでもフサインの殉教は、シーア派にとって範例的な位置づけを与えられています。同派における最大の祭典である「アーシュラー」では、人々はフサインの痛みを追体験し、その死を悼むため、ナイフや鎖の束で自らの体を傷つけるのです。スンナ派の掲げるカリフたちが偽りの存在であり、真のイマームはアリーとフサインの血統を引く者であるという観念は、シーア派にとって強固なアイデンティティの基盤となっています。

十二イマーム派の成立

シーア派が掲げるイマームは、主流のイスラム教徒たちから常に迫害されましたが、それを耐え忍びながら血統を繋いでゆきました。イマームの系図は次頁の通りです。

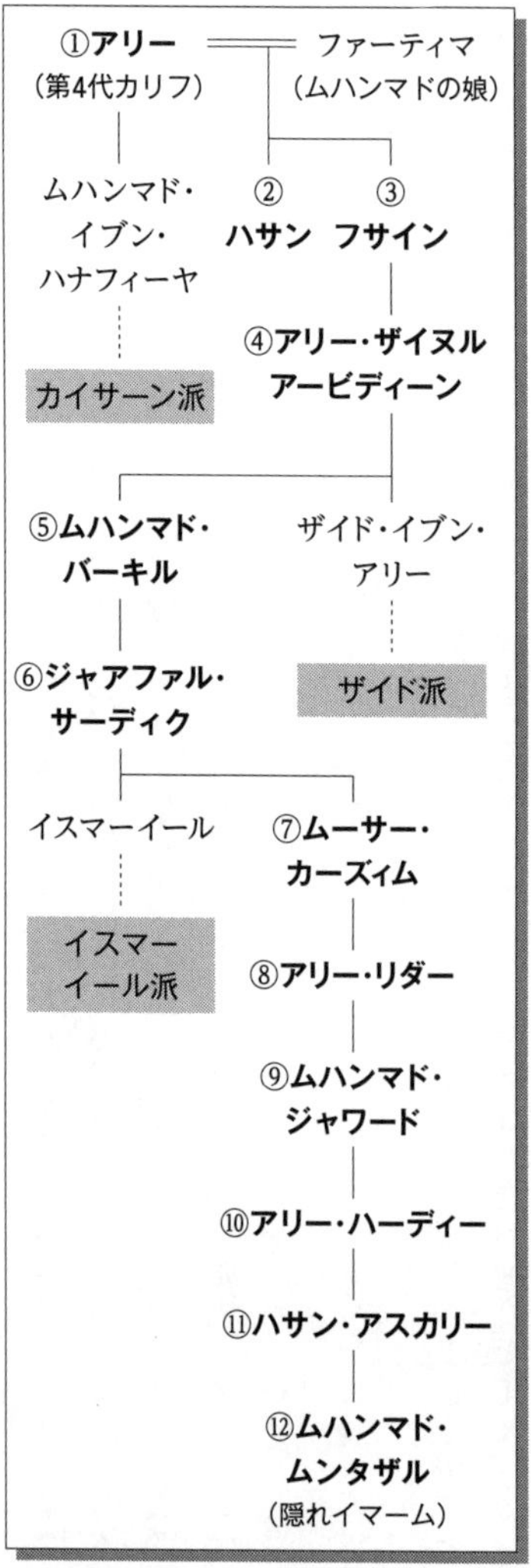

シーア派の歴代イマーム［桜井啓子『シーア派』24頁より］

シーア派のなかには、アリーの曽孫であるザイドという人物を奉じ、ウマイヤ朝から政権を奪還しようとした「ザイド派」や、第7代イマームの認定を巡って分裂した「イスマーイール派」なども存在しますが、最も大きな宗派は「十二イマーム派」と呼ばれるものです。その名の通り、一二人のイマームを正統な存在として認めており、アリーが初代イマーム、フサインが第3代イマームに位置づけられます。第4代から11代までのイマームのプロフィールを、簡単に紹介しておきましょう。(33)

第4代　アリー・ザイヌルアービディーン（六五八－七一三）……フサインの息子たちのなかで、カルバラーの虐殺を唯一免れた。彼の母親はペルシャ王家の娘であったと伝えられ、こうしてイマームの血統とペルシャ人の血統が合流することになった。シーア派の伝承によれば、ウマイヤ朝第6代カリフのワリード1世によって毒殺された。

第5代　ムハンマド・バーキル（六七六－七三三）……ウマイヤ朝に反抗したザイド派と異なり、政治への関与を避けてメディナで暮らした。しかしシーア派の伝承によれば、ウマイヤ朝第13代カリフのイブラーヒームによって毒殺された。

第6代　ジャアファル・サーディク（七〇二－七六五）……ウマイヤ朝が崩壊し、アッバース朝が成立した時期に生涯を送った。優れた法学者として知られ、シーア派の教義の確立に寄与するほか、スンナ派の法学にも影響を与えた。神秘家としての素質にも恵まれ、アリーの血統はムハンマドから「原初の光」を継承しているというイマーム論を唱えた[34]。シーア派の伝承によれば、アッバース朝第2代カリフのマンスールによって毒殺された。

第7代　ムーサー・カーズィム（七四五－七九九）……アッバース朝から執拗な弾圧を受け、シーア派の伝承によれば、第5代カリフのハールーン・アッラシードによって毒殺された。

第8代 アリー・リダー（七六六－八一八）……シーア派との融和を図るという名目のもと、アッバース朝第7代カリフのマアムーンによってメディナからメルヴに移されたが、その二年後に死亡。シーア派の伝承によれば、マアムーンによって毒殺された。

第9代 ムハンマド・ジャワード（八一一－八三五）……アリー・リダーの急死を受け、7歳でイマームに就任。アッバース朝下のバグダードで生活した。シーア派の伝承によれば、同朝第8代カリフのムウタスィムによって毒殺された。

第10代 アリー・ハーディー（八二八－八六八）……ムハンマド・ジャワードの急死を受け、6歳でイマームに就任。その頃アッバース朝は、シーア派が増加しつつあることを危惧し、フサインの墓廟《ぼびょう》を破壊するなど、同派への弾圧を強めた。シーア派の伝承によれば、アッバース朝第10代カリフのムタワッキルによって毒殺された。

第11代 ハサン・アスカリー（八四六－八七四）……アッバース朝の監視下に置かれながら、サーマッラーで生活した。シーア派の伝承によれば、アッバース朝第15代カリフのムウタミドによって毒殺された。

どうしても注目せざるを得ないのが、4代から11代までのすべてのイマームが、ウマイヤ朝やアッバース朝のカリフによって「毒殺された」と伝えられていることです。ちなみに、初代イマームのアリーはハワーリジュ派によって殺害され、第2代イマームのハサンはウマイヤ朝初代カリフのムアーウィヤが殺害、第3代イマームのフサインはカルバラーで虐殺されていますから、初代から11代までの全イマームが殉教を遂げている、ということになります。

もちろん、これは基本的に、「シーア派の伝承によれば」という前提が付いた上での話ですので、そのすべてを文字通りの史実と捉えることはできないでしょう。しかしながら、同時にそこには、シーア派のイマーム観や自己理解が如実に表れてもいる。すなわち、不法にして横暴なカリフの弾圧により、イマームたちの血は常に流され続けてきた。とはいえそれは、彼らが真の信仰の保持者であったことの何よりの証しであり、現世での苦難と引き換えに、来世での安寧を約束されている——。シーア派はそのように考えるのです。(35)

第12代イマームの幽隠と再臨

苛烈な迫害を乗り越えてきたイマームの系譜も、ついに12代目で断絶することになりました。その状況は、以下のように伝えられています。

第11代イマームのハサン・アスカリーは、27歳の若さで毒殺されました。そして彼は、迫害を恐れたためか、自身に跡継ぎがいるかどうかを公表していませんでした。ところが、叔父の手によって彼の葬儀が執り行われていた際、一人の少年が現れ、自分がハサン・アスカリーの息子であり、次のイマームであるということを表明したのです。この少年はムハンマド・ムンタザル（八六九？―八七四？）と呼ばれ、第12代イマームに位置づけられています。とはいえ彼は、父の葬儀に一瞬だけ姿を見せると、その後は信徒たちと交わることもなく、再び行方を眩《くら》ませてしまいました[36]。

第12代イマームが姿を消したことは「ガイバ」と称され、日本語では「幽隠《ゆういん》」や「お隠れ」と訳されます。スンナ派においては、彼もまた幼少期に殺されてしまった、あるいは、存在自体が架空であると囁《ささや》かれることも少なくないのですが、シーア派においては、彼は「隠れた」だけであり、命を絶たれたどころか、永遠の生命を維持する神秘的存在であると捉えられています。さらに彼は、世界の終末において「マフディー」[37]として再臨し、イスラム教のウンマを立て直すとともに、不義の者たちに罰を下すと信じられている。その光景は以下の通りです。

終末の日にマフディーは、預言者風のサンダルを履き、羊飼いの杖を手にしながら、メッカのカアバ神殿を訪れます。彼はまず、神の教えに忠実であった者や殉教者に対して祝福を与える。次に彼は、カアバ神殿を一旦破壊し、新しく建て直す。それは、従来の誤った信仰を除去し、正しい信仰を定礎し直すことを意味します。さらには、最初のウンマが築かれたメディナや、初代イマーム・アリーの都として知られるクーファを訪れ、集まった人々を祝福するのです[38]。

別の伝承においては、より苛烈なマフディー再臨の光景が描かれています。それによれば、終末の際にマフディーは、天使たちが奏でる大音響と共に地上に降臨し、「不正に人々を殺害し、あるいは、人を迷わせし者どもよ、汝ら、その日（復活の日）、真っ逆さまに劫火のなかに投げ込まれることを知れ」と宣告する。続いて、悪に満ちた世の中を正すために、五千人の天使たちと共に「戦いの剣」が天から降りてくる。その剣には義なる人々の名前が刻まれており、それに基づいて、善人を救済し悪人を罰するための戦闘が開始されるのです[39]。

「イマームの代理」としての法学者

このようにシーア派には、キリスト教の黙示思想と類似した終末観や救世主観が存在し、それらがイマーム崇拝と融合していることが見て取れます。そしてシーア派は、こうした特色により、キリスト教と同様の問題に直面することになりました。すなわち、終末がなかなか到来しないという問題、「終末の遅延」や「再臨の遅延」と呼ばれる問題です。

キリスト教においては、こうした問題に対応するなかで、教皇制という複雑なシステムが発展しました。そしてシーア派においても、第12代イマームが「幽隠」した9世紀末から現在に至るまで、指導者が不在となる期間が続いているわけですが、同派はこれにどのように対応したのでしょうか。

10世紀から11世紀に掛けては、スンナ派と並行してシーア派においても、イスラム法学が発展しました。シーア派の法学者たちは、預言者ムハンマドのみならず、歴代イマームの言行録をも集成し、独自の「ハディース」を作り上げていった。さらには、法学における「合意《イジュマー》」の原理を拡張し、法解釈のために集まったイスラム法学者たちのあいだに「隠れイマーム」が密かに臨在していれば、それも新たな法源になり得ると唱えたのです。

こうした流れからシーア派においては、法学者が自らの理性を用いて法解釈《イジュティハード》を行うことが肯定的に評価されました。さらに、サファヴィー朝期（一五〇一－一七三六）に主流派となった「ウスマー学派」においては、イスラム法学者が「イマームの代理」として統治に携わるべきである、という見解が提示されたのです。[40]

結果から見れば、スンナ派においてもシーア派においても、「イスラム法に基づいてウンマを統治する」という考え方が普及していったのですが、両者のあいだには大きな違いも存在しています。スンナ派では基本的に、預言者ムハンマドによって法が完成されており、彼の死をもって法源が閉じられている、と見なされるのに対して、シーア派においては、イマームは隠れてはいるものの今もなお現存し、世界や法のあり方を左右していると見なされるのです。そのため必然的に、イマームを代理する法学者も、イマームに由来する神秘的・カリスマ的なオーラを少なからず身に帯びることになる。こうした前提は実に、「イラン革命」に代表される現代のシーア派の動向に対しても、深く影響を及ぼしているように思われます。(41)

註

（1）黒田壽郎『イスラームの心』137頁を参照。
（2）第7講上252頁を参照。
（3）とはいえこれはスンナ派のカリフ観であり、後に見るように、シーア派のイマーム観においては事情が異なる。
（4）イブン・イスハーク『預言者ムハンマド伝』7章50－53節を参照。
（5）嶋田襄平『イスラム教史』83頁を参照。
（6）嶋田襄平『イスラム教史』104頁を参照。
（7）とはいえ、10世紀以降に出現した諸王朝において「マリク」は、カリフとは異なる世俗の権力者を表す称号として用いられるようになった。
（8）小杉泰『イスラーム帝国のジハード』192頁を参照。
（9）黒田壽郎『イスラームの心』145頁を参照。
（10）ここから、シーア派の主体がペルシャ人によって占められるという状況が生まれた。また同派には、本講上329頁で見るように、イマームの血統とペルシャ王の血統が融合したという伝承も存在する。嶋本隆光『シーア派イスラーム　神話と歴史』118頁を参照。
（11）小杉泰『イスラーム帝国のジハード』200－201頁を参照。
（12）嶋田襄平『イスラム教史』138頁を参照。
（13）ウマイヤ朝の一部の人々は、遥か西方のイベリア半島まで逃げ延び、その地で「後ウマイヤ朝」を形成した。小杉泰『イスラーム帝国のジハード』202－203頁を参照。
（14）ポリュピュリオスは、新プラトン主義の創始者プロティノスの弟子であり、同書は新プラトン主義の入門書。
（15）あるいは「イスラム・ルネサンス」と呼ばれることもある。
（16）黒田壽郎『イスラームの心』147頁を参照。
（17）エジプトに成立したマムルーク朝（一二五〇－一五一七）は一二六一年、アッバース朝の後裔を招いてカリフ位を復活させたが、あくまで名目的な存在であり、彼が政治的実権を有するわけではなかった。
（18）オスマン帝国は、衰退傾向が顕著となった18世紀後半、スルタンが同時にカリフの権威を有すると主張し、それを正当化するために、第9代皇帝セリム1世（在位：一五一二―一五二〇）がアッバース朝の末裔からカリフ位を譲り受けていた、という伝説を作り上げた。しかし、「スルタン＝カリフ制」と呼ばれるこうした体制は、窮余の状況から生まれた権威づけと見るべきであり、実質的にカリフがイスラム世界を統治していたとは言い難い。

(19) アラビア語で「指導者」や「規範」を意味する。

(20) 『ハディース』（牧野信也訳）上巻51頁。

(21) 小杉泰『イスラームとは何か』124―127頁を参照。

(22) 小杉泰『イスラームとは何か』134―136頁を参照。ブハーリーの『真正集』は、牧野信也訳『ハディース』として中央公論社から公刊されている。また、ムスリム・イブン・アル＝ハッジャージュの『真正集』（サヒーフ・ムスリム）の邦訳が、日本ムスリム協会のサイトで公開されている（http://www.muslim.or.jp/hadith/smuslim-top-s.html）。

(23) 口伝律法は、『ミシュナ』や『タルムード』として集成された。第4講上117頁を参照。

(24) 中村廣治郎『イスラム教入門』101頁を参照。

(25) 小杉泰『イスラームとは何か』154頁を参照。

(26) 小杉泰『イスラームとは何か』158―164頁を参照。

(27) 第15講下350頁を参照。

(28) 早矢仕悠太「アブー・ユースフ『租税の書』の解題と翻訳」46頁。また同書については、小杉泰『イスラームとは何か』166―169頁をも参照。

(29) 指導者という意味で「イマーム」という言葉が使われているが、具体的にはカリフ制を指す。
(30) アル゠マーワルディー『統治の諸規則』9頁。また、中田考『イスラームの論理』253－258頁、佐藤次高編『イスラームの歴史1』126－128頁をも参照。
(31) 嶋本隆光『シーア派イスラーム 神話と歴史』70－71頁。
(32) 嶋本隆光『シーア派イスラーム 神話と歴史』71頁を参照。
(33) 主に桜井啓子『シーア派』23－29頁を参照。
(34) 嶋本隆光『シーア派イスラーム 神話と歴史』143－145頁を参照。
(35) 桜井啓子『シーア派』46－47頁を参照。
(36) 桜井啓子『シーア派』29－30頁を参照。
(37) アラビア語で「導かれた者」を意味するが、一般には「救世主」と訳される。
(38) 嶋本隆光『シーア派イスラーム 神話と歴史』184－186頁を参照。
(39) 嶋本隆光『シーア派イスラーム 神話と歴史』186頁を参照。
(40) 桜井啓子『シーア派』38－40頁、富田健次『ホメイニー』8－11頁を参照。
(41) 第15講下375頁を参照。

第9講　中世ヨーロッパにおける教皇主権の理念
——神聖ローマ帝国の成立から十字軍まで

先の二講では、７世紀から11世紀に掛けて、イスラム教とその帝国が発展を遂げた経緯について見てきました。ここで再び、同時代のヨーロッパ情勢に戻ることにしましょう。

第６講で述べたように、西ローマ帝国が滅亡した後、ヨーロッパの新たな支配者となったのは、ゲルマン民族のなかのフランク人たちでした。特にカール大帝は、ヨーロッパを武力で平定すると同時に、カトリック教会とも友好的な関係を築き、「カロリング・ルネサンス」と称される文化政策を推進したのです。

とはいえ、カール大帝の死後、フランク王国は分裂し、代わって台頭したのは、別のゲルマン勢力であるザクセン人たちでした。そしてザクセン朝のオットー１世は、カール大帝と同じように、キリスト教との協力関係を取り結んだ。一般にはこのような仕方で、「神聖ローマ帝国」という体制が創始されたと見なされています。

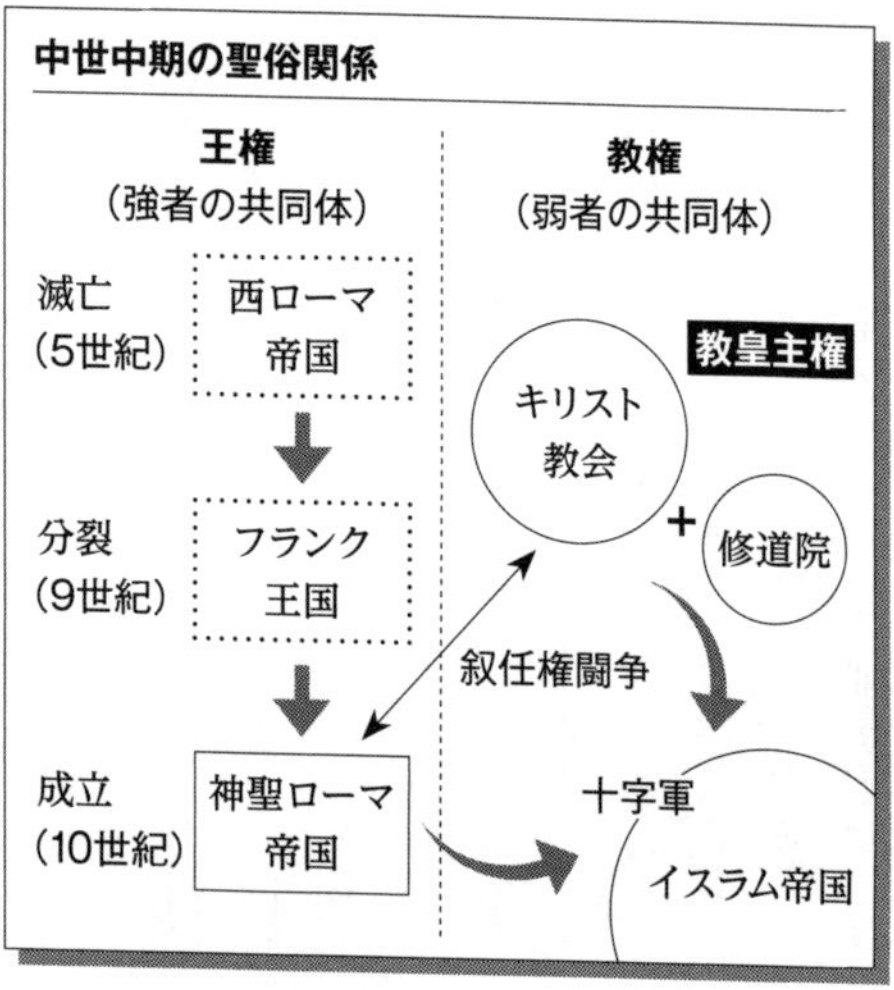

ところがその後、神聖ローマ帝国（王権）とキリスト教会（教権）は、聖職者の叙任権をどちらが握るかということを巡って争い始め、ひいては、究極的にどちらの権力が優位にあるのか、という問題に直面しました。その抗争は半世紀近くも続き、両者の関係は急速に悪化してしまった。しかしちょうどそのとき、王権と教権が力を合わせて戦うべき「共通の敵」として、イスラム勢力が現れてきた。ヨーロッパはこれに飛びつき、こうして十字軍の運動が開始されます。その際に、教権は精神的指導力を発揮しようとし、王権は自らの武力を見せつけようとしたのです。

本講の全体的な流れをあらかじめ図示すると、右のようになります。長期にわたる複雑な聖俗の抗争のなかで、キリスト教界は内部改革を進め、その結果、教皇を中心とする中央集権的なシステム、「教皇主権」と呼ばれる体制を作り上げました。この言葉は、一般にはあまり馴染みがないかもしれません。とはいえ、教皇主権は、中世社会の根幹を形成したというのみならず、近代的な「主権」概念の原型に位置するという意味でも、極めて大きな歴史的重要性を有しています。本講では特に、そうした体制の成立過程に注目することにしましょう。

1　神聖ローマ帝国の成立

フランク王国の分裂

カール大帝は、八一四年に死去しました。彼には三人の息子がいましたが、長男と次男が若くして亡くなったため、すべての領土を末子のルートヴィヒが相続することになりました。身内の不幸により、フランク王国は取りあえず分裂を免れたわけです。

とはいえ、ルートヴィヒが八四〇年に死去すると、事は同じようには運びませんでした。彼にも三人の息子がおり、今回は領土の相続を巡って内紛が起こります。そして八四三年

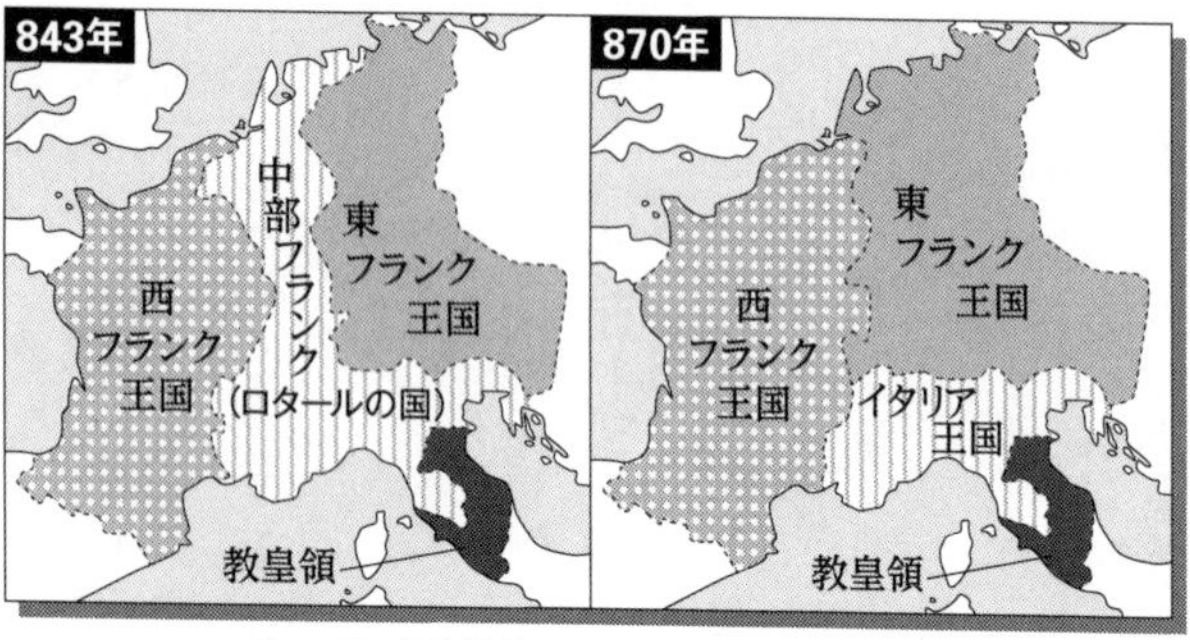

ヴェルダン条約（左）とメルセン条約（右）による分割

の「ヴェルダン条約」により、フランク王国は上のように分割されました。さらに、中部フランクを統治していたロタール1世が死去すると、八七〇年に「メルセン条約」が結ばれ、ヨーロッパは全体として、西フランク王国・東フランク王国・イタリア王国に分割されたのです。これらの領域が後に、フランス・ドイツ・イタリアへと発展してゆきます。

以上のように、フランク王国が統一を保てなかった最大の理由は、「遺産を兄弟で分割する」という慣習が根強く残存していたからでした。フランク族を含め、多くのゲルマン民族は元々牧畜によって生計を立てており、家畜たちを効率的に増やすために、長男が単独で全財産を相続するのではなく、兄弟による分割相続を行っていたと言われています。ところが、その慣習が土地にまで適用されてしまったため、王国は代替わりのたびに分裂の危機を抱え込むようになったのです。

王国の分裂によって、フランク王家の力は著しく弱体化し、ヨーロッパ情勢は再び混乱しました。まずイタリア王国では、9世紀末にカロリング朝の血統が絶え、有力諸侯が王位を巡って激しい抗争を続けた。西フランク王国もまた、ノルマン人の襲来、地方権力の台頭が相次ぎ、10世紀後半にはカロリング朝の血統が断絶した。その後、パリ伯ユーグ・カペーによって九八七年に新たな王朝（カペー朝）が開かれましたが、パリ周辺を統治するに留まり、広域を支配することはできませんでした。これらに対し、新たな権力が着実に成長したのが、東フランク王国でした。

オットー1世の戴冠

東フランク王国においても、10世紀初頭にカロリング朝の血統が絶え、その後はザクセン地方やフランケン地方の諸侯が台頭しました。そして彼らは、ゲルマン古来の方式に従い、有力な諸侯のなかから選挙によって王を決めるようになった。その結果、九一九年にザクセン朝が開かれ、同朝の2代目国王となったのが、オットー1世（在位：九三六－九七三）でした。

当時の東ヨーロッパは、スラブ系、マジャール系、ノルマン系といった諸民族の侵入に苦しめられていましたが、オットー1世はこれらを打ち破って領土を広げ、ザクセン朝の基盤を固めました。[1]とはいえ同朝は基本的に、東ヨーロッパを支配する多数の諸侯の連合体に過ぎず、王としてのオットーの権力も磐石ではありませんでした。ゆえに彼は、キリスト教界との協調を模索するようになります。

ちょうどその頃、カトリック教会の膝元であるイタリアでも、政治的混乱が生じていました。新たにイタリア王となったベレンガリオ2世が南部にも勢力圏を広げ、ローマ教皇領を侵食し始めていたからです。

時の教皇ヨハネス12世は、オットー1世に救援を求め、彼は九六一年にイタリアに遠征し、ベレンガリオを打ち破ります。この功績によってオットーは、ヨハネス12世からローマ皇帝の冠を授けられました。一般的にはこの出来事が、「神聖ローマ帝国」の発端と見なされています。[2]

オットー1世がキリスト教界と取り結んだ関係は、フランク王国時代のそれと類似していますが、微妙に異なる点も存在しました。すなわち彼は、「オットーの特許状」という文書を発し、教皇領を安堵《あんど》すると同時に、皇帝が教皇選定に「助力」すること、具体的には、皇帝の許諾がなければ新たな教皇を選出できないということを承認させたのです。[3]ここにはすでに、教権と王権のどちらが優位を占めるかという事柄を巡って、両者の鍔迫《つばぜ》り合《あ》いが始まっているのを見ることができます。

私有教会制から帝国教会政策へ

少し話が遡りますが、ゲルマン系の世俗権力とキリスト教界の基本的な関係について、ここでその概要を確認しておくことにしましょう。

ローマ帝国の統治下にあった時代、キリスト教は、ローマの行政システムに倣い、「教区制」という仕組みを作り上げました。地域ごとに司教や司祭を置き、信徒たちを教導するというシステムです。ところが、西ローマ帝国が滅亡し、ゲルマン系諸族が新たな統治者となると、教区制を維持することは難しくなった。というのは、ゲルマン系諸族は、自身が征服した土地に自身の力で建てた教会は、当然のことながら自身の所有物であると考えたからです。こうして中世ヨーロッパでは、教区制が形骸化し、「私有教会制」が普及してゆきました。

こうした傾向は、フランク王国が成立した後も続きました。例えば8世紀末のヨーロッパ社会の権力構造は、大枠として次頁のように描き出すことができます。まず全体を見れば、「王」と「教皇」の二者がそれぞれ頂点に君臨し、下位の諸権力がそれに連なるという形で、王権と教権のヒエラルキーが構成されている。しかし同時に、左の「公」「伯」「地方領主」といった立場から、右の「司教」「教区司祭」に向けて矢印が伸びており、これは各地の世俗権力がキリスト教組織を支配下・管理下に置いていることを示している。

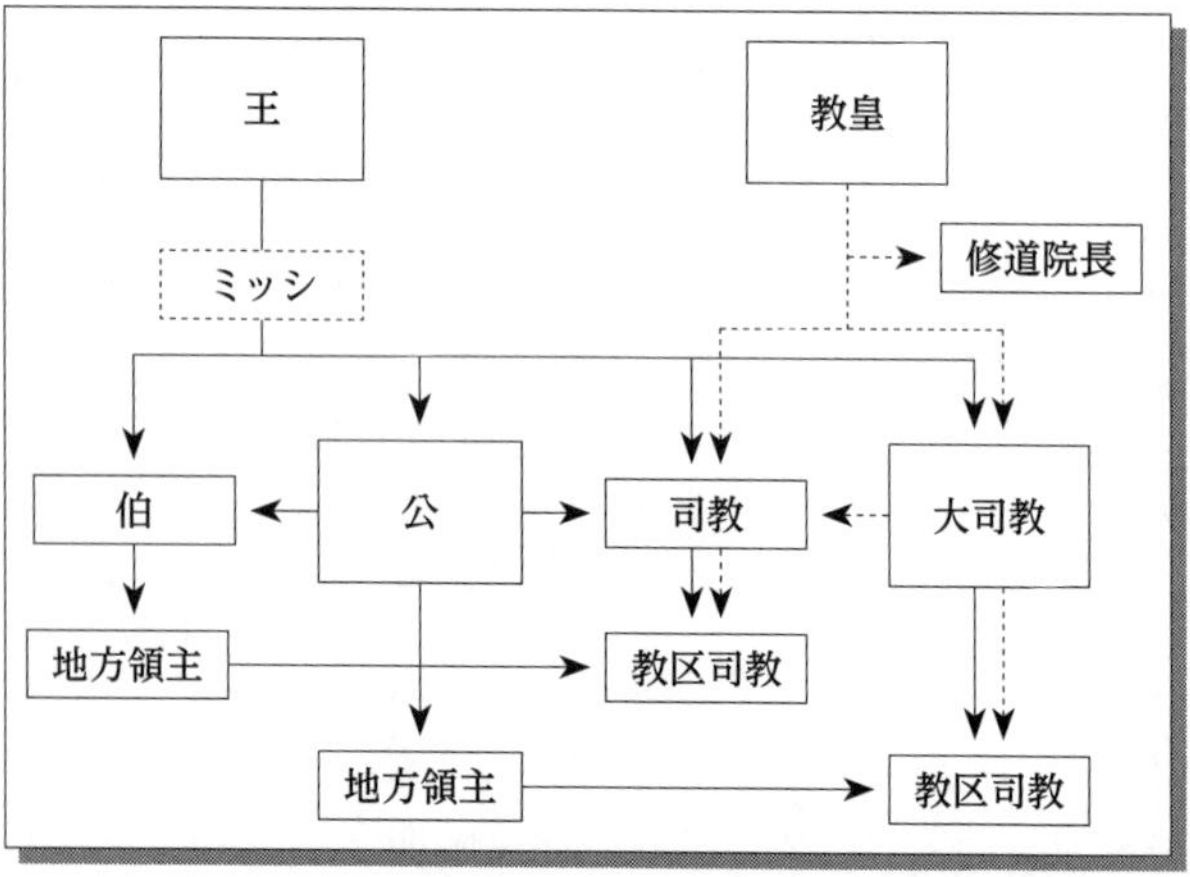

王権と教権のヒエラルキー［ジェラルド・シモンズ『蛮族の侵入』62頁より］

形式的には教区制が維持されながらも、実質的には私有教会として扱われる、という状態が生まれたわけです。

また、王の下に「ミッシ[4]」という役職がありますが、これは王直属の監察官や巡察使《じゅんさつし》を意味します。ミッシは、メロヴィング朝期に設置され、カール大帝がその役割を強化したことで知られている。王は各地にミッシを派遣し、地方権力の活動や財政状況を調査するとともに、キリスト教の聖職者の選出方法をも監督したのです[5]。

このようにキリスト教界は、ゲルマン系の王侯貴族によって、否応なく侵食されてゆきました。そして新たな司教が就任する際には、王から「司教杖《じょう》」を授与されなければならないことも義務づけられた[6]。この儀礼によって、世俗の支配者こそが聖職叙任権の保持者であることが象徴的に示されたのです。

世俗権力による教会支配は、神聖ローマ帝国においても強化されました。すなわち、ザクセン朝やザーリアー朝は、自らの権力基盤を補強するために、キリスト教界を積極的に利用しようとした。それは現在の歴史学において「帝国教会政策」と称されています。

同朝の王侯たちは、土地・財産を寄進して教会や修道院を建て、自らの近親者を聖職者に据えてゆきました。そしてそれらの組織に対して、裁判権・築城権・徴税権・市場権・貨幣徴税権といった諸特権を与えるほか、「不輸不入権《インムニテート》」を認め、周囲からの独立性を高めていった。こうして彼らは、キリスト教の組織を利用して自らの権力基盤を安定させると同時に、ライバルである諸侯の勢力伸長を牽制しようとしたのです。(7)

2　グレゴリウス7世の教会改革

教会の堕落——シモニアとニコライズムの蔓延

キリスト教の側から見れば、ゲルマン系の諸族が次々とキリスト教に改宗し、彼らの力によって多くの教会や修道院が建設されたことは、当初は神の計画が実現されてゆくような僥倖《ぎょうこう》として受け止められたことでしょう。ところがその水面下では、キリスト教が王侯貴族の政治的・経済的なツールとして利用されるという事態が進行していた。このような仕方で増殖した教会組織や聖職者は、自らの本来の役割を見失い、精神的に堕落していったのです。

取り分け問題視されるようになったのは、「シモニア」と「ニコライズム」と呼ばれる事態でした。一般には聞き慣れない用語だろうと思いますので、簡単に説明しておきましょう。

まずシモニアとは、聖なるものを金で買おうとすること、具体的には、聖職を売買することを意味します。その言葉の由来は、新約聖書の『使徒言行録』に登場する「魔術師シモン」のエピソードです。

イエスが昇天した後、使徒たちは世界各地を訪れ、聖霊の力で奇跡を起こしながら、人々に福音を伝えました。そしてサマリアに住む魔術師シモンは、使徒ペトロが奇跡を起こす光景を見て驚愕し、そのような不思議な力は自分でも持っていない、金で売ってくれないか、と交渉したのです。

> シモンは、使徒たちが手を置くと霊が与えられたのを見、金を差し出して、言った。「手を置けば、誰にでも聖霊が受けられるように、私にもその力を授けてください。」すると、ペトロは言った。「この金は、お前と共に滅びるがよい。神の賜物《たまもの》が金で手に入ると思っているからだ。」
>
> （『使徒言行録』8：18－20）

魔術師シモンは、新約聖書の登場人物のなかで極めて悪名高い存在であり、古代のキリスト教界においては、「すべての異端の祖」と見なされました。そして中世においては、この故事にちなみ、聖職者の地位を金で買うことを「シモニア」と呼ぶようになったのです。さらにその範囲は、聖職に就くために俗権の力に頼ること、世俗の支配者が聖職者を叙任することなどにも拡大されました[8]。

他方でニコライズムとは、聖職者が妻帯することを意味します。語源は明らかではありませんが、一説によれば、『ヨハネの黙示録』2：6に記された「ニコライ派」という異端の名称に由来すると言われている。

古代以来の教会法規や慣習においては、聖職者は独身を保つことを義務づけられていました。なぜなら、結婚して妻や子供が出来てしまうと、どうしても教会の信徒より家族の方を大切に扱ってしまうからです。ところが中世では、教会や修道院が王侯貴族の家産《かさん》として扱われ、それを子孫に相続させるために、聖職者が密かに子供を作るということが横行しました。貴族の聖職者が儲けた子供は、さすがに「我が子」と呼ぶわけにはゆかず、「甥《ネポス》」と称することも慣例化し、そこから「縁故主義《ネポティズム》」という言葉が派生していったのです。(9)

教会の改革運動

もちろんキリスト教側も、教会組織が世俗権力に利用されるという状態を、ただ黙認していたわけではありませんでした。すでに第6講の末尾で見たように、フランスのクリュニー修道院を中心として、キリスト教界の改革運動が開始され、着実に普及しつつあった。その傘下の修道院数は約一千にも及び、「霊的クリュニー帝国」と称されるような体制が確立されました。これらの勢力は総じて、世俗権力にではなく教皇に忠誠を誓ったのです。(10)

こうした流れは一般社会にも及び、10世紀末からは、「神の平和」と呼ばれる運動が起こりました。フランク王国の解体から神聖ローマ帝国の成立に至るまでの過渡期には、世俗権力側にも大きな混乱が生じ、貴族層や領主層のあいだの小競り合いや、(11)農村や教会の略奪が相次いでいた。そのため、キリスト教界は繰り返し会議を開き、宗教道徳に基づく平和を呼びかけ、多くの民衆もそれに賛同したのです。神の平和運動はフランスに始まり、やがてはヨーロッパ全土に広がりました。

また一〇五九年には、新たな教皇を教会内の選挙で決める制度、いわゆる「教皇選挙《コンクラーベ》」も開始されました。これも第6講の末尾で述べたように、クリュニー修道院では、院長を選挙で決めるという制度が確立されていましたので、教皇選挙もそれに倣って始められたと考えられます。オットー1世が「特許状」を発して以降、教皇の地位は世俗の王侯貴族の思惑に左右される状態が続いていたのですが、教皇選挙の導入は、それに抵抗し、キリスト教界の自己決定権を回復するという意志を示すものでした。

グレゴリウス7世の登場

クリュニー系の修道院を起点として教会改革が波及するなか、それを強力に推進するリーダーが登場しました。第157代ローマ教皇、グレゴリウス7世（在位：一〇七三－一〇八五）です。

グレゴリウスは一〇二〇年頃、イタリア・トスカーナの貧しい家庭に生まれました。幼少期にローマに送られ、聖マリア修道院に学び、一時期はクリュニー修道院にも滞在したと言われています。[12] 峻厳かつ誇り高い性格の持ち主であり、若い頃から教皇の側近として活躍しました。彼は、グレゴリウス6世、レオ9世、アレクサンデル2世といった歴代の教皇に仕え、その懐刀《ふところがたな》として教会改革を押し進めたのです。

そして一〇七三年、自ら教皇に就任すると、シモニアやニコライズムを禁止する施策を次々と実行しました。一〇七四年には教会会議を開き、聖職売買に関与した聖職者の罷免《ひめん》、妻帯している聖職者のミサ執行禁止、教皇の命令に違反した聖職者が行う祭礼への参加禁止などを取り決めたのです⑬。これには大きな反発が起こりましたが、グレゴリウスはまったく怯《ひる》まず、翌年再び教会会議を招集し、聖職売買を行った者は破門に処すという宣言を発しました⑭。

教皇教書の発令

さらにグレゴリウスは一〇七五年、「教皇教書（Dictatus papae）」と呼ばれる文書を作成し、教皇権の位置づけを明確化しました。それは二七の命題から成り、主要な条文のみを抜き出せば、次頁のようになります⑮。

ここで表明されているのは、一言で言えば、「教皇主権」、すなわち、ローマ教皇こそが、地上の最高権力者である、という考え方です。現在の歴史学においては、カトリック的な「テオクラシー（神権政治）」の理論とも称されています⑯。グレゴリウスは、それまで主張されていた教皇の「首位権⑰」を一層強化し、「主権」と呼び得るレベルにまで高めた。そ

「教皇教書」の主要な条文

①ローマ教会は神のみによって建てられた。
②教皇のみが正しく普遍的と称される。
③教皇のみが司教を免職・復職させることができる。
⑥教皇が破門した者と住居を共にしてはならない。
⑦時代に応じて新たな法や司教区を作ることは、
教皇だけに許されている。
⑧教皇のみが、皇帝の記章を用いることができる。
⑨教皇は、すべての君主がその足に接吻する唯一の人である。
⑫教皇は皇帝を廃位することができる。
⑰いかなる教会法も、教皇の権威が伴わなければ
規範的と見なされない。
⑲教皇は、誰によっても裁かれない。
㉒ローマ教会は過去に誤謬を犯さず、以後も永遠に誤謬を犯さない。
㉓教皇は、教会法規に従って叙階されている限り、
聖ペトロの功績によって疑いなく神聖である。

の背景には、世界の秩序に関する次のような見方が存在していたと思われます。

世界全体を支配している至高の存在は、言うまでもなく神である。そして神は、人類を救済するためにキリストを遣わし、彼の犠牲を通して、地上に「キリストの体」としての教会が建てられた。教会の中心に位置するのは、キリストから天国の鍵を預けられた使徒ペトロであり、代々のローマ教皇は、その権威を継承している。終末が未だ到来していない現在、この世の最高統治者は教皇であり、彼は教会や修道院といったキリスト教組織のみならず、皇帝を筆

頭とする世俗の諸権力をも足下に従える存在である――。[18] グレゴリウス7世は、教皇権の絶対性を現実のものとするために、直属の軍隊を備える必要があることさえ主張したのです。[19]

教皇の至上性や不可謬《ふかびゅう》性といった考え方は、ルターやカルヴァンが宗教改革を起こした際に鋭く批判したものであり、後にカトリック教会もこれについて考え直しますので、[20] 今日的な視点から見ると「教皇教書」は、耐えがたいまでに独善的な主張を展開していると感じられるかもしれません。とはいえ、それが発せられた時代状況を考慮に入れるなら、そうした捉え方は、必ずしも公平とは言えないところがある。グレゴリウスは、聖俗の権力が不明瞭な仕方で癒着するなかで、キリスト教本来の精神を取り戻し、ヨーロッパの秩序を再構築するためには、教皇権の独立性と至上性を確保する必要があると考えたのです。

近代国家の雛形としての「教皇主権」

現在の研究者のなかにも、グレゴリウス7世が行った教会改革の肯定的な側面に着目する人物は少なくありません。ここでは、二人の論者について紹介しておきましょう。

まず一人目は、アメリカの法制史家のハロルド・J・バーマンです。彼は、大著『法と革命』(一九八三)において、グレゴリウスの改革を「教皇革命」と称し、その重要性を強調しました。実にバーマンは、「教皇革命によって最初の近代国家が登場してきた」とさえ主張するのです。

バーマンによれば、キリスト教会はグレゴリウス7世の改革によって、後の近代国家が備えることになる諸権限を獲得しました。すなわち教会は、他の何者にも支配されない独立した機関であり、高度に階層化された組織を有していた。その頂点に立つ教皇は立法権を持ち、自ら法令を公布することもできれば、教会会議を招集して法令を制定することもできた。そうした諸法は、教会が備える官僚組織を通して執行され、統治のために活用された。また、教皇庁を頂点とする裁判制度により、法令の解釈と適用が担われた。このように教会は、近代国家に先駆け、立法権・行政権・司法権のすべてを有していたわけです。さらには、教会法という法典も存在したし、十分の一税などの課税も行っていた。教会における洗礼と死亡の記録は、後の住民簿に相当するものであった[21]。破門は国籍剝奪と同等の効果を持ち、教会はときに軍隊を動員することさえあった——。

バーマンによれば、教皇革命が目指していたものは、次頁の五点に集約されます[22]。従来のキリスト教においては、一種の「下降史観」が支配的であり、地上の国はやがてすべて滅び去ること、人類は神の救済を待ち望むしかないことが前提となっていました。ところがグレゴリウスは、教皇を頂点に据えた中央集権体制を確立し、法体系を整備することに

教皇革命が目指したもの

①諸集団に属する各種の聖職者を中央で統制する。
②聖職者に俗人と異なる意識を持たせ、法的にも独自の身分とする。
③教会権力と世俗権力の対立を調整する。
④世俗の支配者に、平和と正義の実現という職務に必要な権限を与える。
⑤教会に、地上の国を神の教えに従って変革する権限を与える。

よって、キリスト教的な理想に則しながら、現実世界を主体的に変革することを企図したのです。バーマンは、このような形式の合理的・主体的思考法こそが、近代的諸制度を形成させる際の大きな動因になったと捉えています。

二人目に挙げておきたいのは、政治学者のA・P・ダントレーヴです。彼もまた、『国家とは何か』（一九六七）という著作において、バーマンと類似した見解を示しています。

ダントレーヴによれば主権とは、「法に基づき、しかも同時に法の創造者でもあり、したがって他の権力に従属しない、最高にして独占的な権力」[23]を指す。そして、そのような概念は実は、中世キリスト教の教皇制に起源を有する、というのです。彼の説明は、以下の通りです。

> 主権概念が最初に整然と仕上げられ、その論理的帰結が導き出されたのは、国家を弁護するためではなく、教会を弁護するためであった。教会の法律家たちは、世俗の法律家た

ちよりも遥か以前に、教会組織を法の問題として研究し、その首長である教皇の地位を「主権の保持者」として定義し始めていた。教皇に対して用いられた「権力の完全性」という表現は、中世のいかなる概念よりも、近代的な主権概念に近い。教皇は、法を完全に掌握しており、「すべての法を彼の胸中に内包しているものと見なされる」。さらには、こうした観念に基づき、伝統的なキリスト教共同体の徹底的な改造が図られたのである――[24]。

　このようにダントレーヴは、中世の教皇が主張していた最高権力とは、法を管理する権能、さらには、新たな法を創造する権能にあったということを強調しています。そして、こうした権力観・法律観こそが、近代的な主権概念の原型になったと考えているわけです。

「法の創造者」としての教皇

　具体的なイメージを掴むために、ここで一枚の絵画を見ておきましょう。やや時代が下りますが、上の絵は、『カノン法大全』（一五七三年版）に掲載された挿絵の一つです[25]。そこには、教皇が最高権力者の象徴である「三重冠《ティアラ》」を被《かぶ》り、新たな法を創造することによって、地上を統治する光景が描かれている。このような姿こそが、主権権力の原型的なイメージであると思われます。

こうして、教皇を頂点に戴《いただ》いたキリスト教会は、法体系を整備・洗練させながら、「キリスト教共同体を根本的に造形し直す」という作業に着手することになりました。とはいえ、神聖ローマ皇帝を始めとする世俗権力が、こうした動きを座視していたわけではありません。ここから本格的に、叙任権闘争の口火が切られることになります。

3 叙任権闘争

ハインリヒ4世との抗争

キリスト教改革が始まった当初、時の神聖ローマ皇帝ハインリヒ3世（在位：一〇四六－一〇五六）は、その動きを歓迎していました。先述したように、神聖ローマ帝国とキリスト教界は相互に協力し合う関係にありましたから、教会改革が行われ、その基盤が固まることは、皇帝の立場としても好ましいと考えていたのかもしれません。

とはいえ、グレゴリウス7世が教皇に就任し、皇帝や国王が任命した聖職者たちを次々と解任、さらには教皇権の至上性を主張するようになると、世俗権力もこれを看過できなくなりました。こうして、神聖ローマ皇帝ハインリヒ4世（在位：一〇八四－一一〇五）[26]と教皇グレゴリウス7世のあいだに、激しい対立が開始されたのです。

その発端になったのは、一〇七五年にミラノ司教職が空位となり、ハインリヒ4世が新たな司教を任命したことでした。グレゴリウス7世はこれをシモニアと見なして抗議するとともに、皇帝の顧問官であった五人の司教たちに破門を宣告した。ハインリヒは教皇の行為に激怒し、「汝はもはや教皇ではなく偽修道士である」という呪詛《じゅそ》の手紙を送りつけ、教皇の廃位を宣言します。するとグレゴリウスも決然たる態度で応じ、ハインリヒを破門すること、ドイツとイタリアの統治権を彼から取り上げることを宣言したのです[27]。

こうして両者の対立は、皇帝が教皇を廃位し、教皇が皇帝を破門するという異常事態に発展しました。そしてこれにより、果たして王権と教権のどちらが優位にあるのか、分かりやすい形で問われることになったわけです。

そして勝利を得たのは、この場合は教権の方でした。教皇に破門されるということは、現世において教会という共同体から追放されるだけではなく、死後における救済の可能性が断たれることをも意味しましたので、恐れを抱いた聖職者たちは、一斉に皇帝ハインリヒのもとを去ってしまった。そしてそれは神聖ローマ帝国にとって、国家を動かすための官僚機構を失うことを意味しました。グレゴリウスが「教皇教書」で規定していた教皇の破門権は、実際に「伝家の宝刀」とも言うべき威力を発揮したのです。

カノッサの屈辱

教皇は皇帝追及の手を緩めず、彼に有罪を宣告するため、一〇七七年にドイツで会議を開催することにしました。これを聞いたハインリヒは狼狽し、教皇がドイツに到着する前に、何とかして赦免を得なければならないと考えた。こうして起こったのが、有名な「カノッサの屈辱」という事件です。

グレゴリウスはローマを出発し、旅の途中で、教皇派の諸侯であるトスカナ女伯マティルダの居城、北イタリアのカノッサに滞在しました。それを知ったハインリヒは、冬のアルプスを越えて同地に駆けつけた。彼は羊の皮のみを纏《まと》って数日間断食し、教皇に許しを請うたのです。

次頁の絵は「カノッサの屈辱」を描いた有名な作品であり、右側の女性がマティルダ、中央で跪《ひざまづ》いているのがハインリヒ4世です。杖を手にした左側の人物は、以前はグレゴリウス7世と考えられていましたが、現在はクリュニー修道院長ユーグであるとする見解が一般的です。ハインリヒは、グレゴリウスへの取り成しをユーグに依頼したため、彼もま

カノッサの屈辱

たカノッサに駆けつけていたのでした。羊の皮を纏って断食するという行為も、修道士の原初的なスタイルに倣ったものですし、この出来事の背景には、当時の修道院が有していた大きな影響力が見え隠れしているようにも思われます。

ハインリヒの改悛の態度に触れ、グレゴリウスもまた、彼の破門を解かざるを得ませんでした。しかしそれが、再びハインリヒを勢いづかせることになる。彼はすぐさまドイツに取って返すと、自身に背いた諸侯を鎮圧し、教皇に圧力を掛けるようになったため、グレゴリウスは一〇八〇年、再びハインリヒを破門します。するとハインリヒの方でも、グレゴリウスを再度廃位すると同時に、今回は抜け目なくイタリアに軍を差し向け、彼を包囲してしまった。グレゴリウスはノルマン人の援軍によって何とか救出されたのですが、ローマに戻ることはできず、各地を転々としながら生涯を終えることになりました。彼は逝去する際、「余は正義を愛し、邪悪を憎んだ。それゆえに余は流浪の地で世を去る」という言葉を残したと伝えられています[28]。

ヴォルムスの政教条約

次代の神聖ローマ皇帝ハインリヒ5世（在位：一一一一－一一二五）もまた、俗権による聖職叙任に固執したため、叙任権闘争はその後もエスカレートしました。ハインリヒ5世は一一一〇年、教皇との協定締結を目指してローマに入りましたが、両者の話し合いは決裂します。彼は軍隊を動かして教皇を拉致し、教皇側も彼を破門しました。こうして、かつて見たような物別れの光景が繰り返されたのです。

以上のような状況を受け、キリスト教の学識者のあいだでは、教権と王権の対立を調停するための理論が模索されました。彼らは、フランスのシャルトル大聖堂の付属学校を中心として活動したことから、「シャルトル学派」と呼ばれています。

同派は、プラトン主義的な形而上学を再興させることにより、精神的・宗教的なものと、地上的・政治的なものを明確に区別する必要性を説きました。さらにはそうした世界観に基づきながら、教会法学を発展させていった。例えば、シャルトル学派の代表者であるイヴォ（一〇四〇頃－一一一五）は、聖職者に備わる本来的な権能が、信徒たちを救済に導く霊的なものであることを強調する一方、教会や修道院に付随する土地・財産などの地上的権益は、俗権に属するものであることを承認したのです。[29] プラトン主義の形而上学に依拠しつつ、精神的領域と物質的領域を区別し、その上で前者の優位性を確保するということが、シャルトル学派の基本方針であったと考えられます。

　こうした理論の発展を受けて、教権と王権のあいだには、ようやく調停の余地が生まれました。そして一一二二年、ドイツのヴォルムスにおいて、教皇カリストゥス2世と皇帝ハインリヒ5世が「政教条約《コンコルダート》」[30]を結んだのです。その内容は上の通りです。

　一見したところ、要するに何が決まったのかが分かりにくく、「不透明な妥協の産物」と評されることもあります。しかし丁寧に読めば、イヴォの理論を下敷きとしながら、精神的統治と地上的権益の区別、並びに、後者に対する前者の優位が定められていることが見て取れる。特に、「司教杖の授与」に象徴される聖職叙任権をキリスト教界が完全に取り戻し、世俗の君主は補助的役割を果たすに過ぎないことが明確化されたわけですか

ヴォルムスの政教条約の内容

皇帝側

「神と使徒ペトロとパウロ、および神聖なカトリック教会に対し、指環と杖による叙任をすべて引き渡し、わが王国と帝国のすべての教会において、自由な選挙と叙階が行なわれることを承認する。」

教皇側

「神聖ローマ皇帝ハインリヒに対し、ドイツ王国の司教と修道院長の選挙は、彼らがこの王国に属する限り、シモニアおよびいかなる暴力をも抜きにして、汝の面前で行なわれんことを。選出された者は、いかなる貢賦をも求められることなく、汝から笏によるレガリア（裁治権）を受け、法に従って汝に対しなすべき務めを果たすべきである。」

ら、教権側の勝利と見て良いように思われます。このような取り決めを足掛かりとして、教皇権はその力をさらに伸張させていったのです。

太陽と月――教皇権の絶頂

「教皇権の絶頂」という状態を実現したのは、一般に第176代ローマ教皇インノケンティウス3世（在位：一一九八－一二一六）であると見なされています。彼は、神聖ローマ皇帝のみならず、フランス王やイギリス王とも巧みに交渉し、王権が教権に忠誠を誓うことを受諾させました。また、一二一五年に第四ラテラノ公会議を開き、世俗領主が奪った教会領や修道院領の返還、十分の一税の厳正な徴収などを取り決めたのです。

これによって、カトリック教会の中央集権体制が確立され、ゲルマン的な私有教会制は完全に終わりを迎えました。(31) インノケンティウスが、教皇権を「太陽」に、皇帝権を「月」に擬《なぞら》えたことは、良く知られています。

宇宙の創造者たる神が、天の大空に二つの大きな光源を造られ、大きな方に昼を、小さな方に夜を司るように定められたごとく、神は……二つの大いなる権威を樹立された。大きな権威にはいわば魂の昼に君臨し、小さな権威には肉体という夜を司らせるためである。それが教皇の権威と皇帝の権能にほかならない。しかして、月がその光を太陽より受け、それ故に量においても質においても、大きさにおいても、効果においても劣っているように、王の権能はその尊貴の輝きを教皇の権威に負っている。
（インノケンティウスの回勅「宇宙の創造者は」[32]）

4　十字軍の派遣

ビザンツ帝国からの救援要請

百年ほど時間を遡《さかのぼ》り、グレゴリウス7世の二代後の教皇、ウルバヌス2世（在位：一〇八八－一〇九九）の時代に戻りましょう。彼もまた叙任権闘争を戦い、そのために三度の教会会議を開きました。当時は皇帝ハインリヒ4世が「対立教皇」としてクレメンス3世を立てていたことから、一〇九五年にイタリアのピアチェンツァで行われた会議では、それへの対応が議論されたのです。

ところがそのとき、突然ビザンツ帝国からの使者が現れ、同国がトルコ人のイスラム勢力に脅かされていることを訴えました。彼によれば、イスラム教徒たちは、東方のキリスト教会の大半をすでに滅ぼし、その軍勢はコンスタンティノープルの城壁にまで迫っている。異教徒に対して聖なる教会を防護するために、カトリック教会からの援助がもたらされることを切に願う――と。[33]

その頃、カトリック教会とビザンツ帝国の関係は良好ではなかったため[34]、本音としては、彼らを助けたいという気持ちは起こらなかったのかもしれません。しかしウルバヌスは、これは自分たちにとって好機であると捉え直しました。本講で見てきたように、当時の西ヨーロッパは、叙任権闘争によって人々が「教皇派」と「皇帝派」に分かれて対立し合うという状態が続いており、ここで東方から第三勢力として「共通の敵」が登場することは、双方にとって少なからずメリットがあったからです。そこでウルバヌスは、ビザンツ帝国の救援に向けて大きく舵を切ってゆくことになります。

十字軍の呼び掛け――ウルバヌス2世の演説

ピアチェンツァ教会会議から八ヶ月後、教皇ウルバヌス2世は、フランスのクレルモンで再び教会会議を開きました。その際も、主な議題は叙任権闘争への対応であり、聖職売買、俗人叙任、聖職者による国王への忠誠宣誓の禁止などが決定されたのです。

ところが、会議を終えたウルバヌスは、いささか唐突な仕方で、東方救援の計画を発表しました。さらには、市門前の広場に集まっていた群衆に対して、情熱的な口調で十字軍の必要性を訴えた。そして群衆も、「神が欲する！　神が欲する！」と喚呼しながら、熱狂的にそれを支持したのです。

ウルバヌスの演説の内容

①トルコ人の侵入と東方のキリスト教徒の苦難。
②同胞であるキリスト教徒を救援する必要性。
③不正な内戦の代わりに、トルコ人に対する正義の戦いを行うべきこと。
④十字軍に行けば、罪のすべてが赦される（贖宥）。
⑤東方の富ないし掠奪品への期待。
⑥何ものによっても出発を延期すべきではないこと。
⑦神が先導者であること。
⑧エルサレムの聖性の強調。

十字軍の発端の光景は、多分に伝説として脚色されているところがあり、その際のウルバヌスの演説がいかなる内容であったのかについても、正確には分かっていません。ともあれ、そこに含まれていた要素は、上のようなものであったと想定されています[35]。

特に注目すべき項目は、④の「贖宥《しょくゆう》」でしょうか。ルターが「贖宥状」を批判したことで知られるように、後に宗教改革が引き起こされる原因ともなった考え方ですが、それが明確な形で現れたのは、実は十字軍の時期でした。すなわちカトリックは、教会には人々が罪を償う際に赦《ゆる》しを与える権能があること、神のために戦って命を落とした者に対してその力を用いること、を主張するようになったのです。こうしてしばしば、贖宥状が発行されました[36]。

また、⑧で指摘されているように、十字軍の勧説《かんぜい》においては、「乳と蜜の流れる地」という聖書の言葉が多用され、エルサレムが聖なる土地であることが強調されました[37]。人々はそこが、宗教的な救済のみならず、楽園的な豊かさをも与えてくれる土地であると考え、ユートピア的なイメージを膨らませていったのです。

十字軍のプロジェクトが広く受け入れられたのは、さまざまな階級の人々にとって、それが魅力的に響いたからであると思われます。まず聖職者にとって十字軍は、キリスト教の理念を明確化し、教会の力を強化することに繋がった。世俗の王侯は、異教徒を打ち破ることによって新たな領土や戦利品を獲得し、自らの武力をも見せつけることができると考えた。商人は、東方への交易路が拡大することを期待した。そして平民は、国内の治安が安定し、「神の平和」が実現されること、さらには、身分的な桎梏《しっこく》から解放され、遠く聖地まで巡礼する夢を抱いた。今日から見れば十字軍は、キリスト教の歴史にとって拭《ぬぐ》いがたい汚点の一つとして捉えられるのですが、当時の人々の目から見れば、誰にとっても損のない計画に映ったのです。

民衆十字軍――民衆の熱狂とユダヤ人虐殺

こうして十字軍は、実現に向けて動き出しました。そして一〇九六年、教会や王侯が正式な十字軍を発足させる前に民衆の熱狂が高まり、「民衆十字軍」と呼ばれる運動が引き起こされています。

その切っ掛けを作ったのは、「隠者ピエール」という人物でした。彼は修道院に属さず、元々は孤独な修行に専念していたのですが、あるとき粗末な羊の皮を纏《まと》って人々の前に現れ、町から町へと辻説教をして回った。世界の終わりが近づいていること、罪を背負った人間が救済されるためには聖地への巡礼が不可欠であることを説くその言葉には、異様な衝迫力が伴っており、ピエールの説教を耳にした者は、取る物も取り敢えず東方へと旅立ってゆきました。こうして民衆運動が急速に盛り上がり、彼らは大挙してコンスタンティノープルに押し寄せたのです[38]。

このように民衆十字軍は、集団的な熱狂によって始まったものであり、まったく統制が取れてはいませんでした。彼らはコンスタンティノープル周辺の都市を襲撃し、略奪の限りを尽くしたため、ビザンツ帝国の人々はその行為に眉を顰《ひそ》めます。それのみならず彼らは、道中で多くのユダヤ教徒たちを襲い、虐殺を繰り返したのです。

イスラム教徒と戦うために始まった十字軍が、なぜユダヤ教徒の虐殺という事態を生んだのでしょうか。実は中世の社会において民衆は、「自分たちはキリスト教徒である」という自覚を十分に持っているわけではありませんでした。彼らは、幼児期に洗礼を受けること、日曜日には教会に通うこと、罪を犯せば教会で告白することなどを、ごく当たり前のように行っていた。ところが、イスラム教徒が「敵」として現れることによって、初めてキリスト教徒としての自覚が芽生えるようになったのです。

自ら十字軍に参加し、『十字軍史』を著した司祭、シャルトルのフーシェは、その経験を次のように表現しています。フランク人、フランドル人、フリージア人、ガリア人、ブルトン人、イングランド人、アキテーヌ人、イタリア人など、話す言葉をそれぞれ異にする人々が、ただ一つの軍として統一されたという話は、これまでに聞いたことがない。言葉の違いによって隔てられながらも、われわれは、「主への愛によって一つの同じ精神の内に統一された兄弟」のようであった、と。[39]

十字軍が開始されることにより、中世ヨーロッパの人々は初めて、旧来の部族意識や民族意識を超え、自分たちがキリスト教徒として一体である、という意識を獲得しました。ところが、そのような一体感を持った上で周りを見渡してみると、何も東方まで行かなくとも、「キリストの敵」は身近にいるではないか、それは「キリスト殺し」であるユダヤ教徒だ——という発想が生まれることになった。こうして十字軍は、ユダヤ教徒に洗礼を強要し、それを拒まれると殺害に及ぶ、という行為を繰り返しました。レオン・ポリアコフが大著『反ユダヤ主義の歴史』（一九五五－七二）で論じているように、キリスト教社会において反ユダヤ主義が民衆レベルで勃興したのは、十字軍の始まりと軌を一にしています[40]。

そして十字軍の運動が続くあいだ、反ユダヤ主義もまた、ヨーロッパ社会に着実に浸透してゆきました。先述の教皇インノケンティウス3世は、一二一五年に第四ラテラノ公会議を開き、ユダヤ教徒に対して、キリスト教徒とは異なる服装の着用義務、官職からの追放、十字軍兵士が背負った借金の減免などを課しています[41]。こうした流れのなかで13世紀には、ヨーロッパ各地にユダヤ人の強制居住区が作られていったのです。

第一回十字軍──四つの聖地国家の建設（一〇九六－一〇九九）

公式の十字軍の遠征は、一〇九六年から一二七二年までのあいだ、大別して九回行われました。そのすべてについて詳しく論じる余裕はありませんので、ここでは第一回から第四回までの概要を見ておきましょう。

全体として見れば、十字軍の運動は「失敗」であったと言わざるを得ず、特に中盤から終盤に掛けては、当初の目的から外れた迷走ぶりを呈しました。しかしそのなかでも第一回の十字軍だけは、取りあえず「成功」と評し得るような成果を残しています。その流れは以下の通りです。

公式十字軍の最初の戦いは、第一回のキリスト教公会議が開かれたことでも知られる、ニカイアの地で行われました。それは大規模な攻城戦となり、十字軍は早くも苦戦を強いられますが、何とか勝利します。続いて彼らは、シリア・パレスチナ地方に侵攻しました。

その頃、ユーフラテス川沿岸の町エデッサでは、住民たちがブルゴーニュ伯ボードゥアン率いる十字軍を統治者として迎え入れ、「エデッサ伯国」が築かれました。さらに十字軍はアンティオキア攻囲戦に勝利し、ノルマン人の将軍ボエモンドが同地に「アンティオキア公国」を立てたのです。

十字軍は一〇九九年、エルサレムに到達し、ここでも激しい攻囲戦が行われました。それに勝利すると、降伏するイスラム教徒たちを一人残らず虐殺したため、聖地は「血の池のなかを膝までつかりながら歩く」ような状態になった、とさえ伝えられています。[42]

こうして制圧されたエルサレムでは、下ロレーヌ公ゴドフロワ・ド・ブイヨンにより、「エルサレム王国」が築かれました。さらに後続の十字軍は、アンティオキアとエルサレムの中間にある港湾都市トリポリを攻略し、「トリポリ伯国」を築いた。十字軍は当初の目的を達成し、四つの「聖地国家」を建設したのです。

第二回十字軍――イスラム教徒の反転攻勢（一一四七－一一四八）

第一回十字軍が「成功」を収めたのは、それが強い情熱と使命感に衝《つ》き動かされて開始されたからでした。同時に、もう一つの要因としては、イスラム勢力の側の統制が十分に取れていなかったことが挙げられます。十字軍はそもそも、セルジュク朝がビザンツ帝国を脅かしたことから引き起こされた運動でしたが、当時はセルジュク朝でも内紛が相次ぎ、かつての勢いが失われていた。その上、スンナ派とシーア派の抗争も激しくなっていた。キリスト教側が急速に一体感を高めていたのに対して、それを迎え撃つイスラム教側は足並みを揃えることができなかったのです[43]。

とはいえその後、イスラム教側は徐々に勢いを回復し、一一四四年には、新たに興ったザンギー朝がエデッサ伯国を滅亡させました。これに狼狽した教皇エウゲニウス3世は、一一四五年、再び十字軍を召集します。

その際、教皇以上に大きな影響力を振るったのは、クレルヴォーの修道院長のベルナルドゥス（一〇九〇－一一五三）という人物でした。ベルナルドゥスはカリスマ的な説教家として知られ、その人格や学識を讃えて、「蜜の流れる博士」と称されています。彼は、一〇九八年に創始された新興の修道会、「シトー会」の牽引者《けんいん》でした。長いあいだ権勢を誇ってきたクリュニー修道会は、すでに腐敗と堕落が目立つようになっており、キリスト教改革の主要な担い手は、シトー会に移っていたのです。同会は12世紀から13世紀に掛けて、着実に発展しました。

さらにベルナルドゥスは、一一一九年に創設された「テンプル騎士修道会(44)」の会憲を執筆し、修道制と騎士道の精神を融合させたことでも知られています。彼はある書簡のなかで、テンプル騎士団の存在を次のように評しました。

キリストのゆかりの聖地に新形式の騎士団が出現した。この制度が全く新しいものであることは、この騎士たちが肉体的な意味での敵と戦うのみならず、全世界にひろがる悪しき魂をも敵として、二重の意味の戦闘をなすところに見られる。戦士が肉体の力によって肉体的な敵と戦うのみであるなら、それは別に奇とするに当らぬ。しかし、霊的な力をふるって悪徳や悪魔と戦うのであるなら、これは前代未聞の驚異であり、信仰上より見てあらゆる称賛に値する。

（ベルナルドゥス「テンプル騎士の新しき戦士団への讃辞(45)」）

ベルナルドゥスがヨーロッパ各地で勧説《かんぜい》に努めたため、第一回十字軍から約五〇年の時を経て、その運動は再び熱気を取り戻しました。神聖ローマ皇帝コンラート3世とフランス王ルイ7世も呼び掛けに応じ、第二回十字軍は、両王がその先頭に立つことになったのです。

しかしながら、結束を固めたイスラム勢力に勝利することは容易ではありませんでした。十字軍は、アナトリア半島を横断する時点で激しい抵抗に遭い、多くの兵力を失います。また、その後はダマスカスの攻略を目指しましたが、それにも失敗し、さしたる成果を上げることなく撤退する結果に終わりました。

第三回十字軍──サラディンのエルサレム征服（一一八九－一一九二）

第三回十字軍において顕著な活躍を見せたのは、キリスト教側ではなく、イスラム教側の英雄サラディン（一一三七頃－一一九三）でした。彼の働きによって、第一回十字軍が獲得した領土の大半が奪還されることになります。

サラディンは元々、シリアとイラクを支配するザンギー朝の将軍だったのですが、エジプトのファーティマ朝から救援要請を受け、同地の内紛に介入します。その結果彼は、一一六九年にエジプトを平定し、新たにアイユーブ朝を開きました。さらにザンギー朝の2代目の君主が没すると、シリア一帯の支配権をも掌握した。こうしてサラディンは、イスラム勢力の第一人者になると同時に、エジプトとシリアから聖地国家を挟撃するという地の利を手にしたわけです。そして一一八七年に「聖戦《ジハード》」を宣言してエルサレムに攻め入り、同地を奪還しました。

聖地エルサレムがイスラム教徒の手に落ちたことを知り、教皇グレゴリウス8世は直ちに十字軍を召集します。そして今回は、神聖ローマ皇帝フリードリヒ1世、フランス王フィリップ2世、イギリス王リチャード1世が参戦を表明しました。まさに、ヨーロッパのオールスターと言っても過言ではない陣営が整えられたのです。

とはいえそれも、芳しくない結果に終わりました。まずフリードリヒ1世は、アナトリア半島の川を渡っている最中に溺死、次にフィリップ2世は、パレスチナの港町アッコンの攻略に成功したことに満足して途中帰還、そしてリチャード1世は、サラディンと一年以上にわたって戦いましたが、彼を撃破することはできず、休戦協定の締結を余儀なくされます。

第四回十字軍――コンスタンティノープル征服（一二〇二－一二〇四）

第四回十字軍は、本講ですでに何度か触れた、教皇インノケンティウス3世によって召集されました。当時は優れた神聖ローマ皇帝が続々と現れ、皇帝権が盛り返しを見せていたため、インノケンティウスは十字軍を召集することにより、教皇権の優越性を明示しようとしたのです。このように十字軍は、「教皇権の絶頂」という状況にも深く関連しています。

とはいえ第四回十字軍は、さまざまな思惑が交錯し、迷走に次ぐ迷走を重ねました。それはまず、三万の軍勢で地中海を渡り、イスラム勢力の本拠地であるエジプトに攻め込むことを目論んだ。ところが、出発地のヴェネツィアに集まった人数は予定の三分の一程度に過ぎず、渡航費さえ捻出できない状況に陥ってしまった。それを見たヴェネツィア商人が、ハンガリー王が占拠した町ザラを奪還すれば支払いの延期を認めると提案したため、十字軍は同じキリスト教圏であるにもかかわらず、同地を攻略したのです。

またその頃、ビザンツ帝国でクーデターが発生し、国を追われた皇太子（後のアレクシオス4世）が、十字軍に救援を要請しました。彼は見返りとして多額の報酬を約束したため、資金難に苦しむ十字軍は一二〇三年、コンスタンティノープルを攻め立てた。多くのアクシデントが重なったとはいえ、コンスタンティノープルからの救援要請に始まった十字軍が同地に攻め込むことになったわけですから、混迷もここに極まれり、といった感があります。

その後の十字軍運動

以降も十字軍は、エジプト攻略を主な目標に掲げますが、結局それに成功することはありませんでした。逆にエジプトでは、一二五〇年にマムルーク朝が勃興し、残った聖地国家を次々と陥落させた。六八年にアンティオキア公国、八九年にトリポリ伯国が滅亡、そして九一年、最後の砦であったアッコンが陥落し、エルサレム王国も滅亡したのです。

さらに一二九九年には、トルコ族がオスマン帝国を建設し、中東を制圧するのみならず、東ヨーロッパにまで勢力を伸ばしました。これを見た教皇ボニファティウス9世は十字軍を呼び掛け、両軍は一三九六年、ドナウ河畔のニコポリスで激突します（ニコポリスの戦い）。結果はオスマン帝国軍の圧勝に終わりました。そして同軍は一四五三年にコンスタンティノープルを陥落させ、ビザンツ帝国を滅亡させてしまう。ヨーロッパではなおも十字軍召集が叫ばれましたが、もはやそれが実行に移されることはなかったのです。

非イスラム教勢力に対する十字軍

以上が、十字軍におけるキリスト教とイスラム教の戦いの顚末《てんまつ》となります。とはいえ、「十字軍」の名を冠した行動は、常にイスラム教を標的としていたわけではありませんでした。その他の代表例を三つ挙げておきましょう。

①北方十字軍

ゲルマン系諸族のカトリック化が着実に進行したのに対して、バルト海沿岸に居住するスラブ系諸族は、なおも異教の信仰を保持していました。そのため、第二回十字軍の際、クレルヴォーのベルナルドゥスが北方への十字軍を提唱し、一一四七年に「ヴェンデ十字軍」が開始されます。13世紀以降は「ドイツ騎士修道会」がこうした動きを担い、15世紀までスラブ系諸族との戦いが続きました[46]。

②アルビジョア十字軍

13世紀初頭、フランス南部で「アルビジョア派（カタリ派）」という異端が勃興し、教皇インノケンティウス3世は一二〇九年、同派を討伐する十字軍を起こしました。アルビジョア派との戦いは約二〇年間続き、異端対策を手掛ける「ドミニコ会」という修道会の隆盛、異端審問制度の発足など、さまざまな影響を残しました[47]。

③皇帝フリードリヒ2世への十字軍

一二二八年に始まる第六回十字軍を率いたのは、神聖ローマ皇帝フリードリヒ2世でしたが、実は彼は、十字軍に乗り気ではありませんでした。多くのイスラム教徒たちが居住するシチリア島に生まれたフリードリヒは、早くから彼らと交流し、その文化の優秀性に気づいていたからです(48)。フリードリヒの態度に苛立《いらだ》った教皇グレゴリウス9世は、彼に破門を宣告して圧力を掛けた。こうして渋々開始されたのが、第六回の十字軍だったのです。

ところが、エジプトに軍を進めたフリードリヒ2世は、アイユーブ朝スルタンのアル＝カーミルと対話して意気投合し、戦闘を行わずに平和条約を締結、エルサレムの統治権を獲得してしまいます。カトリック教会はこの行動に憤慨し、教皇派と皇帝派の争いが再燃しました。教皇インノケンティウス4世は一二四五年、フリードリヒを「偽皇帝」と弾劾して十字軍を起こし、フリードリヒが死去する五〇年まで争いが続いたのです。

十字軍とは何だったのか——教皇主権体制の確立

十字軍は、広く見れば三百年以上にも及ぶ、極めて長期的かつ複雑な現象でした。ゆえに、「果たしてその目的は何だったのか」という問いに答えることは、実はそれほど容易ではありません。

すぐに思い浮かぶ答えとしては、イスラム教徒との戦い、聖地エルサレムの奪還、東方のキリスト教徒の救援、などが挙げられるでしょう。しかし、十字軍の歴史を丹念に辿り直すと、それらはいずれもその全体像を捉えたものではないことが分かる。十字軍は常にイスラム教徒を敵としたわけではなかったし、聖地エルサレムの奪還を目指し続けたわけでもなかった。同じキリスト教徒に十字軍の矛先が向けられることもあったわけですから、キリスト教徒の救援が主目的であったというのも当たらないでしょう。なかなかシンプルな回答が見出せないため、十字軍とは結局のところ、「狂信」に焚《た》きつけられた支離滅裂な運動だったのだ、と溜息交じりに言い捨てられることも少なくありません。

こうしたなかで、中世史家の八塚春児氏は、十字軍全体の目的や理念は「キリスト教世界の解放」にあった、という見解を示しています。(49) そしてこの場合の「キリスト教世界」とは、具体的には、「教皇を頂点として結束した全キリスト教徒の共同体」を意味する。本講で用いてきた表現に即して言い換えれば、十字軍の目的とは、「教皇を主権者として掲げる中央集権的なキリスト教世界の確立」にあった、と考えられるのです。

十字軍について総体的な理解を得るためには、その運動を開始したウルバヌス2世が、教会改革を主導したグレゴリウス7世の後継者であったこと、その背景では依然として叙任権闘争が進行していたことに注目する必要があります。当時のキリスト教界の関心は、俗権からの干渉に抗して、教権の中心性と優越性を確立することに向けられていました。そうした状況のもと、第三勢力として東方からイスラム教徒が現れたため、キリスト教界はこれを好機と受け止め、宗教戦争を主導することにより、自らが世界の最高権威であることを示そうとした——。このように、キリスト教界の関心がそもそも自らの「主権性」

の確立にあったと考えれば、同じ「十字軍」の名において、スラブ系異教徒の制圧、異端アルビジョア派の撲滅、神聖ローマ皇帝の討伐などが行われたということも、一貫した行為として理解できるように思われるのです。

聖戦論の発展

以上の考察が正しければ、十字軍とは、教皇中心のキリスト教世界を確立するための「聖戦」であった、と捉えることができます。さらに八塚氏は、各種の先行研究を踏まえながら、キリスト教において「聖戦論」が現れるまでの経緯を素描していますので、少し補足を加えながらそれを紹介しておきましょう。(50)

①徹底した非暴力

福音書におけるイエスの言葉には、「私が来たのは地上に平和をもたらすためだ、と思ってはならない。平和ではなく、剣をもたらすために来たのだ(51)」という攻撃的なものも見られますが、そのメッセージは基本的に、徹底した仕方で暴力を放棄すべきことを説いています。「山上の垂訓」に含まれる以下の二つの言葉は、良く知られているでしょう。

あなたがたも聞いているとおり、『目には目を、歯には歯を』と言われている。しかし、私は言っておく。悪人に手向かってはならない。誰かがあなたの右の頰を打つなら、左の頰をも向けなさい。

（『マタイによる福音書』5：38－39）

あなたがたも聞いているとおり、『隣人を愛し、敵を憎め』と言われている。しかし、私は言っておく。敵を愛し、迫害する者のために祈りなさい。

（『マタイによる福音書』5：43－44）

「目には目を」というのは、紀元前18世紀のバビロニアで成立した『ハムラビ法典』に由来する法観念であり、一般に「同害復讐法（タリオ）」と呼ばれています。この考え方はユダヤ教の律法にも取り入れられていたのですが、[52]これに対してイエスは、徹底した非暴力の姿勢を突きつけることにより、古代的な法観念や倫理観を乗り越えようとしたのです。また、ユダヤ教の「隣人愛」の教えをもラディカルに批判し、「敵を愛せ」とさえ論じています。

②正戦（Just War）——教会や社会を防衛するための戦争

キリスト教が小規模な新興宗教団体であった時代には、徹底した非暴力という方針を貫くことが可能であり、そうした行為にも意味がありました。とはいえ、教会が大きく成長し、ローマ帝国による公認・国教化を受け、社会秩序の根幹を担うようになると、教会や社会を防衛するためには最低限の武力行使が避けられないという、現実的な考え方が芽生えてゆきました。

古代において「正戦論」を提示した代表的な人物としては、第5講で見たアウグスティヌスが挙げられます。彼はその生涯において、マニ教、ペラギウス派、ドナトゥス派といった諸異端との論争に明け暮れたのですが、なかでもドナトゥス派は過激な宗派として知られていました。彼らはしばしば暴動を起こし、一般信徒の傷害や教会の破壊にまで及んだのです。そのためアウグスティヌスは、暴動を抑止するための実力行使が必要であることを説きました[53]。その後はローマ帝国が衰退し、教会もしばしばゲルマン民族に脅かされるようになりましたので、武力行使を容認せざるを得ないケースが増加してゆきます。

③聖戦（Holy War）——救済をもたらす戦争

新たにヨーロッパの支配者となったゲルマン民族は、基本的に好戦的な人々でした。キリスト教は長い時間を掛けて彼らを馴致《じゅんち》・教化していったのですが、その過程で、ゲルマン的戦闘性とキリスト教的精神性が融合し、「騎士道」と呼ばれる独特の文化が生まれました。カール大帝とイスラム帝国の戦いを謳《うた》った武勲詩『ローランの歌』はその代表例の一つですし、後には、本講で見たテンプル騎士修道会を始めとして、さまざまな「騎士修道会」が誕生したのです。

他方でキリスト教の側でも、自らが理想とする統治を実現するためには、「聖性を帯びた武力」が必要であると考えるようになりました。その萌芽が見られるのは、十字軍より少し前、教皇グレゴリウス7世の時代です。本講で見たように、グレゴリウスは教会改革を大胆に押し進め、世俗権力と叙任権闘争を戦い、それを通じて、教会も何らかの形で武力を備えなければならないと痛感するようになった。周囲が反対したため、実現はしなかったのですが、彼は教会のための傭兵の雇用や、義勇軍の召集を企図していたのです[54]。

その際に主力として考えられていたのは、義勇軍でした。義勇軍はボランティアですので、戦うことによって物理的な報酬が与えられるわけではない。それはあくまで神への献身として行われ、見返りもまた精神的なものということになる。こうした理屈から、「贖宥」、すなわち教会には、神のために戦った者の罪を赦す権能が備わっている、さらには、そうした戦いのなかで命を落とした者の死後の運命を左右する力がある、という教義が発達していったのです。

このように「聖戦」という概念は、イスラム教徒との戦いの際に初めて登場したのではなく、実はそれ以前の叙任権闘争の時代から姿を現していました。言わばそれは、「教皇主権という理念に基づいて世界を造形し直す」というプロセスのなかで案出されたものだったのです。そして、その後の一連の十字軍運動は、教皇主権の理念を具体化するための触媒的な役割を果たしたに過ぎなかった、とさえ言い得るかもしれない。こうした現象の全体を、ヨーロッパの秩序の根本的な再編という大きな観点から捉えることが重要であるように思われます。

註

（1）菊池良生『神聖ローマ帝国』52頁を参照。

（2）とはいえ、神聖ローマ帝国の歴史的輪郭は、必ずしも明確ではない。カール大帝の戴冠が行われた八〇〇年や、「神聖ローマ帝国」という名称が使われるようになった13世紀を始まりとする見方も有力である。

（3）菊池良生『神聖ローマ帝国』56頁を参照。

（4）正確には missi dominici と表記し、「君主の使節」を意味する。

(5) 佐藤彰一『カール大帝』53－55頁、出村彰『中世キリスト教の歴史』58頁を参照。
(6) 半田元夫＋今野國雄『キリスト教史Ⅰ』325頁を参照。
(7) 半田元夫＋今野國雄『キリスト教史Ⅰ』329頁、菊池良生『神聖ローマ帝国』53－54頁を参照。
(8) 出村彰『中世キリスト教の歴史』74－75頁を参照。
(9) 出村彰『中世キリスト教の歴史』75頁を参照。
(10) 出村彰『中世キリスト教の歴史』71頁を参照。
(11) ゲルマン古来の伝統では、一族の名誉を傷つけられた場合、実力で報復することが義務づけられていたため、「フェーデ」と呼ばれる決闘が頻繁に発生した。
(12) 出村彰『中世キリスト教の歴史』78頁を参照。
(13) 半田元夫＋今野國雄『キリスト教史Ⅰ』377頁を参照。
(14) 出村彰『中世キリスト教の歴史』81頁を参照。
(15) 野口洋二『グレゴリウス改革の研究』194－195頁を参照。
(16) 同理論に関しては、歴史学者M・パコーの著作『テオクラシー』に詳しい。同書3頁ではそれを、「教会が世俗の諸問題について主権を保持すると考える教説」と規定している。
(17) 第6講上209頁を参照。
(18) 「教皇教書」に示されたグレゴリウスの理論の全体像については、M・パコー『テオクラシー』96－98頁、野口洋二『グレゴリウス改革の研究』220－228頁を参照。
(19) 関口武彦「教皇改革」3頁によれば、グレゴリウスは、「キリストの戦士」という伝統的な概念の意味を、霊的闘争や修道士的禁欲の実践者から、教皇の目的達成に奉仕する軍事的奉仕者へと、根本的に変えてしまった。そして彼は実際に、教会領を質入れして兵士を雇い入れることを提案したが、周囲の反対のために実現しなかった。

(20) 教皇の不可謬性については、一八六九年に開催された第一バチカン公会議において活発に議論された。その結果、教皇の不可謬性が成立するための諸条件が取り決められた。

(21) ハロルド・J・バーマン『法と革命Ⅰ』142頁。

(22) ハロルド・J・バーマン『法と革命Ⅰ』146頁を参照。

(23) A・P・ダントレーヴ『国家とは何か』118頁を参照。

(24) A・P・ダントレーヴ『国家とは何か』119頁。

(25) 「カノン」とは、ギリシャ語で「基準」や「物差し」を意味し、この場合は具体的には、キリスト教的基準＝教会法を指す。『カノン法大全』は『ローマ法大全』と共に、中世法学の双璧を為した。教会法の体系化については、第10講下42頁を参照。

(26) ハインリヒ4世は一〇五〇年に生まれ、6歳の時に父親のハインリヒ3世が死去したことにより、皇帝の地位を引き継いだ。とはいえ、年齢の問題や叙任権闘争の影響のために戴冠が遅れ、グレゴリウス7世をローマから追放した後、一〇八四年に対立教皇として立てたクレメンス3世によって帝冠を授けられた。

(27) 出村彰『中世キリスト教の歴史』83‐84頁を参照。

(28) 出村彰『中世キリスト教の歴史』85頁、半田元夫＋今野國雄『キリスト教史Ⅰ』382頁を参照。

(29) 出村彰『中世キリスト教の歴史』87頁を参照。
(30) 出村彰『中世キリスト教の歴史』89頁を参照。
(31) 出村彰『中世キリスト教の歴史』96頁を参照。
(32) 出村彰『中世キリスト教の歴史』94－95頁。
(33) 八塚春児『十字軍という聖戦』61頁を参照。
(34) 一〇五四年、教皇レオ9世が進めていた教会改革に関する議論から対立が生じ、カトリック教会と東方正教会が互いに破門し合う「教会分裂《シスマ》」が起こった。森安達也『キリスト教史Ⅲ』175－178頁を参照。
(35) 八塚春児『十字軍という聖戦』33頁を参照。
(36) 贖宥の教義的な内容については、第11講下84頁を参照。
(37) 第3講上75頁を参照。
(38) とはいえ、隠者ピエールの物語はあまりにも出来過ぎており、史実と見なすべきではないという見解も根強い。八塚春児『十字軍という聖戦』58－60頁を参照。
(39) レオン・ポリアコフ『反ユダヤ主義の歴史Ⅰ』63頁。
(40) レオン・ポリアコフ『反ユダヤ主義の歴史Ⅰ』第2部第4章（61頁以下）を参照。
(41) レオン・ポリアコフ『反ユダヤ主義の歴史Ⅰ』90－92頁を参照。
(42) 橋口倫介『十字軍』106頁を参照。
(43) 八塚春児『十字軍という聖戦』138頁を参照。

(44) エルサレムへの巡礼者を保護するため、ソロモン神殿《テンプル》跡を本拠地として結成された。多くの諸侯から領地の寄進を受けるほか、農業経営、市場の管理、金融業など、近代企業を先取りするような数々の事業を手掛け、莫大な富を蓄えた。とはいえ、財政難に苦しむフランス王フィリップ4世によって異端の嫌疑を掛けられ、一三〇七年以降、解散と財産没収、総長ジャック・ド・モレーの火刑という悲劇的結末を迎えた。近代の陰謀論において、テンプル騎士修道会は、フリーメイソンと並んで、「ソロモンの知恵」に触れた秘密結社として扱われることが多い。

(45) 橋口倫介『十字軍騎士団』56頁。

(46) このテーマについては、山内進『北の十字軍』に詳しい。

(47) アルビジョア十字軍を題材とした興味深い歴史小説に、佐藤賢一『オクシタニア』がある。

(48) フリードリヒ2世は、国際的な感覚を身に付けた英明な君主であり、「世界の驚異」「最初の近代人」とも称される。十字軍を契機に始まったユダヤ教徒へのデマに対しても彼は懐疑的であり、綿密な調査の末にこれを退けたことで知られる。レオン・ポリアコフ『反ユダヤ主義の歴史I』86頁を参照。

(49) 八塚春児『十字軍という聖戦』76－77頁を参照。

(50) 八塚春児『十字軍という聖戦』80－90頁を参照。

(51) 『マタイによる福音書』10：34。

(52) 例えば、『レビ記』24：20。

(53) 『アウグスティヌス著作集8』444－450頁を参照。

(54)　本講の註19を参照。

主要参考文献

①複数の講にわたって参照している文献に関しては、原則的に、最初に取り上げた講に書誌情報を記した。
②引用文のなかで〔 〕で括られている部分は引用者による補足、……の部分は中略を示す。

【第1講】
大田俊寛『ブックガイドシリーズ　基本の30冊　宗教学』人文書院、2015
E・H・カントーロヴィチ『王の二つの身体――中世政治神学研究』小林公訳、ちくま学芸文庫（上下巻）、2003
柴山雅俊『解離性障害――「うしろに誰かいる」の精神病理』ちくま新書、2007
E・B・タイラー『原始文化――神話・哲学・宗教・言語・芸能・風習に関する研究』比屋根安定訳、誠信書房、1962
デュルケム『宗教生活の原初形態』古野清人訳、岩波文庫（上下巻）、1975
佐々木宏幹『シャーマニズム――エクスタシーと憑霊の文化』中公新書、1980

【第2講】
石田友雄『ユダヤ教史――聖書の民の歴史』山川出版社、2013
市川裕『ユダヤ教の歴史』（宗教の世界史7）山川出版社、2009
荒井章三『ユダヤ教の誕生――「一神教」成立の謎』講談社選書メチエ、1997
W・R・スミス『セム族の宗教』永橋卓介訳、岩波文庫（前後編）、1941-3
日本聖書協会『聖書　聖書協会共同訳』、2018
手島勲矢『ユダヤの聖書解釈――スピノザと歴史批判の転回』岩波書店、2009
バート・D・アーマン『捏造された聖書』松田和也訳、柏書房、2006

山我哲雄『一神教の起源――旧約聖書の「神」はどこから来たのか』筑摩選書、2013

【第3講】
牟田口義郎『物語　中東の歴史――オリエント五〇〇〇年の光芒』中公新書、2001
山本伸一『総説カバラー――ユダヤ神秘主義の真相と歴史』原書房、2015
木田献一+山内眞+土岐健治編『聖書の世界　総解説』（改訂新版）自由国民社、1988
『古代オリエント集』（筑摩世界文学大系1）杉勇他訳、筑摩書房、1978
岡田明子+小林登志子『シュメル神話の世界――粘土板に刻まれた最古のロマン』中公新書、2008

【第4講】
加藤隆『一神教の誕生――ユダヤ教からキリスト教へ』講談社現代新書、2002
カール・ラーナー『キリスト教とは何か――現代カトリック神学基礎論』百瀬文晃訳、エンデルレ書店、1981
川島重成『イエスの七つの譬え――開かれた地平』三陸書房、2000
上村静『宗教の倒錯――ユダヤ教・イエス・キリスト教』岩波書店、2008

【第5講】
『エウセビオス「教会史」』秦剛平訳、講談社学術文庫（上下巻)、2010
エウセビオス『コンスタンティヌスの生涯』秦剛平訳、京都大学学術出版会、2004
半田元夫+今野國雄『キリスト教史I』（世界宗教史叢書1）山川出版社、1977
高橋保行『ギリシャ正教』講談社学術文庫、1980
カール・シュミット『政治神学』田中浩+原田武雄訳、未来社、1971
カール・シュミット『政治神学再論』長尾龍一他訳、福村出版、1980
『世界の名著14　アウグスティヌス』山田晶訳、中央公論社、1968

アウグスティヌス『神の国』服部英次郎+藤本雄三訳、岩波文庫（全五巻）、1982-91
『アウグスティヌス著作集7　マニ教駁論集』岡野昌雄訳、教文館、1979
金子晴勇編『アウグスティヌスを学ぶ人のために』世界思想社、1993

【第6講】
荒井献編『新約聖書外典』講談社文芸文庫、1997
フランチェスコ・シオヴァロ+ジェラール・ベシエール『ローマ教皇——キリストの代理者・二千年の系譜』（「知の再発見」双書64）後藤淳一訳、創元社、1997
鈴木宣明『図説　ローマ教皇』河出書房新社、2001
五十嵐修『地上の夢キリスト教帝国——カール大帝の〈ヨーロッパ〉』講談社選書メチエ、2001
上智大学中世思想研究所編『中世思想原典集成6　カロリング・ルネサンス』平凡社、1992
ロレンツォ・ヴァッラ『「コンスタンティヌスの寄進状」を論ず』高橋薫訳、水声社、2014
松本宣郎編『キリスト教の歴史1 ——初期キリスト教〜宗教改革』（宗教の世界史8）山川出版社、2009
上智大学中世思想研究所編『中世思想原典集成1　初期ギリシア教父』平凡社、1995
キャサリン・アレン・スミス『中世の戦争と修道院文化の形成』井本晌二+山下陽子訳、法政大学出版局、2014
朝倉文市『修道院——禁欲と観想の中世』講談社現代新書、1995
上智大学中世思想研究所編『中世思想原典集成2　盛期ギリシア教父』平凡社、1992
杉崎泰一郎『修道院の歴史——聖アントニオスからイエズス会まで』創元社、2015
フローベール『聖アントワヌの誘惑』渡辺一夫訳、岩波文庫、1957
山口正美『ヒッポの司教　聖アウグスチノの会則——今日の修道共同体の霊性を求めて』サンパウロ、2002
『アウグスティヌス著作集27　倫理論集』今義博他訳、教文館、2003

『聖ベネディクトの戒律』古田暁訳、すえもりブックス、2000
マックス・ヴェーバー『プロテスタンティズムの倫理と資本主義の精神』大塚久雄訳、岩波文庫、1989
デズモンド・スアード『ワインと修道院』朝倉文市+横山竹己訳、八坂書房、2011

【第7講】

『コーラン』井筒俊彦訳、岩波文庫（全三巻）、1957-8
『日亜対訳クルアーン』中田考監修、中田香織+下村佳州紀訳、作品社、2014
イブン・イスハーク『預言者ムハンマド伝』後藤明・医王秀行・高田康一・高野太輔訳、岩波書店（全四巻）、2010-2
鈴木紘司『預言者ムハンマド』PHP新書、2007
中村廣治郎『イスラム教入門』岩波新書、1998
大川玲子『聖典「クルアーン」の思想――イスラームの世界観』講談社現代新書、2004
嶋田襄平『イスラム教史』（世界宗教史叢書5）山川出版社、1978
井筒俊彦『イスラーム文化』岩波文庫、1991
井筒俊彦『『コーラン』を読む』岩波現代文庫、2013
小杉泰『ムハンマド――イスラームの源流をたずねて』山川出版社、2002
小杉泰『イスラームとは何か――その宗教・社会・文化』講談社現代新書、1994
佐藤次高編『イスラームの歴史1――イスラームの創始と展開』（宗教の世界史11）山川出版社、2010
飯山陽『イスラム2.0――SNSが変えた1400年の宗教観』河出新書、2019
松山洋平『イスラーム思想を読みとく』ちくま新書、2017
ジョン・L・エスポジト『イスラーム世界の基礎知識　今知りたい94章』山内昌之監訳、井上廣美訳、原書房、2009
藤本勝次『マホメット――ユダヤ人との抗争』中公新書、1971
東長靖『イスラームのとらえ方』（世界史リブレット15）山川出版社、1996
八木久美子『慈悲深き神の食卓――イスラムを「食」からみる』東京外

国語大学出版会、2015

【第8講】

黒田壽郎『イスラームの心』中公新書、1980
小杉泰『イスラーム帝国のジハード』（興亡の世界史6）講談社、2006
嶋田襄平『イスラムの国家と社会』岩波書店、1977
『ハディース――イスラーム伝承集成』牧野信也訳、中央公論社（全三巻）、1993-4
中田考『イスラームの論理』筑摩選書、2016
早矢仕悠太「アブー・ユースフ『租税の書』の解題と翻訳」（東京大学大学院人文社会系研究科イスラム学研究室『イスラム思想研究』1号所収）、2019
アル＝マーワルディー『統治の諸規則』湯川武訳、慶應義塾大学出版会、2006
嶋本隆光『シーア派イスラーム　神話と歴史』京都大学学術出版会、2007
桜井啓子『シーア派――台頭するイスラーム少数派』中公新書、2006
富田健次『ホメイニー――イラン革命の祖』（世界史リブレット人100）山川出版社、2014

【第9講】

菊池良生『神聖ローマ帝国』講談社現代新書、2003
ジェラルド・シモンズ『蛮族の侵入』（ライフ人間世界史3）今野國雄監修、タイムライフインターナショナル出版事業部、1969
佐藤彰一『カール大帝――ヨーロッパの父』（世界史リブレット人29）山川出版社、2013
出村彰『中世キリスト教の歴史』日本キリスト教団出版局、2005
野口洋二『グレゴリウス改革の研究』創文社、1978
M・パコー『テオクラシー――中世の教会と権力』坂口昂吉+鷲見誠一訳、創文社、1985
関口武彦「教皇改革」（『山形大学紀要（社会科学）』第42巻第1号所収）、2011

ハロルド・J・バーマン『法と革命I――欧米の法制度とキリスト教の教義』宮島直機訳、中央大学出版部、2011
A・P・ダントレーヴ『国家とは何か』石上良平訳、みすず書房、1972
八塚春児『十字軍という聖戦――キリスト教世界の解放のための戦い』NHK ブックス、2008
森安達也『キリスト教史Ⅲ』（世界宗教史叢書 3）山川出版社、1978
レオン・ポリアコフ『反ユダヤ主義の歴史I――キリストから宮廷ユダヤ人まで』菅野賢治訳、筑摩書房、2005
池谷文夫『ウルバヌス 2 世と十字軍――教会と平和と聖戦と』（世界史リブレット人 31）山川出版社、2014
橋口倫介『十字軍――その非神話化』岩波新書、1974
橋口倫介『十字軍騎士団』講談社学術文庫、1994
エリザベス・ハラム編『十字軍大全――年代記で読むキリスト教とイスラームの対立』川成洋+太田直也+太田美智子訳、東洋書林、2006
山内進『北の十字軍――「ヨーロッパ」の北方拡大』講談社学術文庫、2011
佐藤賢一『オクシタニア』集英社文庫（上下巻）、2006
『アウグスティヌス著作集 8　ドナティスト駁論集』坂口昻吉+金子晴勇訳、教文館、1984

河出新書 061

一《いっ》神《しん》教《きょう》全《ぜん》史《し》　上

ユダヤ教《きょう》・キリスト教《きょう》・イスラム教《きょう》の起源《きげん》と興亡《こうぼう》

二〇二三年五月二〇日　初版印刷
二〇二三年五月三〇日　初版発行

著者　**大《おお》田《た》俊《とし》寛《ひろ》**
発行者　小野寺優
発行所　株式会社河出書房新社
〒一五一-〇〇五一　東京都渋谷区千駄ヶ谷二-三二-二
電話　〇三-三四〇四-一二〇一［営業］／〇三-三四〇四-八六一一［編集］
https://www.kawade.co.jp/
マーク　tupera tupera
装幀　木庭貴信（オクターヴ）
印刷・製本　中央精版印刷株式会社

Printed in Japan　ISBN978-4-309-63165-3